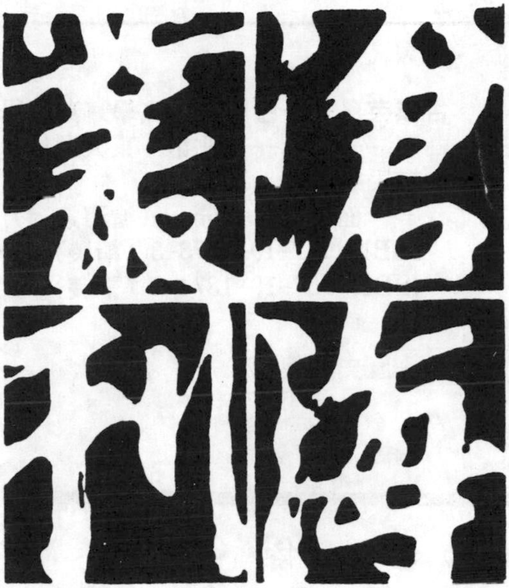

古傑英風

萬登學 著
東大圖書公司 印行

國立中央圖書館出版品預行編目資料

古傑英風——歷史傳記文學／萬登學著.--初版.--臺北市：東大發行：三民總經銷，民85
面；　公分.--(滄海叢刊)
ISBN 957-19-1873-3（精裝）
ISBN 957-19-1874-1（平裝）

1.歷史—傳記

782

 古傑英風

——歷史傳記文學

著作人　萬登學
發行人　劉仲文
著作財產權人　東大圖書股份有限公司
臺北市復興北路三八六號
發行所　東大圖書股份有限公司
地　址／臺北市復興北路三八六號
郵　撥／〇一〇七一七五——〇號
印刷所　東大圖書股份有限公司
總經銷　三民書局股份有限公司
門市部　復北店／臺北市復興北路三八六號
重南店／臺北市重慶南路一段六十一號
初　版　中華民國八十五年一月
編　號　E 78088①
基本定價　陸元捌角
行政院新聞局登記證局版臺業字第〇一九七號

ISBN 957-19-1873-3（精裝）

穿行於歷史的峰巒（自序）

長江後浪推前浪。十分淺顯的一句話，卻概括了太豐富的生活哲理。我生肖屬龍，每天都要大量飲水，而且我就住在長江的一條支流的上源，對水有著很深的感情，所以我很喜歡這句話。

正是「後浪推前浪」的無窮無盡的過程，造就了歷史，造就了歷史的浩瀚汪洋、複雜淵博、深刻雄渾，也正因此，造成了不少的遺憾。每一個浪頭，都有它自己的聲韻、形狀和氣勢，沒有哪兩個浪頭是絕對相同的。然而，歷史又特愛重複，特別是一些揪人心腸的悲劇。

自小，我就愛讀歷史。九歲那年，我開始讀長篇小說。隨後，我就閱讀了大量的歷史演義，像《東周列國志》、《三國演義》、《隋唐演義》等等。它們常常使我廢寢忘餐，甚至在課堂上聽老師講課時也讀得津津有味，多次被老師暫時沒收。還好，成績不錯，使這些書總能回到我手中——否則，我就要當賠將了，這些書幾乎都是向別人借的。爲了買《東周列國志》，我和母親賭了幾天氣，捨棄一雙鞋而甘願赤腳。在閱讀中，我得到了一種滿足。那時，甚至不知天高地厚地想當英雄，頂天立地。

至今，我仍感羞慚，以爲這不是眞正的學問。瞭解了像毛澤東這樣的大人物也喜讀史，翻來覆去地讀，還留下了許多批注，緊張的心情略有紓解，但自慚心理仍然存在。明白了自己不可能成什麼英雄，祇能以文字走向人生的時候，也就更不敢以讀史而自矜了。

歷史浩如星海，隱藏著太多的祕密。有的被人生的煙塵所淹沒，有些被政治或某些人的個人好惡、臨時需要而任意塗改，要用勁斬棘披荆、撥開迷霧，才能有所發現，或者受到傷害、流血……我雖不無畏懼，但熱愛的情感推動著我，要我去做這些尋覓和拭塵的工作。有愉悅歡欣，也有痛苦憤怒，盡量小心翼翼地，去接近眞實。歷史不是筆寫的，但需要人寫。

也就得到了一些理解。《中央日報》連續發表了我不少文章，且在顯著位置推出，且予讚許：「先生文筆流暢，述說詳實，頗富深度」；「以詳實的考察，與細膩的文筆，娓娓道出……，値得細讀」；「詳實可讀，十分難得。」大陸的《名人傳記》、《人才》、《愛我中華》、《炎黃春秋》、《中外文化交流》等刊物，也發表了我不少文史文章。在縱筆古今的時候，常常有一種醉人的快樂自心底湧出。

然而，作爲作家、評論家，我總是興奮地向別人侃侃而談自己的評論、小說……而羞於將這些文史文章示人，儘管我內心喜歡它們，但還是擔心世俗的偏見會不屑一顧，會使我受到貶低，好在，我本不是陽春白雪，流流血也無所謂。

這本集子即將出版，醜媳婦要見公婆了。其中人物傳記較多，也有掌故軼事，有的甚至是文藝評述，對作品我不想說什麼，它自己會說話。穿行於歷史的峰巒之間，我自信，我有所得。

歷史是一面鏡子。既然透過一滴水可以看世界，或許，我擷取的這些浪花，也能反映出一些事理。您說呢？

作者

一九九五年十月十一日深夜

古傑英風 目次

第二輯　志士風采

第三輯　他山之石

第四輯 歷代掌故

第一輯　古傑英風

識拔梁啓超的人

——晚清禮部尚書李端棻

慧眼識才 選拔名士

李端棻，貴州貴陽市人，字苾園，生於道光十三年（一八三三）。年齒尚幼，其父病逝，賴寡母含辛茹苦，將其撫養成人。寒窗苦讀，得舅父何中憲多方教導。年稍長，叔父李朝儀喜其聰明過人，待人接物大方端莊，更悉心傳授其爲人之道。據清史稿記載，李朝儀精明幹練，爲官清廉，政聲頗佳，累官至順天府尹；在順天府尹任內，因見永定河屢屢爲患，四鄉百姓爲之苦不堪言，遂下決心，帶領民眾治理永定河，百姓感恩戴德，爲其立祠。

端棻讀書，專心致志，學業優異，頗能融會貫通，弱冠之年即補爲博士弟子員，而立之年考取進士，供職於翰林院。同治六年（一八六七），李端棻出京赴太原主持山西鄉試。五年後，又任雲南學政，在任期間，擬訂多種法案，獎勵家貧文士，振興文教事業，受到莘莘學子們愛戴。光緒十五年（一八八九）赴蜀典四川鄉試，十八年任全國會試副總裁，兩年後又典山東鄉試。還曾典試廣東和順天府。縱觀李端棻任考官和學政之職幾近三十年，是他宦涯中最重要的時期，佔去了他人生的黃金時間。他公平正直，多次拒絕人家賄賂，而且慧眼識才，對確有眞才實學的名士，總能將他們選拔上來。

在他典試廣東的時候，恰值新會縣儒生梁啓超亦參加了該科舉人考試，端棻見其少年倜儻，俊秀儒雅，風度翩翩，一下子就在心裡對他留下了好印象。及至閱到他的文章，更覺得其文鎔經鑄史，氣勢沛然，言辭犀利，思想見地有人所未見處，遂將他點爲第八名舉人。端棻覺得梁的觀點，與自己的心思頗有默契，所以在考試結束後，多次約見梁。

梁啓超，字卓如，號任公，又號飮冰室主人，生於同治十二年，民國十八年去世，是中國近代歷史上影響巨大的改良主義思想家，在文學上創新文體之路，倡導「詩界革命」和「小說界革命」。但那時的梁啓超，還是一個名不見經傳的二十餘歲的青年，還不習慣於與大人物打交道，因此在恩師兼考官李端棻面前表現得有些膽怯。李端棻認爲他溫文爾雅，謙恭有禮，更加喜歡，鼓勵啓超不要拘束常禮，應與自己如朋友相待，暢所欲言。啓超見端棻如此禮賢下士，和藹可親，也就不再拘束，大膽地將自己心中的西學思想和盤托出。二人對改良政治、興辦洋務，有許多共識，侃侃而談，娓娓而論，相聚甚歡。

幾經晤談，端棻更賞識啓超，認定他才華超群，必成大器，慨而作媒，將自己堂妹李蕙仙許配，二人結爲姻親。

後來，李端棻升任刑部侍郎、倉場總督、工部侍郎等，始終大力提倡辦洋務，興西學，致力於提高國民的科學文化知識。

對現代教育發展功不可沒

甲午中日戰爭後，康有爲、梁啓超率領在京參加會試的一千三百多名舉人聯合「公車上書」，向光緒皇帝上「萬言書」，希望朝廷拒簽中日和約，遷都抗戰，變法維新。端棻對他們的主張，很表贊同，陰爲呼應。

有感於甲午之戰的屈辱，李端棻認爲亟需提高全民文化素質，才能富國強兵，以雪國恥。因此於光緒二十二年五月上「請推廣學校摺」，建議「自京師以及各省、府、州、縣皆設學堂」，並主張設立藏書樓、儀器院、譯書局、報館，選派留學生。在這個奏摺中，他闡述道：「時事多艱，需才孔亟」，「人才之多寡，關係國家之強弱」。認爲照奏摺中所說施行，大力發展教育科學文化，奮起直追西方發達國家，「自十年以後，賢俊盈庭，不可勝用矣！以修內政，何致不舉？以雪舊恥，何恥不雪？」

光緒皇帝閱後，認爲這個摺子很有見地，指出了中國落後的癥結，遂下令施行。於是，辦起了京師大學堂(今北京大學)及各省省學、縣學等大批大、中、小學堂，加開了外語、算學、天文、地理、格致(理化)、製造、農商、兵礦、時事、交涉、外國史等課程，開近代科學教育風氣之先，興學堂、廢科舉蔚然成風。今天論及我國近現代教育的發展，李端棻實在功不可沒。

當時，朝中大臣懾於慈禧太后的淫威，也爲保全自身的福祿富貴，頑固守舊，極力阻撓革新。光緒皇帝爲變法維新，感到辦事乏人，多次降旨求賢。大臣們只想自保，哪裡願意引薦別人？唯李端棻胸襟開闊，竭力向皇帝保薦了創建「獨立軍」的唐才常，創辦時務學堂，民國時期曾任總理的熊希齡，貴州提督學政嚴修等十六名俊彥之士。

保舉康、梁少爲人知

當時，康有爲、梁啓超等人雖然多次上書，極言變法維新，但他們毫無政治地位，人微言輕，絲毫不起作用。端棻在皇帝召見之時，密爲保薦康、梁及譚嗣同等人。光緒召見他們之後，認爲端棻保舉不差，所言屬實，但因爲「公車上書」的事，慈禧太后恨透了康、梁二人，不敢公開授其官職，祇任命譚嗣同、林旭、劉光第、楊銳四人充當軍機處章京，由他們在自己與康、梁之間聯繫變法事宜。因爲引薦康、梁是祕密進行的，所以李端棻在「戊戌變法」中的保舉之功少爲人知。

光緒帝銳意變法革新，但大員中幾乎無人贊成，唯李端棻鼎力相助，因此龍顏大悅，破格將端棻從侍郎直接提升爲禮部尙書，掌管全國文教事務，襄贊維新。光緒二十四年六月十一日，皇帝頒佈「定國是詔」，宣佈實行變法。大臣之中，大多持觀望態度，毫不熱心，獨李端棻不顧可能會招來嚴重後果，毅然上奏「變法維新條陳當務之急」摺子。對此，梁啓超感嘆道：「二品以上大臣言新政者，唯李端棻一人而已。」

九月，由於袁世凱出賣機密，投靠慈禧，戊戌變法失敗，光緒帝被軟禁，慈禧於二十一日公開出面訓政。康、梁竄往日本，譚嗣同、林旭、康廣仁、楊深秀、劉光第、楊銳等「六君子」刑場受戮，徐致靖等人被判終生監禁，革除宋伯魯等人官職，永不敍用。

十月四日，慈禧太后向內閣下達懿旨：「李端棻濫保匪人，自請懲治一摺，該尙書受恩深重，竟將大逆不道之康有爲等濫行保薦，並於召對時一再面陳，今據事後檢舉，實屬有意取巧，未便以尋常濫保之例稍從末減。禮部尙書李端棻著即革職，發往新疆，交地方官嚴加管束，以示儆懲。」

發配新疆　憂憤難抑

李端棻自幼工詩，雖政事繁忙，但偶爾有閒，便賦詩寄興。如今被發配新疆，年事已高，更兼心中爲變法失敗而苦憂，所以染病在身，一到甘州（今甘肅張掖）就病倒了，祇好滯留於那裡。

端棻這時的心境，正是憂憤難抑，寫下了不少具有相當思想和藝術價值的佳作。他病倒在甘州，同行的弟弟們都焦急萬分，他眞正憂心的是國家大事，對自己的生老病死倒不怎麼憂慮，反而樂觀豁達，〈寓甘州示諸弟〉可爲之證：

傳說邊城極阻艱，輕裘忽至玉門關。
遠行經歲都忘倦，老去能生幸得閒。
始識雷霆皆雨露，要乘風雪看天山。
寄言群季休惆悵，得酒依然便解顏。

端棻離京之後，不久，京城裡的親人們忽然聽說慈禧派人追去，半路賜帛，已將他縊死。親人們痛哭之後，設靈臺遙祭於他，並託南宋末年忠臣文天祥之魂附其身寫乩詩，以表哀思。寓居東洋的梁啓超也聽說了端棻被賜死的消息，感念他的知遇之恩，也設靈祭祀，灑淚慟哭一場。端棻得知，心中感動，作〈和文信國乩詩〉，哀悼被害之「六君子」，暗爲自己僥倖活命而慚愧：

怕聽中秋月有聲，要從菜市哭忠貞。
幸予被遣爲遷客，四馬秋風出帝城。

端棻撫今追昔，哀變法之短壽，惡宦海之汙濁，嘆朝綱之不振，痛國家前途黯淡，由屈原之不幸聯想到自身遭遇，乘著酒興，引吭而歌，長歌當哭，一首〈醉餘吟〉，正是一個老人萬分悲傷的內心獨白：

醉後仰天笑，我歌呼嗚嗚！
我勸世人休揶揄，我歌非歌聊代哭。
世人皆醉我獨醒，迂哉三閭之大夫。
世人皆醒我獨醉，此心乃得常糊塗。
不然炯炯撐雙目，安得同流而合汙。

任山長之職　訂教學計畫

直至光緒二十七年（一九〇一），李端棻才遇大赦，回到家鄉。翌年，應貴州巡撫鄧華熙之聘擔任經世學堂山長，深感肩上負擔甚重，恐自己已趨暮年難以勝任山長之職，怕貽誤了故鄉子弟，於是，兢兢業業，制定教學計畫，並決心在教學工作中大力爲推行新政搖旗吶喊。〈應經世學堂聘一詩云：

帖括詞章談此生，敢膺重寄領群英。
時賢心折談何易，山長頭銜豈是名。
糟粕陳編奚補救，萌芽新政要推行。
暮年乍擁臯比位，起點如何定課程。

除了主持學堂事務外，端棻不顧年邁體弱，親自給學生們講解《盧梭論》、《培根論》及梁啓超主編的《新民叢報》，課後又在自己家裡召集一些學生，向他們介紹達爾文的進化論、赫胥黎的天演論，孟德斯鳩的三權鼎立觀點，竭力傳播西方民權、自由思想。這種民主意識在他的詩裡也有表現，他還從當時的黑暗現實聯繫到幾千年的獨裁政治統治對國民精神的桎梏，以及造成的國家落後的悲慘狀況，發出了由衷希望實現民主社會的呼籲：

天地區分五大洲，一人豈得制全球。
國家公產非私產，政策群謀勝獨謀。

君爲民安方有事，臣有佐治始宣流。
同胞若識平權義，高枕無憂樂自由。

——〈政治思想〉

君不堪尊民不卑，千年壓制少人知。
奴隸心腸成習慣，國家責任互相推。
峽經力士終能剖，山有愚公定可移。
緬昔宣尼垂至教，當仁原不讓於師。

由此，端棻憤而想到朝中帝黨、后黨之爭，帝黨失利，帶來戊戌變法全盤皆輸，不由得對結黨營私、爭權奪利的「黨禍」憤慨萬分：

幾見清流誤國家，權奸顛倒是非差。
狹心但解酬恩怨，盲眼何曾識正邪。
戮辱逋囚無漏網，晉唐宋明有前車。
漢陽路口京都市，雲散風淒日又斜。

從這些詩看來，李端棻已從當時政治的黑暗中看出了中國未來的發展希望：走民主的道路，他極端蔑視皇權，民權意識相當濃郁。

年逾古稀　奮起抖擻

不到一年時間，李端棻辭了山長之職，離開了經世學堂。不久，遷家至長春巷新居，是處環境優美，景色宜人，雖屋內陳設尚欠盡善盡美，但他恬然自安，已感到很滿足了。而且，他並不像一般人們那樣喬遷時必須擇個好日子，而是就事而定，隨意遷居。在〈移居後院寫贈陣懋樞大兄二首〉詩裡表現了他這種淡泊的心境，喬遷新居的喜悅以及不迷信的思想：

其一

前院嚴齊後院深，深深暑氣不能侵。
名花縱少各矜艷，新竹初栽前有蔭。
捲箔軒窗朝送爽，隔牆鐘磬夜聞音。
一丘一壑誠多事，城市山林只在心。

其二

速將家具徹夜移，未得身閒力已疲。
教婢安排床桌几，呼童檢點畫書棋。
居無盡美方稱善，物豈求全但適宜。
兆吉兆兇都不信，安眠作止恆於斯。

光緒三十一年，在全國各地紛紛颳起的收回主權運動中，李端棻主持成立了「貴州全省鐵路礦務總公司」，擔任總經理，他主張「利器不可假人，民膏不可外溢」，致力於實業救國。那個時候他的商品經濟意識得到了強化。其表弟何氏昆仲準備經商，徵求他的意見時，他認為讀書無法致富，必須通變達權，經商務實，要想振興國家經濟，必須首先解除自己的貧窮。〈贈何季綱表弟〉一詩云：

書田難得兆豐年，通變聊將子母權。
霸主事功唯足食，聖門貨殖亦稱賢。
治生豈曰非儒者，擇術何妨法使然。

欲救國貧先自救，萌芽商學要精研。

不久，以李端棻爲首，聯合了于德楷、唐爾鏞、任可澄、華之鴻等紳士創辦了貴陽中學堂。李端棻雖年逾古稀，但仍奮起餘威，抖擻精神，在實業和教育兩條道上奔馳不已。

光緒三十三年十月十二日，李端棻病逝於家中，享年七十五歲。遺體葬於城郊大關口。梁啓超親筆書寫了墓誌銘，感情充沛，感人肺腑。端棻死後，其表弟何麟書將其晚年詩作輯爲《苾園詩存》傳世，存詩一百餘首。

天噓晴風散雲霾

——毀譽交加的我國第一位駐外公使郭嵩燾

郭嵩燾是我國有史以來第一位由國家正式派駐他國的外交官，出使的又是當時全世界國力最強的英國和法國。在那滿清王朝腐敗至極、內憂外患接連不斷的年代裡，他慘淡經營，建立了我國第一個駐外使館，首訂使館工作章程，爲以後的外交工作提供了寶貴經驗；他辦交涉，與駐在國達成了良好的親善關係；同時，他勤奮筆錄，給研究當時英國和法國的政治、文化、經濟留下了珍貴的文字資料。但他又被罵爲「漢奸」，不少大臣「恥與爲伍」，甚至在他死後，還有人提出挖他的墳罰罪。他到底是個什麼人？應該如何評價他？「天噓晴風散雲霾」，讓我們還原歷史，認識一位眞實的外交家吧！

商品經濟意識根植得極早

光緒二年（一八七六）九月二十五日，在英國人馬格里的陪同下，一支三十多人的隊伍——中國第一個由皇帝明令任命、第一次以國書形式向外國通報的外交使團離開了北京。他們是清王朝派駐英格蘭和法蘭西使館人員，包括駐英特命全權欽差大臣郭嵩燾、副使劉錫鴻，後來成爲晚期桐城派散文代表作家的三等參贊黎庶昌，以及翻譯、文案、差役和一些家眷。

二十九日，使團到了天津。郭嵩燾上岸拜訪了直隸總督兼北洋大臣李鴻章。李鴻章是當時洋務派的中堅分子、國家重臣，他希望嵩燾此行能促進洋務運動、學習西方先進的科學文化技術以達富國強兵、中興禦侮之目的，因此對郭公使頗加慰勉。

郭嵩燾，嘉慶二十三年三月七日（一八一八年四月十一日）生於湖南湘陰縣城，字伯琛，號筠仙，晚年又號玉池老人。自幼聰明靈慧，學業優異。寫詩作文才思敏捷，一氣呵成。他十七歲進入本城仰高書院學習，第二年離家到長沙岳麓書院讀書，與同學曾國藩、劉蓉志趣相投，結義爲金蘭弟兄。十九歲中舉，二十九歲成進士，三十五歲時賞戴三品頂戴，授翰林院編修。三年後協助曾國藩籌款、辦團練，共同鎮壓太平天國起義軍。以後他仕途亨通，曾任蘇淞糧儲道、兩淮鹽運使、二品頂戴署廣東巡撫等要職。

嵩燾的父親郭春坊是湘陰城裡有名的富商，他青少年時也曾於讀書之暇爲父幫辦商務，所以他心裡很早就根植了商品經濟意識。鴉片戰爭的失敗，使他更深刻地認識到：要富國強兵，首先必須振興經濟。因此，他主張學習西方英、法等國的先進技術，「師夷制夷」。他還向時任兩江總督的曾國藩寫信提出自己的看法，從漢武帝重用桑弘羊等鹽鐵巨商的史實出發，認爲士大夫恥於言利是不對的，他們首先應該樹立商品經濟觀念，才能造福於民，謀國家富強之道。

非議中成了外交新舉措的試驗品

他那不合時宜的言論帶來了厄運，當朝者下令將他罷黜，讓他回鄉賦閒反省。八年之後，在曾國藩、李鴻章等人力薦之下，他才又被起用，於同治十三年（一八七四）奉詔入京，次年二月赴福州任福建按察使。

同年，雲南發生了著名的「馬嘉理事件」。在此之前，中國向來自以爲是天朝大國，認爲外國向本國派駐外交使節是臣服的表現，對於他國提出的要求清朝向他們派駐外交官的提議不屑一顧，斥之爲狂妄無知。「馬嘉理事件」發生後，清廷這才感到向別國派駐公使有利於外事交涉，有了向英、法、德等國派遣外交使節的動議。恰好此時，慈禧太后看到了郭嵩燾上奏的〈條議海防事宜〉，頗加讚賞，認爲他是一個辦洋務的人才，產生了派他出使英國，讓他首先做這外交新舉措的試驗品的想法。於是，三次召見嵩燾，下令讓他「署禮部侍郎並在總理各國事務衙門行走」，也即升任幫辦外交大臣之職。在七月十九日於紫禁城養心殿的召見中，慈禧叫他不要顧及別人的議論，也不要產生比國內大臣低人一等的想法，爲國家大局著想，勇肩重擔，一心一意去做，努力探索一條外交新路。這樣，他就被安上了駐英、法特命全權欽差大臣的頭銜。爲了牽制他，朝廷又任其政敵劉錫鴻爲副使。爲培植自己的勢力，嵩燾堅請出自曾國藩門下的貴州遵義人黎庶昌爲使館參贊。

當時，國內輿論都不恥於出使別國，認爲是無能的表現，是在國內不好混了才去國外混。所以，嵩燾雖然雄心勃勃，也不免流露出進退兩難的心情。面對浩瀚寬闊的大海，他又想起那些攻擊自己的詩文，特別是其中的一副對聯，更是極盡諷刺、挖苦、辱罵之能事：

出乎其類，拔乎其萃，不見容堯舜之世；
未能事人，焉能事鬼，何必去父母之邦？

旅途多艱　心情忐忑

十月四日傍晚，使英人員乘坐的海輪到達吳淞口。第二天，嵩燾率僚屬及翻譯乘小船到上海。他們在上海住了十餘天。這期間，各國駐上海領事都前後拜訪了郭公使，並陪同他參觀了英、法輪船公司、鐵路、火車等。

十月十七日夜裡，在英國領事館的安排下，嵩燾一行在風雨中乘小火輪到吳淞口，然後登上遠洋輪「大凡廓爾」號，船長柏里斯設宴款待後，於十點多鐘起錨開船。二十一日抵香港，英國文武官員到碼頭迎接，三軍儀仗隊奏樂並燃放大砲十五響表示歡迎。這是嵩燾第一次看見並得以享用這種盛大的歡迎儀式，他心裡十分高興。他拜訪了香港總督根爾荻。次日，港督到船上回訪。嵩燾在港英官員陪同下參觀了洋學堂和香港監獄，深感洋學堂學科齊備，傳授的知識廣博實用，監獄清潔嚴整、秩序井然，雖未到英國本土，卻已大開眼界。參觀完畢，港方官員列隊相送，鼓樂聲大作，又鳴十五下禮砲送公使回船。

二十三日清晨，迷霧濛濛中，「大凡廓爾」駛離香港。然後繞過西沙群島、南沙群島，二十八日到新加坡，受到英國總督哲威斯的歡迎。公使一行脫去了在國內穿上的一身笨重衣服，頓覺週身清爽，飽覽熱帶風光。

十一月初一日航至馬來西亞的檳榔嶼，對海岸上栽種的檳榔樹和旖旎的島國風光，驚喜不已。過馬六甲海峽時驟遇風雨，到印度洋時與狂暴的颱風碰個正著，遠洋輪頓時像一顆鐵丸，被狂風惡浪肆意玩弄於股掌之上，三個水手從桅桿上被颳了下來，差點跌入海裡去餵大魚。更可怕的是，隨員柳樹仁手上和臉上突然長滿了紅瘢，柏里斯怕他害了什麼傳染病，連忙將他隔離在一個小艙裡。

初六到了錫蘭（斯里蘭卡）。第二天，船長懷特鳴禮砲十五響，將郭公使一行迎上了「北夏哥爾」號海輪，該船比「大凡廓爾」幾乎大一倍，佈置豪華。盛宴後，當晚即啓程出發。越過阿拉伯海後，十三日進入紅海口，有條不紊地通過。十四日，英國傳教士法林斯病逝，水手們念了一陣經後，將他水葬。引得初次出洋遠航的中國使館人員恐懼不安，生怕就這樣葬身海域，回不了父母之邦。

入紅海，過蘇伊士運河，海輪進入了地中海。這時收到了倫敦發來的電報，英國政府已爲中國駐英使館租妥坡蘭坊十五號的一所房屋。這封電報，給所有使館人員吃了一劑定心丸，心情這才好轉。在馬爾他島，嵩燾等上島參觀了半天，見馬爾他的繁華而振奮。

後來，「北夏哥爾」經過突尼斯、西班牙沿海，過直布羅陀海峽，出地中海，入大西洋，十二月初四到了葡萄牙的聖文森特角，初八海輪到英國的樸茨茅斯港停泊下錨。從陸路乘火車橫穿歐亞大陸先期到達的翻譯禧在明與服務於中國稅務司的英人金登幹早已在此等候。公使等人下船後換乘火車到了倫敦，再換乘馬車趕到波克倫伯里斯寓所，已經夜裡八點鐘了。

每天記日記 按時寄回國內

離京之前，太后再三叮囑嵩燾以日記的形式，逐日將沿途見聞和到西洋後的經歷記錄下來，每月一次寄回給總理衙門，以供朝廷制訂對外政策的借鑑。航海途中，不管氣候好壞、身體健康與否，他都堅持每天記日記，按時寄回國內。這時，初到倫敦，早已疲累不堪，但他檢查了一下隨員及其眷屬們的住處都已安置妥當，便坐下來開始寫日記。半年後，他的這些沿途及到英之初見聞在國內受到某些人推崇，將其刻印成《使西紀程》一書，並由上海《萬國公報》予以連載。該書記述詳盡，生動形象，對沿途經過的亞洲五國、歐洲六國、非洲七國的文化政治、自然地理、風土人情等都有涉及，給國內人民帶來一種全新的感受。特別是對紅海上紅土夕照，印度洋、波斯灣風暴，阿拉伯人衣著習俗，以及埃及歷史悠久的文化等的描述，刻劃細緻，栩栩如生，是一篇篇優美動人的散文。

名王繫樓護，將士唱刀環。
臨老腰肢健，猶能一據鞍。
酒亦我所欲，詩更豪於酒。
此腹空如瓠，枵然無一有。

從這首五律詩裡，顯而易見郭嵩燾以西漢名臣樓護自比，雖年近花甲，但懷揣壯志，一心想在新的崗位上幹出一番大事業。

堅持己見　被奏十大罪狀

到倫敦後第二天，即光緒三年臘月初九（一八七七年一月二十二日），郭嵩燾、劉錫鴻攜祕書馬格里前往拜會英國外交大臣德爾比。德爾比對他說：「貴國政府打破慣例，向外國派駐使臣，閣下作爲貴國第一個公使，歷四萬里旅程，千辛萬苦來到敝國，使敝國首先獲此殊榮。敝國政府有政策規定，一向優待各國使臣。閣下務請放心。相信自今日始，中英關係會日益和善的。」

得知維多利亞女王已從度假地溫莎堡行宮回到了白金漢王宮，嵩燾立即驅車趕到王宮。王宮鐵柵外好奇的旁觀者湧聚如潮，王宮衛隊身著紅黑兩色相間的騎士服，顯得威武而呆板。在儀杖隊的恭迎下，英國外交大臣德爾比、御前大臣鮮摩爾陪同著中國公使郭嵩燾，嚴肅地拾級而上，到了三樓的會見廳。女王正站著等候。他的女兒畢阿得利斯公主也侍立在側。郭公使趨前向女王鞠躬敬禮。女王也鞠躬還禮。

郭公使將國書遞給翻譯（張德彝）德在初，德在初立即近前用英語朗誦：

「女王陛下：

大清皇帝特簡欽差大臣署禮部左侍郎總理各國事務大臣郭嵩燾前赴貴國代達衷曲，以爲眞心和好之據。……」

隨之由馬格里接過國書（當時叫惋惜書），誦讀完畢。女王聽罷，欣喜地表示希望兩國外交取得很好進展，並請郭公使代向大清皇帝問好。接著，回致了國書，儀式便結束了。

嵩燾上任不久，即遇上了一樁外交交涉上的難事。幾年之前，英國侵略勢力即已在新疆進行滲透，他們同侵入新疆的浩罕酋長阿古柏加緊勾結，承認阿古柏建立的「哲德沙爾國」爲「合法的獨立王國」，與之簽訂通商條約，嚴重地侵害了中國主權和領土完整。左宗棠受任爲欽差大臣後，於光緒二年率領湘軍去新疆收復被佔領土。正當清軍節節勝利之機，英政府爲維護其既得之侵略利益，拚命反對中國收復新疆，由外交大臣向駐英公使提出照會，要求中國政府與阿古柏和平談判。

副使劉錫鴻、參贊黎庶昌認爲不能向朝廷轉奏這個照會，否則等於承認「哲德沙爾國」與中國爲對等的政治實體。黎庶昌還進言道：「喀什噶爾業已破壞，萬無久存之理。老湘營一軍，百戰不挫，必蕆大功！」嵩燾不肯聽從，堅持按自己的「主撫」方針辦，向朝廷呈遞了「使英郭嵩燾奏英外相調處喀什噶爾情形片」等奏疏。

光緒四年初，左宗棠收復新疆。這一軍事勝利，對郭嵩燾是一次辛辣的嘲諷。這件事，給了劉錫鴻極好的攻擊機會。出使之前，劉錫鴻任刑部員外郎，官卑職微，使英時由於中國是第一次向別國派駐使臣，沒有經驗，雖然明令劉爲副使，但未寫在國書上，因此劉錫鴻這個副使沒被英國人放在眼裡。劉不知底細，誤以爲郭嵩燾壓制他，因此對郭恨之入骨，借機向朝廷奏稱嵩燾有十大罪狀。

內外攻訐　無可奈何歸去來

同時，《使西紀程》印行後，在國內大臣中廣受攻擊。加侍講銜的翰林院檢討王闓運認爲嵩燾「已中洋毒」；翰林院編修何金壽在奏摺中說嵩燾「有二心於英國，欲中國臣事之」；山西監察御史李慈銘憤憤地質問：「嵩燾爲此言，誠不知是何肺肝，而刻之者又何心也？」在一片反對聲中，慈禧太后下令毀掉刻板，不准再印，已經成書的要收繳焚毀。想不到五十天辛苦記錄的日記、滿腔心血的結晶遭到如此粗暴的待遇，嵩燾十分傷心，此後不便也無心如期呈遞日記了。劉錫鴻抓緊機會，勤奮筆錄，將日記十日一寄，大獻殷勤。日記中自然有不少巧妙攻訐嵩燾的內容。這些日記，後來輯成《英軺日記》出版了。

在內外的攻訐及劉錫鴻的掣肘下，嵩燾心頭十分痛苦，屢次向朝廷上奏「辯誤」，卻沒有回音。他感到難以繼續工作，便「籲請銷差」，決意辭職。朝廷感到郭、劉已萬難相容，如立即撤掉郭嵩燾，會遭外國人恥笑，便在當年六月將劉錫鴻調往柏林，任駐德公使。

光緒五年春節前，任期未滿的駐英、法公使郭嵩燾被清廷撤職。由曾國藩的大兒子曾紀澤繼任。清點檔案財物時，嵩燾公私分明，毫不含糊。曾紀澤對他的清廉也表示佩服。春節晚宴上，酒入愁腸，嵩燾不禁詩興大發，即席賦七律一首，借此表達無可奈何之中的曠達與渴望得到理解的心情：

昨宵昨歲源源去，今日今年鼎鼎來。
春領寒飈蘇草木，天噓晴風散雲霾。
百齡一瞬知將志，萬里孤懷得好開。
去住兩隨松竹健，相將同覆掌中盃。

留下近二百萬字的《倫敦與巴黎日記》

光緒五年正月初四（一八七九年一月二十五日），郭嵩燾拜會了年近古稀的英國著名首相畢根斯由，感謝他兩年來關照並辭行。首相惋惜地說：「聽說欽差卸職歸國，敝人及敝國許多官員都感到悵然若失。」分手時，他叫隨從副官取來自己的一張照片，簽上名字，送給嵩燾，十分留戀地說：「請欽差回國時攜此小照，以便時時回憶起在英國有畢根斯由這麼一位忠實的老朋友。」初十，嵩燾心情複雜地告別了住了兩年的霧都倫敦，從巴黎到達馬賽港，乘上「阿拿諦爾」號遠洋輪踏上了歸國的旅途。五十多天後，遠洋輪停泊在黃浦江碼頭。嵩燾上岸，迎接他的人寥寥無幾，他也爲之愴然。

這時，他在倫敦時發出的要求請假三個月的申請得到了恩准，他也不願在上海多耽擱，立即乘小火輪回到湖南。令他大吃一驚的是，省城長沙張貼著不少「郭嵩燾通洋人，該當何罪」之類大標語，他的小火輪由湘陰至長沙途中多次被群衆無理阻攔，並被人點火焚燒。想不到故鄉竟以如此深惡痛絕的態度對待自己這遠方歸來的遊子，使年逾花甲的嵩燾傷心落淚。

晚年，他謝絕了慈禧欲再啓用的旨意，自甘淡泊地擔任長沙城南書院講席，自己捐資建了思賢講舍，醉心於教育事業之中。人們總見到，夜深人靜之際，伴一盞孤燈，他仍在伏案操勞。

光緒十七年夏（一八九一年七月十八日），郭嵩燾在寂寞中死去，他留給後世的有十五卷詩作、二十八卷文作、十二卷奏摺（現已搜入《養知書屋全集》）和一些雜著，價值最高的是近年才公諸於衆的包括著名的《倫敦與巴黎日記》在內的近二百萬字的日記。

郭嵩燾雖然死了，但關於他的風波並沒有平息：在他死後，有大臣提議在史稿中爲他立傳，慈禧太后降旨不許：「郭嵩燾出使西洋，所著書籍，頗滋物議，所請著不准行。」到了光緒二十六年（一九〇〇），京城中還有大員上奏，請求降旨對嵩燾掘墳戮屍。

郭嵩燾究竟是一個什麼樣的外交官？對他應該怎樣評價？這是困擾了史學界一個多世紀的問題。

如何評價困擾史學界

郭嵩燾任駐英、法公使雖然短短兩年時間，但他建立了我國第一個駐外使館，建立了使館工作制度，制訂了使館工作人員行爲規範「五戒」。在他之後，中國相繼向十多個國家派出了公使，設立了使館。在他提議之下，清政府先後在新加坡、舊金山、橫濱、神戶等城市設立了領事館，改變了我國僑民在一些國家得不到保護的現狀，較好地保護了華僑在別國的利益和生命、財產安全。而且他參與了太古洋行躉船移泊案、英商戕害廈門漁民案、英輪撞沈華船賠償案、英商虐待華工案……並建議中國政府參加萬國刑罰監牢大會、纂輯通商條例、奏請政府禁止鴉片等，爲加強外交聯繫、辦理外交事務、維護國家利益做出了相當的努力和貢獻。顯然，對他全盤否定，簡單地斥之爲「漢奸」、「貳臣」是不對的，也太粗暴。

但是，不庸諱言，雖然不能武斷地說郭嵩燾是「漢奸」、「貳臣」，但他在外事交涉中是脫不了妥協屈膝之嫌的。誠然，劉錫鴻在「十大罪狀」中列舉的，有幾條純粹是牽強附會、故意陷害。比如：郭嵩燾與劉錫鴻在英軍提督陪同下參觀咯敦砲臺，日值寒冬，英軍提督見嵩燾衣單，便脫下自己的大衣給嵩燾披上，被劉說成是「遊甲（咯）敦砲臺披洋人衣，即令凍死，亦不當披。」一巴西國王訪問英國時，嵩燾受邀參加巴西使館舉行的招待會，向國王致敬這種常見的禮節，被劉指責為「見巴西國主擅自起立，堂堂天朝，何至為小國主致敬」。劉還批評他在「白金宮殿聽音樂，屢取閱音樂單，仿效洋人所為」。在我們今天看來，這幾條「罪狀」根本不能成立，反而值得首肯。

可是，無疑地，郭嵩燾不僅鎮壓過太平軍，而且在外交史上也扮演過不光彩的角色。在「馬嘉理事件」中，英使館翻譯未經允許帶了近二百名英兵強行進入雲南，受到中國軍民攔阻時，首先開槍打傷我方人員，後來馬嘉理被殺死，英軍被趕出境外，是罪有應得。但郭嵩燾反而上疏奏請懲治雲貴總督岑毓英，長敵人志氣、滅自己威風。在交涉喀什噶爾事件時，他以「主撫」為幌子，曲意逢迎英政府，喪失了一個中國外交官應有的正義立場。如此對外妥協屈膝，造成了喪權辱國的惡果。可是，大陸有的報刊竟載文幾乎都把郭嵩燾說成了高大全的理想人物，為尊者諱，迴避一些實質性的問題，不講原則地吹捧他「不愧是近代士大夫階級中的先知先覺者之一」，籠統地把官民一致對他的憎恨歸納為「一些頑固守舊的封建士大夫，紛紛進行攻擊」的結果，這也是錯誤的。如果僅僅因為他出使英國兩年，官府和群衆會對他那麼痛恨嗎？與他幾乎同時出使別國的外交官不乏其人，卻只有他受到了群衆聚集門前，狂呼要搗毀其住宅，阻其火輪並燃火焚燒，書大標語問罪等等罰罪待遇。別的外交官為什麼不能享此「殊榮」？他受到官府和民衆一致激烈、廣泛的反對，事非偶然，與他的一些崇洋媚外、喪權辱國的行徑有密切關係——當然，有的責任要由當時的最高統治者來負。

揮去蒙在歲月之上的迷霧，我們才能眞正認識毀譽交加的我國第一位駐外公使郭嵩燾。

茅臺睦邦誼　詩文傳佳話

——晚清駐日公使黎庶昌

茅臺幫了大忙

光緒八年六月的一天，中國駐日本欽差大臣黎庶昌在東京芝山紅葉館設宴招待日本友人。日本國一群著名學者、詩人、漢學家翩翩而至。席上喝的是專程從國內帶去的茅臺酒「回沙老窖」，酒香濃郁，經久不散，且空盃留香。飲酒作詩之間，日本嘉賓對茅臺酒稱羨不已。宴會中間，年高德劭的老學者宮島誠一郎向黎大使透露了一樁正在醞釀中的陰謀：本月，朝鮮「事大黨」發動「壬午事變」，放火燒毀了日本使館，日本政府決定以此爲藉口，出兵侵佔朝鮮。

黎大使得此消息，大吃一驚，但在宴席中仍鎭靜自若，席後立即派人通過祕密關係打探，證明宮島透露的消息屬實，毫不怠慢，兩次急電北洋大臣張樹聲。當時的朝鮮是中國的屬國，中國政府對朝鮮負有保護之責。所以，張樹聲得到黎庶昌的警報後，委派手下提督丁汝昌率兵艦前往仁川。待日本兵艦到來，中國兵艦已先到半日。日軍見我軍有備，不敢輕啓戰端，祇好回航。事後，黎庶昌多次對人這樣說：「幸虧茅臺給我幫了大忙，要不然，一旦開戰，不知又有多少生靈塗炭！」

家學淵源　斐然成章

黎庶昌，字蒓齋，號黔男子，道光十七年出生於貴州遵義縣。他的祖父黎安理做過山東長山知縣，伯父黎恂做過浙江桐鄉知縣，父親黎愷曾任貴州大定府儒學訓導，兩個兄長都是舉人，可謂家學淵源。庶昌自幼勤奮苦讀，十四、五歲時所作詩文，便已斐然成章，二十一歲成爲廩生。當時，由於太平軍起義掀起的波潮，貴州發生了號軍起義，省城貴陽經常遭到號軍圍攻，岌岌可危，科舉考試被迫停止。黎庶昌長途跋涉，到北京參加順天府鄉試，兩次名落孫山。

咸豐皇帝病逝熱河後，六歲的載淳繼位爲同治皇帝，葉赫那拉氏垂簾聽政。那時天災人禍不斷，內外交困，爲防「天懲」，乃下詔求言。一晃過了一個多月，滿朝文武大臣竟無一人進言。黎庶昌當時在京應考，奮筆疾書，呈〈上穆宗毅皇帝書〉的「萬言書」，頗受看好，降旨以知縣銜差往曾國藩營中委用。曾國藩忙於指揮湘軍與太平軍激戰，未暇對他正眼相看。後得知庶昌乃聞名於世的「西南巨儒」鄭珍之高徒、表弟，才將其調至自己身邊做文案工作，頗予青睞，並授予桐城派筆法。在閱過他的一些詩文後，曾國藩這樣讚譽：「蒓齋生長南隅，行文有堅強之氣。」

曾國藩離開江南後，黎庶昌曾任吳江、青浦知縣及淮陽堤工支應等職，後又出任揚州荷花池榷務、通州花布厘捐榷務。光緒二年，清政府應新任駐英、法欽差大臣郭嵩燾之請，任黎庶昌爲駐英使館三等參贊。黎庶昌的外交官生涯就此開始了，揭開了他人生史上重要的篇章。

到英不久，因浩罕酋長阿古柏侵佔南疆建立「喀什噶爾王國」，英外交大臣要郭嵩燾轉奏英政府希望調停「議和」的照會。庶昌認爲如果轉奏等於承認了「喀什噶爾王國」與淸王朝是對等的政治實體，勸郭拒絕。郭不聽，又因與副使劉錫鴻互相齟齬，以爲黎是劉黨，多次無端對其折辱。庶昌受此冤曲，鬱悶難忍，肝火上升傷了眼睛，導致眇了左目。同年十二月，聞知左宗棠收復南疆，阿古柏自殺，喜不自勝，欣然賦詩祝捷：

輕車度幕不驚塵，矯矯將軍號絕倫。
回準降幡齊入漢，圖書舊版復收秦。
雲消葱嶺鴻難度，草長蒲柏馬易馴。
索地陳兵君莫讓，烏孫西去付行人。

獲日朝野普遍好評

使英未及一年，郭嵩燾、劉錫鴻被罷職歸國，由曾紀澤繼任駐英、法公使。曾紀澤是曾國藩的長子，庶昌在其父帳下時，二人交情甚厚。甫一到任，曾紀澤即調庶昌爲駐法使館二等參贊，移駐巴黎約兩年。這期間，庶昌還被任命爲中國代表，參加了開鑿巴拿馬運河的籌備工作。後奉調馬德里，任駐西班牙使館二等參贊，任期兩年多。

光緒七年，朝廷賞黎庶昌以三品頂戴，以道員資格被任爲出使日本欽差大臣。三年任滿時，其母病逝上海，遂丁憂三年。光緒十四年，再任駐日公使，十七年歸國。做爲公使，他盡職盡責維護國家尊嚴，保護外籍華人。光緒九年八月十五日，長崎日本巡捕以查鴉片爲名，打傷華僑數人，其中一人醫治無效致死。庶昌奮起與日本外務大臣井上馨交涉。日方聲稱對華人「應拿」、「誤殺」，不應抵罪；庶昌據理力爭，認爲是日方「擅拿」、「故殺」，應依法抵罪。當面談判不成，又多次書面「照會」抗議，歷兩月之久，終於贏理，日方被迫賞恤死者家屬四仟圓銀洋，將行兇巡捕判刑五年。

爲睦邦誼，庶昌除了操勞外交事務外，每每與日本朝野學者、詩人、漢學家詩酒唱和，每年春秋佳日必主持登高之會，平時大宴小宴不斷，增進友誼，切磋詩藝，贏得了日方和其他國家人士的尊敬，他的學識和品德，得到了日本朝野人士的普遍好評。據《重陽宴集》記載，詩人重野安繹感到人生聚散無定，盛會不能經常，遂傷感而悲嘆。年近八十的老儒森枳園見狀，勃然發怒：「吃盡黎公三斛酒，而猶區區悲歎，天下寧有此怪事乎？小子無禮，當浮一大白！」手舞足蹈，橫眉怒目，氣得雙肩劇抖，座下椅幾欲傾倒。舉座哄然。

歡送人群盈途塞巷

黎庶昌與日本漢學家藤野正啓交厚，藤野死，他滿懷深情爲之寫墓誌銘，並與夫人趙曼娟商量，撫養藤野的獨生女兒貞子，視如己出。趙夫人歿，貞子撰墓誌銘以誌哀思：「貞子與公家，萬里隔海，東西異邦，而親愛一至於此，雖本邦不易得也……」深情厚誼，傳爲佳話。庶昌任滿歸國時，日本天皇特頒一等「旭日大綬勳章」一枚。離日前半年，日本友人爲他而設的餞別宴幾乎天天都有。啓程歸國時，歡送人群更是盈途塞巷，有的竟追至數百里外設宴餞別。這絕無僅有的情景，令其他各國使節嘖嘖稱羨不已。

回國後，黎庶昌因奏請立鄭珍、莫友芝專祠而被議降三級，後由於李鴻章保薦，才取消處罰，簡任川東兵備道。駐重慶期間，他大力興洋務、辦學堂，政聲頗佳。他捐出俸資修建了雲貴公所和樓外樓風景亭。時逢遵義鬧饑荒，他以身作則，自捐數千兩，並遊說宦遊蜀中的遵籍官員共募捐二萬兩，買米運往遵義賑濟災民。中日甲午戰爭開始，他疏請東渡排難。統治者竟然不允，氣得他抱頭痛哭。他又倡導各級屬員按官職大小分等級「輸財助餉」，自己並率先捐一萬兩俸銀作軍費。當時國事日非，統治者更塞耳不聞忠言。庶昌憂憤成疾，辭官回鄉，在渝僅四年。回鄉不久，又逢遵義大旱，他屢電雲貴總督求賑，獲銀二萬兩分賑遵義、仁懷、桐梓三縣民衆。黎庶昌的這些義舉，在家鄉被廣爲傳誦。

光緒二十二年，黎庶昌在憂憤、寂寞中死去。

搜購整理古籍著作多

在先後兩次出使日本的一共六年時間裡，黎庶昌發現不少在國內已經絕版的中國古代文史典籍，像宋本《爾雅》、《穀梁傳》、《荀子》、《莊子》，至正本《易程氏傳》，唐集字《老子》，元本《楚辭集注》，舊鈔本《玉燭寶典》，還有《文館詞林》等，都是國內見不到的珍本。爲把這些珍貴的文化遺產帶回祖國，傳給子孫後世，儘管囊中羞澀，他仍不吝血本，出重金蒐購了二十六種古代典籍，後由南京金陵書局輯印爲《古逸叢書》，共二十六種二〇〇卷。這套叢書主要由隨黎庶昌出使日本的著名金石學家、版本學家楊守敬整理，大部分都有題解，並說明版本源流，書末還有楊撰寫的跋文。叢書刊行後，廣受歡迎，很快被搶購一空，書局接著重印，使這些珍貴的文化遺產得以傳世。叢書刻印精美，前所未見，在海內外學術界引起轟動，一時紛紛撰文譽其爲「近代叢書之冠」。另外，他還蒐購了《南藏佛經》六千七百多卷和焚香所用青銅鼎爐若干件，運回家鄉。他捐資重修了禹門寺和金鼎山玉皇殿，將佛經和鼎爐全部珍藏於禹門寺。

庶昌自幼博覽子史百家著作，尤致力於四史、《資治通鑑》。他嗜讀古文，曾手抄名篇數十卷，旦夕吟誦。公餘之暇，他經過二十多年秉燭夜書，整理了《續古文辭類纂》一書，凡二十八卷，共四百三十五篇。他甄錄標準極嚴，特別注重充溢陽剛之氣、遒勁灑脫的篇章，「凡神理氣味有一不備者，文雖佳不入。」該書的出版，彌補了桐城派大家姚鼐所編注的《古文辭類纂》之不足。

開國人眼界

在歐洲數年，黎庶昌除駐在國外，還先後去過義大利、奧地利、瑞士、比利時、德國、葡萄牙等，一共考察了十個國家的政治、經濟、文化現狀及地理、歷史、人文等方面的情況，寫成了《西洋雜誌》一書，該書文筆細膩，描述生動，刊行以後，廣受讚賞，被譽爲「一卷西洋風俗圖」，使國人大開眼界。此書後來與郭嵩燾的《倫敦與巴黎日記》、曾紀澤的《使西日記》、康有爲的《歐洲十一國遊歷》、梁啓超的《新大陸遊記》等書一起編入《走向世界叢書》。另外，他還寫了〈與李勉林觀察書〉、〈鬥牛之戲〉等重要文章。特別是〈鬥牛之戲〉，開我國描繪鬥牛場面散文之先河，有人認爲：「此後百餘年間，無一篇寫門牛之文能及黎文精妙入微。」

使日時，他與朝野縉紳名流交遊廣泛，常聚會一起講經論史，評詩品文。逢春秋佳日，輒相約作修禊之遊，登高聚會，飲酒吟詩，聯句成章，歡愉融洽。對庶昌的胸襟氣度、道德文章，日本友人欽佩不已。日本詩人小山朝弘說：「每謁先生，開廓襟抱，談笑啞啞，使人在乎春風和氣之中。」七十七歲的老學者淺田常說：「余嘗讀張裕釗《濂亭文集》，知黎公出處閱歷；又閱其家集，知一門之美，棣萼之芳；又誦〈弔徐福墓詩〉，知訪古之志篤；又觀藤野伯迪墓誌，知交誼之厚，不異海之內外。嗚呼，若公可謂全才矣！」藤野正啓由衷讚曰：「黎君器宇恢宏，不設城府，開襟接納，酬答如響，是以賓主相忘，歡然無間。昔時之宴，豈能至此哉！」他還說：「與大邦名賢會晤於一堂，交觴論文，以遂平王生之願矣！」宮島誠一郎這樣表示自己對黎大使的崇敬之情：「使君意氣凌千古，不獨英名冠斗南！」

除了民間交遊，庶昌還注意結交日本皇族宗氏、名門貴胄，以睦邦交。他受聘擔任亞細亞協會名譽副會長，與川北川宮，小松宮兩親王，公爵三條實美，侯爵島直丈峰、須賀茂韶，伯爵副島種臣、小笠原忠忱、柳原前光、川村純義，子爵榎本武揚、吉田淸成、松本信正、相良賴紹、島津忠亮，男爵長岡護美、赤松則良、渡邊湄山等結爲好友。

在日本期間，黎庶昌匯集了各次聚會時中外人士唱和的詩篇，編撰了《癸未重九宴集》、《枕流館宴集》、《戊子重九宴集》、《庚寅宴集》(分《修襟集》、《登高集》、《題襟集》三編)。

散文成就最負盛名

黎庶昌寫有大量詩篇，不愧爲一個優秀的詩人，但他在文學上的造詣，仍以散文成就最高，爲晚清最負盛名的桐城派散文大家。二十六歲時入曾國藩門下，與張裕釗、吳汝綸、薛福成等人相識，得曾國藩授以桐城派的文章理論與作法，幾人互相切磋，共研爲文之道。這四人後來成爲桐城派晚期散文四大家，以黎、薛（有論者認爲應爲吳汝綸）二人成就最高，號稱「南黎北薛」。他的散文，遠師司馬相如、班固、歐陽修、韓愈，近學姚鼐，兼受鄭珍、曾國藩之濡染，潛移默化，六卷《拙尊園叢稿》是其代表作品。其文風雄奇峻峭、蒼勁有力如王安石；而又含蓄蘊藉，飄逸灑脫，有歐陽修之遺風。出使期間的文章，已很少受桐城派義法的拘束，往往自由抒寫，內容豐富，形式華美，常常文已盡而意未止；行文跌宕多姿、氣勢浩博奔放，意境飛動，人們能從中受到美的陶冶，且感人至深。

黎庶昌還是一個地理學家和史學家，他曾參閱、考證幾位探險家的旅行日記或遊記，編纂成了《由北京出蒙古中路至俄都路程考略》、《由亞細亞俄境西路至伊犁等地路程考略》等書。他從事地理研究，是爲了捍衛祖國的邊疆。爲使國人增廣見識，瞭解西歐地理形勢，他還著有《歐洲地形考略》、《西洋遊記》、《海行錄》、《丁亥入都紀程》等專著。他治史嚴謹，曾撰有《曾文正公年譜》十二卷、《全黔國故頌》二十四卷、《牂牁故事》和《黎氏家譜》等。此外，他還將自家祖孫四代及部分親友的詩文輯集爲《黎氏家集》四十卷。

作爲有清一代傑出的外交家、學者、文學家，黎庶昌除建有外交殊勳外，保護古籍，豐富的著述，也是一筆珍貴的文化遺產，是他卓越的建樹。

凝成友誼傳千古

——晚清駐日公使黎庶昌與日本名流的唱和詩評述

晚清桐城派散文四大家之一的黎庶昌，散文成就與薛福成相埒，時人稱爲「南黎北薛」。他曾任駐英、法、西班牙使館參贊，一八八一、一八八八年兩度出任駐日公使，在日六年。後來名聲大噪的愛國詩人黃遵憲，當時就在他手下任參贊之職。使日期間，他與日本、朝鮮及其他國家在日朝野人士廣泛交遊，飲酒作詩，聯句唱和，留下中日文化交流的一段佳話。這些詩，是一筆珍貴的文化遺產，其中凝聚著兩國人民之間的深情厚誼。由於他在外交上的卓越建樹，一八九一年離任時，日本明治天皇特頒一等「旭日大綬勳章」一枚，以資嘉獎，令人稱慕。

黎庶昌花費精力，把每次宴會唱和的詩彙編成册。主要有以下幾種：

《癸未重九宴集編》：由於頭年曾在上野精養軒有登高約會，因此，一八八三年重陽節時，黎庶昌約集了日方森立之、重野安繹、長松幹、巖谷修、藤野正啓、中樹正直、川田風、向山榮、三島毅、龜谷行、宮島誠一郎、石川英、森大來等，中國的楊守敬、方濬、陳允頤、姚文棟、黃超曾、江景桂、梁殿勛等，在使館西樓舉行宴會所賦詩篇的合集。

《枕流館宴集》：爲「賀清國欽差大臣蒓齋黎君再任」，重野安繹於一八八八年十月四日在濱街枕流館設宴，中方還有陳衡山、錢琴齋、孫君異、陶杏南、莫守叔、劉子貞、徐少芝等人，日方共有八人作陪，賦詩結集。

《戊子重九宴集》：枕流館宴會後，黎庶昌於重陽節在使署設宴，賓客共三十二人，黎大使賦詩兩首，中日雙方文士唱和之合集。

《庚寅宴集》：分三編：《修禊集》：一八九〇年三月三日，黎庶昌在芝山紅葉館設宴唱和的詩集，有日人石川英、蒲生增章、西島醇的三篇序；《登高集》：同年重陽節黎庶昌再在芝山紅葉館設宴，席中賦詩合集，有藍水村瀨的畫作《芝山話別圖》，淺田常、依田別川、小山朝弘、石川英、西島醇、淺田惟慕各有一篇〈奉送大清公使蒓齋黎君序〉，及黎庶昌兩首七律；《題襟集》：十一月，日方皇親貴胄、文士二十餘人於芝山紅葉館設宴，爲黎庶昌餞別的詩文集。

關於這些詩文集，黎庶昌在〈宴集三統序〉中說：「……方今四洲遣使互駐，事體絕重於古列國時。而又異言殊服，政俗不同，若非飲食宴會，相與達款誠，聯情好，即不幸扞格而有事。然則使臣之在他人國，遇會典慶節，以禮延至王公貴人，精饌盛筵，葡萄夜光，手冠金裾，長劍陸離，佩寶星而絡綬帶者，謂之饗可也。良辰美景，華燈明燭，賓客滿堂，筆札紛綸，嘉餚脾臄，歌舞遞進者，謂之宴可也。余以光緒七年冬，奉使日本，有與國同文之樂，暇輒與縉紳儒流，敍交會飲，諸君子或爲詩文以張之。而上巳重陽，每歲必舉特別之會，使與蘭亭龍山相配。光緒十三年，余奉命再至，國好日密，駸駸乎有唐世遺風，愈益無事，與諸君子道故舊而爲宴樂。於是會者愈繁，詩與文日益多。歲不下數十聚，或有作，或已作。孫子君異皆理而董之，使自成帙。今年冬，余任滿將歸國，又有餞別之宴，詩文之外，踵而爲圖，酬唱倍於往昔，非一編可容。孫子因綜前後所得，匯爲讌集三編，凡得詩若干首，文若干篇，均別爲之題，而囑余誌其首。嗚呼，多矣！自唐以來，未之有矣。」從文中可以看出黎庶昌做了大量的聯誼活動，編這些詩文集的目的是爲了「達款誠，聯情好」。

到日本後，黎庶昌曾拜謁徐福墓，寫有〈弔徐福墓詩〉共十二首絕句。

平田幾頃稻花稠，雙樹爲旌土一丘。
人代茫茫渾莫辨，夕陽荒海古今愁。

徐福墓位於南紀一田壩當中，是寬約三、四丈的未曾墾耕的一丘低矮之冢。冢上有兩株樹，是該墓的標記。墓離海僅兩里，夕陽西下時，荒冢、蒼海俱都顯出憂愁的樣子。

歷紀元文勒短碑，命卿水野代多奇。
歲時侍女爭祈禱，來獻塞外與樹枝。

據說，日元文元年，朝鮮李某為墓碑書「秦徐福之墓」五字。明治維新前，水野氏為新宮城主，墓前盈積數十百具竹筒，中插花朵或樹枝以祀神。

斷岸風漂著軸轤，俚人猶自說秦須。
三千入海童男女，知否當年盡到無。

在新宮東北海岸日本里七里許，地基狹隘，地名叫秦須，古老相傳這是徐福初至日本的住址。可憐隨他漂洋過海的三千童男童女，不知有幾人未葬身於海，到了此間？

猶有七冢壓田唇，古老相傳福所親。
嫡嫡如雲飄散盡，更從何地問秦人。

徐福墓旁，田坎的邊緣，有七座墳。據說七座墳裡埋的都是與徐福親近的人。有人說徐福的子孫多姓秦，像天上的雲一樣飄散各處；有人說藤澤譯福、岡平一郎為徐福後人，曾經多次寄贈物與新宮神社；還有人說姓徐的××，在和歌山上做醫士。

村町郡長喜余臨，保護從來益係心。
封墓建祠留古跡，海風吹起伯牙琴。

新宮的居民、官府很關心徐福墓，並建專祠停留其遺物，留下了一處歷史悠久、可證中日邦交源遠流長的古蹟。他們十分歡迎作者到來，聽見海風輕吹，彷彿伯牙在奏琴一樣。

眼中滄海幾揚塵，避世桃源得問津。
我勝南陽劉子驥，二千年後一畸人。

詩人對墓湧起許多感想，感人生滄桑，嘆自己的殘疾（左目眇），無端的使人覺得沈重。

在癸未年重陽節宴會上，黎庶昌首先賦律詩一首起興：

小樓一角露孱顏，灑落風霜夕照間。
近寺微紅日支社，遠天依白富姿山。
可堪酩酊酬佳節，暫把茱萸得少閒。

文字去簪無異地，姓名同在列仙班。

中日雙方文士紛紛唱和，獻詩五十二首，藤野正啓、重野安繹與黎庶昌各寫序一篇。重野安繹有一首唱和詩：

每挹清芬解我顏，一團和氣几筵間。
星槎遍歷東西海，詞賦同推大小山。
文勒元勛史材老，專蒐古佚宦情閒。
登高此日登龍似，觴詠深願忝末班。

詩人讚美黎大使性格謙和、文章典雅，挽救流佚東土的古代典籍，以及出使西歐深受敬仰的事跡，爲藤野伯迪撰墓誌銘並撫養其孤女的深情厚誼，比之爲東漢李膺，認爲自己與他交往乃如鯉魚跳龍門之幸。

中樹正直唱和道：

共上高樓開笑顏，遠山咫尺灑杯間。

主人雅量吞雲夢，坐客醉容頹玉山。
東海益深敦槃好，南交更喜羽書閒。
此生自賀何多幸，半日仙遊得到班。

詩人以大量令人愉悅的詞語頌揚黎大使肚量寬宏，見識深遠，刻劃了一個瀟灑俊逸的外交家的形象。

對此，黎庶昌深為感動，以〈即席再賦呈諸公〉一首表示答謝：

晶晶浮雲白日光，天教放與作重陽。
西京公子萸為佩，南國佳人菊有芳。
詩律未應翰翬軾，軒車原不數山王。
清館激起商飆館，繚繞餘音在後樑

戊子年枕流館之會上，南岡摩紀對黎庶昌再任駐日公使，首先表示由衷的高興：

星槎萬里駕長風，良緣長結東海東。

新知不若舊知好，雖俗則殊文則同。
米歐二技非不妙，鄒魯遺訓道獨崇。
鹿鳴歌罷嘉賓醉，式燕以敖情何窮。
願得唇齒長相賴，共奏牆外禦侮功。

表達了詩人對黎大使的歡迎之忱，及希望唇齒相依的中、日兩國長此和睦相處、共禦外侮的政治理想。

饒有趣味的衆人聯唱，把宴會的歡樂氣氛推向了高潮：

石川英唱：

美酒良辰杯酒宴，清淡款出弟兄情。

曾根俊唱：

同文鄰好兄弟爾，報國寸心天地知。

仁禮敬之唱：

善鄰爲寶遵前例，與亞成功有後期。

川口嚣唱：

南國曾期兄與弟，同朋赤願壽爲臧。

永田永孚唱：

千年鄰好愈加厚，鸞鳳何關燕雀猜。

丁野遠影唱：

唇齒要求相輔意，鄰接依賴是賢才。

關義臣唱：

輔車唇齒相依託，兩國聯歡在靄如。

此情此景，令黎庶昌十分激動，當即賦詩：

高館枕流江上雄，坐中豪士盡元龍；
吟懷喜接舊時雨，爽氣偏迎江海風。
國異不曾文字異，洲同惟願澤袍同。
愧余忝任皇華節，結好惟憑信與忠。

讚揚了在座諸公關心國事、長期睦鄰的思想和令人敬佩的學問文章；表示了自己決心憑滿腔忠忱促進兩國長期親善的信念。

戊子年重陽節宴會時，黎庶昌首先賦曰：

此日重陽尋舊盟，同文於我似鳴嚶。
高秋雲物歸三島；異地冠裳集兩京。
水擊息鵬摶萬里，醪醇斟兕飲人情。
諸君滿腹群搖仕，敦槃之間一再賡。

重野安繹唱和道：

九日霞關訂舊盟，一堂和氣衆禽嚶。
憑君忠信交鄰國，弘我文章以漢京。
水閣歡迎疇昔事，山樓招領七年情。
黃花酒美且酬酢，白雲歌高誰和賡。

追述了多年的友誼，歌頌了黎庶昌的外交才幹、道德文章。

庚寅年三月，芝山紅葉館之會，黎庶昌用上年三字韻先成二律：

今我尋盟聯舊雨，醜年修禊韻重探；
交歡敦槃行人職，大塊文章與國語；
客擬登高成四四，日從新曆假三三。
永和盛事歸紅葉，爛漫題詩對可南。

今年三月三日盛會，想起去年四十四人登高之舉，面對慇懃而漂亮的紅葉館女主人，情趣盎然，想起應該獻給她美麗的詩篇。

薄海盡銷兵革器，吾儕珠玉任銷探；
朋來簪盍同文樂，博望槎通舊路諳。
西板戴鰲惟柱八，東歸零雨易年三。
便瞻斗北趨京北，更向黔南返播南。

任期快滿，行將歸國，詩人浮想聯翩，更寄託滿腹鄉思。

宮島誠一郎眞誠地希望面前的使君再次出使日本，促成兩國結爲長期睦鄰的關係：

忠勤亮特誰君比，重賦皇華此詞探。
樽俎笑談交久熟，輶軒探討俗先諳。
善鄰應喜聯邦兩，奉使祇希持節三。
聞說瓜期在今歲，可能還旆向黔南。

庚寅年重陽節宴會時，作為主人的黎庶昌先賦二律：

暉暉夕照映扶桑，此日芝山又舉觴。
駐我忝持雙使節，登高曾賦六重陽。
同文歷劫終難廢，與國論心實易臧。
嘉會不常雖盡醉，勸君休負菊花黃。

班荆傾蓋尚縈思，何況聯歡六載移。
余事敦槃尋舊約，國盟金石寓深期。
交鄰有道能誠久，時局就平今可知。

歸去大瀛衣帶限，望君頻爲寄新詩。

既表達了自己對國與國之間交往的看法，也傾訴了自己對日本文朋詩友的慇慇思念。共有長岡護美、副島種臣、秋月種樹和朝鮮的金洛駿等六十人唱和。其中，恆屋盛服的詩如下：

高樓對酒有餘思，時局看來日變移。
東土連衡謀始就，西洲合縱勢何期。
驪歌一曲河渠恨，龍節三年兒女知。
舞袖翩翩燈影動，陪筵爲賦別離詩。

詩人表示出對時局變動的擔憂，同時傾訴了自己的依依惜別之情。

庚寅年十一月，日本伯爵小笠原忠忱、南部訥齋、正二位、伊達南洲，子爵松平龍峰、小給淡如、左竹恆堂、小笠原楚巖，男爵長岡護美、渡邊湄山等與黎公使宴於芝山紅葉館。公使即席先賦：

芝山樽酒互相酬，飲我元龍百尺樓，
卿雲照臨天上異，客星環動地諸侯。
異苔簇簇同岑美，紅葉翩翩逐水流，
比擬汪倫於李白，情深如海氣凌秋。

以眼前景、物入詩，追思李白、汪倫之友情，更顯自己對在座諸君之深情厚誼。

小笠楚巖遂作〈送黎公使歸國〉一首：

當筵旨酒可相酬，來上芝山第一樓。
楓葉紅燒布衣醉，菊花黃笑故國侯。
華燈舞影留芳韻，彩毛香騰壓俗流。
別有愁腸腔裡動，陽關三疊不勝秋。

渡邊清也以同題相和：

偶乘公暇互相酬，酣醉客來住小樓。

別宴更將千斛酒，離情好慰八名侯。
黃花雨後春猶在，紅葉霜餘錦欲流。
無限景添無限憾，貴人誰道不知秋。

離別的日子很快就要來臨，值良辰美景，賞心樂事，日本詩人們爲黎公使的即將離任而惆悵滿懷、心事重重。眞摯的友情，暴露無遺。南岡摩紀卻從歷史、文化的角度，撫今追古，把斷腸離愁表現得淋漓盡致：

星旅東海六年留，公事餘閑共雅遊。
鄰好素修唇與齒，斯文同仰孔與周。
或賓或主同迎送，於月於花策鳴酬。
對酒豈無斷腸句，蟲聲燕語帶離愁。

黎大使大爲感動。「是日諸君復有『寶刀美人圖』之贈，賦此鳴謝。刀以大廟神寶餘鐵鍛製，鋒葉兩面有富士（或作富姿）山眞形，淬之不滅。圖則小萍女史所繪，漢妝，手持仙桃，殆神女矣。」

縞紵聯歡神所褒，故人投贈等綈袍。
久要然諾通神女，自古交情脫寶刀。
鐵泌富姿呈嶽雪，槎桴博望醉仙桃。
棣華風誼存鄰國，他日勤拳拂錦韜。

連續一個多月，日本友人幾乎天天設宴爲黎公使餞別：陰曆九月二十六日，宮島栗香設宴，黎庶昌賦七律一首，有三人唱和。宮島誠一郎詩曰：

使君聲價重瀛垓，此夕招飲歡酒杯。
四老德同黃菊馥，兩人心向玉壺開。
縱令雲樹隔東北，黃使雁魚疏往來。
一別親交情太密，他年相憶不相猜。

衆人連句成七律一首：

副島種臣 氣象從容呑九垓，

元田永孚　一宵須盡百千杯。
黎庶昌　關心最是中東局，
谷幹城　交膝好應懷抱開。
澤宮陶大均　滿座英雄皆老輩，
宮島誠一郎　十年籌策樂將來。
副島種臣　古人或戒連雞譬，
矢士勝之　邊境予桑莫漫猜。

次月五日，於使署集宴，和宮島、栗香一首，有元田永孚、谷幹城等四人唱和。翌日，重野金井、巖谷園等人設宴，約諸多名流爲黎庶昌餞別，黎賦詩鳴謝：

飲餞高樓日又斜，翩翩林莽集昏鴉；
滿杯春意生紅葉，人事秋風及戍瓜。
一泳斯文猶未表，同酬氣味信無差。
他日訪舊來仙島，遊遍山陬與水涯。

鄉純造五二、秋月種樹等四十五人唱和，有詩一百零三首，中村正直的和詩竟達百行。二十三日，「亞細亞協會」諸君設宴，爲名譽副會長黎庶昌餞行。川北川宮、小松宮兩親王，公爵三條實美，侯爵島直丈峰、須賀茂韶，伯爵副島種臣、小笠原忠忱、柳原前光、川村純義，會長子爵榎本武揚、吉田清成、松平信正、相良賴紹、鳥津忠亮、秋原興朝、山岡直記、中牟田倉之助，男爵長岡護美、赤松則良等五十餘人到會。由阿政、阿愛各執一柄傘舞蹈，傘上剪出「祝黎公使健康」六個彩色大字，宴會更添喜慶。黎庶昌十分感動，賦詩提及並致謝：

高館離筵一再張，感君敦睦誼偏長；
亞洲大局關中日，茲會同心耐雪霜。
五等崇封來入座，二王勛貴早刊堂。
更餘政愛翩躚舞，錦字慇懃祝健康。

龜谷行讚歎並向黎公使表示良好的祝願：

唯見文章光燄長，誰知萬卷自撑腸，
暮山凝柴滕王閣，秋水拖蘭崔人莊。
俊鶻高摩雲背起，峭帆遙劃海心颺。

何妨醉帽欹還落，才唱驪歌天一方。

黎公使接著又和奧制義詩一首，有六人唱和。次日宴會上，他賦〈二十四日集偕樂園和伯爵副島種臣君亞細亞協會餞別詩韻〉：

最是同文樂，頻叨餞別筵。
趨朝今日候，歸去朔風天。
與國傾肝膽，論交若歲年。
美人與君子，並此惜翩翩。

語質意顯，其情動人。〈二十五日，朝鮮李壽庭星使餞別於紅葉館，即席有作，呈教。〉

亞洲文物最相先，休戚同關豈偶然。
古跡雲迷箕子墓，皇洲春滿漢陽天。
夷宅嵎日堯成典，臥榻酣眠虎有涎。
地利人和今更切，聖言當作佩韋弦。

朝鮮金夏英、日本細川潤次郎等九人唱和。幾天後又賦〈岡本黃石翁新居落成二十九日招飲，賦此稱祝〉及和岡本黃石韻的三首詩。西岡逾明為目前正常的中日邦交感到欣慰，想必西方列強會得寸進尺，加快侵略步伐：

勝會高樓對碧樽，桃花楊柳賁春園。
西洲兵禍何時歇，東海醇風絡古存。
露帝巡封常有警，巴王去國豈天寬。
同文唯重交情厚，賓主相忘笑語溫。

柳原前光哪裡料到幾年之後中日關係就決裂了呢！當時還沈溺在兩國長期親善的憧憬裡，再三讚美：

紅葉恰呈心膽丹，兩邦環佩好團圓。
盟交自古歸樽俎，唇齒如今共敦槃。
東海八風今再駐，長城萬里我曾觀。

餞筵將此纖纖手，更侑離杯到夜闌。

〈十一月三日，十二大學士，爲余餞別於櫻雲臺，賦此致謝，並希粲政〉：

櫻雲臺上聽嚶嚶，求友欣聞伐木聲。
禹域人心終近古，扶桑學士盡登瀛。
同文自易登交際，親密尤當識國情。
多謝諸君懃懇誼，離筵今日勝聯盟。

對公使的離任，大島正人十分惋惜，懇切希望他能第三次出使日本，再促進兩國邦誼。

文采風流一世傾，都門飲餞盡才英。
簪萸昨侍登高會，折柳今添惜別情。
綠酒莫辭紅袖勸，丹楓偏映錦衣明。
望君他日三持節，金石能尋兩國盟。

兩天後，公使又吟〈奉和元田車野先生十二月五日偕樂園餞宴詩韻呈教〉：

七年前已契淵襟，記跋君詩利斷金。
自適德馨尋五樂，爲憐蘭臭寓同心。
交鄰大道惟忠信，與國從來有淺深。
天寶開元無限事，唐風一一總堪吟。

詩中憶及兩人多年詩誼，追溯歷史上兩國人民文化交流的佳話，讚美日本詩人元田車野爲至誠君子。岡本迪聞之，對公使文章華美、誠懇待人的風格欽佩不已，更希望自己的照片能使公使在今後的日子追憶自己這異國朋友：

大筆風標舉世欽，三年一夢忽分襟。
須知藻思常偏玉，更喜交情抵斷金。
絢爛錦妝露樹銘，翩躚鶴舞錦山岑。
攜吾小照還中土，佳話千秋別後心。

橫井忠直著重頌揚公使傑出的外交業績：

紅葉高樓酒欲醺，獻酬敍別至宵分。
五洲舊誼先推漢，再度欽差獨見君。
春滿金城逢閱武，秋深井巷共論文。
仰看星節歸朝日，旭綬輝煌映曉雲。

讓我們再讀一些日本友人的贈別詩：

成瀨溫　二首

〈奉餞公使及諸彥歸國〉：

留別詩篇皆入神，從他變鯉絕通津。
春宵秋夜如相憶，兩地同觀月一輪。

〈黎公使星軺將返，同仁飲餞於紅葉館，賦詩誌別〉：

千里蓴羹欲下豉，三山楓色正知霜。
東鄰相看留佳客，更盡冰山虎魄光。

大島正人〈次和衡山陳君留別〉：

一去征帆不得留，飛鴻滅沒海天秋。
芝山紅葉黑江月，詩酒至今誰共遊。

西岡逾明〈贈劉君子貞〉：

文物相同字亦同，二邦共在一洲中。
賀君經過三歲月，金節金衣辭日東。

向山榮〈五律二首〉：

其一

歸期迫歲杪，折簡到衡茅。

今日別離筵，六年文字交。
話清遺勢利，吟苦費推敲。
韓豪詩膽大，幸不棄寒郊。

其二

頗使我心戚，憑誰除塞茅。
人間少知己，海外得論交。
吟燭且頻剪，唾壺時亂敲。
待春春未到，送客出東皋。

西岡逾明五律一首：

萬里歸舟遠，高樓惜別離。
洋洋周禮樂，穆穆漢威儀。
遺教千秋重，狂瀾獨力支。
東西全使節，以答聖明知。

使日期間，黎庶昌廣泛開展詩酒外交，上至親王權貴，下至酒館主人，結交了日本許多朝野賢士，春天風和日麗，秋季天高氣爽，必有登高之約，平時更是詩酒之宴不斷。在這些活動中，他一共寫了數十篇具有珍貴史料價值的序文和數百首詩；日本友人也因之寫下了大量詩篇，傳爲佳話。這些唱和詩，絕非泛泛應酬之作，而凝聚著作者們對兩國邦交的關心和見解，對兩國長期睦鄰的良好祝願，以及相互間的眞摯友情。這些詩，或寓情於景，情景交融；或撫今追古，具有歷史深度；或巧妙用典，活潑有趣；或語言樸美，含意深遠……總而言之，這些詩作漾溢著眞情實感，都有一定的藝術性，產生了相當誘人的審美魅力。這些，象徵著黎庶昌使日獲得了巨大的成功。「使君意氣凌千古，不獨英名冠斗南！」宮島誠一郎的詩表達了日本朝野人士對黎公使由衷的讚譽。

甲午中日戰爭開始後，黎庶昌向朝廷請求東渡排難，昏昧的統治者竟然不允。黎庶昌爲此痛哭失聲，憂憤難抑，導致惡疾纏身，祇得從川東兵備道任上辭職，回到老家貴州遵義縣樂安里（今新舟鎭）沙灘村，一年後就病逝了，年僅六十一歲。

甲午戰爭之後，中日關係日漸破裂，後來竟達到全面開戰的狀態。但是，黎庶昌的使日詩和日本友人唱和之詩，卻是戰爭也抹滅不掉的中日歷史上一段文化交流的佳話，是中日兩國人民友好往來的最好見證。

革命罪人 文化功臣

——羅振玉搶救明清檔案紀實

中國最後一個皇帝溥儀在他的著作《我的前半生》中有這樣一段話：「羅振玉到宮裡來的時候，五十歲出頭不多，中高個兒，戴一副金絲近視眼鏡（當我面就摘下不戴），下巴上有一綹黃白山羊鬍子，腦後垂著一條白色的辮子。我在宮裡時，他總是袍褂齊全；我出宮後，他總穿一件大襟式馬褂，短肥袖口露一截窄袍袖。一口紹興官話，說話行路慢條斯理，節奏緩慢。」

溥儀談到的這個羅振玉，十分忠於滿清王朝，極端仇視革命。辛亥革命後，他積極參加張勳的復辟活動，扮演了一個可恥的逆歷史潮流而動的小丑角色。後來，他又主動參與策劃成立「滿洲國」事宜，僞滿成立後，他升任「滿洲國監察院院長」一職，自甘墮落地當上了名副其實的大漢奸。

羅振玉字叔言，號雪堂，祖籍浙江上虞，清同治五年六月二十八日（一八六六年八月八日）出生於江蘇淮安。至於他後來成爲革命罪人的歷史，本文姑且置之不論。卻說這麼一位「慢條斯理」、「節奏緩慢」的文弱書生，眼見十分珍貴的文化遺產瀕臨毀滅之際，在辛亥革命前後，兩次毅然挺身而出，當機立斷，奔走呼籲，不惜破產之厄，救出了大批明清內閣大庫檔案，給子孫後世留下了一大筆珍貴的文化遺產。從這一意義上來說，他又是一個值得大書一筆的功臣。

不學無術的載灃下令燒舊檔

宣統二年（一九一〇），時任清政府學部參事兼京師大學堂農科監督的羅振玉奉大學士、軍機大臣張之洞委派，前去內閣大庫清點圖書。他以慣常那種慢條斯理的步子，心情悠閒地走進紫禁城中，慢慢地向內閣大庫走去。可是，剛到文華殿，卻看見內閣典籍廳的官員指揮著差役們正在把一綑綑的資料搬出來扔在文華殿前的空地上，一股濃烈的霉臭味撲鼻而來。當時，內閣大庫正在進行翻修，因此將裡面保存的歷代典籍、檔案清點之後，暫時移存別處。可是爲什麼要將那麼多東西隨意拋在露天空場上呢？羅振玉搞不懂，走近去，隨便拿起兩份一看，一份是文成公阿桂請討金川的奏摺，另一份是管制府貞幹督漕時所上奏摺。再看地上，都是些皇帝的朱筆諭、大臣的奏章、殿試時的卷子等，都是難得的史料。他大惑不解，忙問指揮搬運的一個小官：「這些東西堆在這裡幹啥呢？」

那官員不認得羅振玉，順口答道：「燒掉啊！」

把那麼多難得的史料予以燒毀，這將是中國文化史上的重大損失啊！羅振玉大吃一驚，不信地問：「什麼？燒掉？誰讓燒的？」

那官員見這人像吃飽了撐的，不耐煩地答道：「上面說是無用的舊檔，叫燒，我們就燒。」說罷，再不理他。

羅振玉心頭恐慌，急忙三步併作兩步，走進大庫。找到負責清點的內閣中書曹元忠、劉啓瑞，問他們是怎麼一回事。二人告訴他，剛才張中堂派人傳令，說奉聖旨，將無用舊檔一律焚化，已經過挑選，西屋插架上那些是留存的，東屋裡的都要運出去燒掉。

羅振玉走進東屋，見架上有幾十幅大軸地圖，取下幾軸，展開來看，見是明朝時的《大明混一圖》、康熙時的《皇輿全覽圖》、乾隆時的《皇輿全圖》。問曹、劉二人，他們說都要燒掉。羅振玉十分痛心，對他們說：「這些都是稀世珍寶啊，燒了太可惜了。請你們二位叫手下暫時不要忙著燒，我馬上求見張中堂，看能不能得以挽救。」

曹元忠、劉啓瑞都是羅振玉的好友，二人見他如此鄭重其事，也有些感動，便答應了他的要求。

焚檔之事是這樣發生的：溥儀繼位爲皇帝後，因其年方三歲，便由載灃任攝政王。載灃昏庸無能，不懂得攝政王是怎樣個當法，靈機一動，便吩咐一名閣臣去大庫裡尋找過去的攝政舊檔，好以資借鑑。

閣臣奉命來到大庫，問管庫房的小吏，攝政舊檔放在哪裡。小吏平時只知佩戴鑰匙、開門關門，何況幾十年也難得有人查一回舊檔，他們哪裡知道舊日的攝政檔案在什麼地方。閣員忿忿然進入庫房去找，翻來覆去找了半天，根本找不到什麼攝政舊檔。由於庫房年久失修、雨水滲漏使很多檔案潮濕發霉，再加上蟲蛀鼠囓，破爛不堪，毀損嚴重，一股又霉又臭的味兒熏得人直發嘔。閣員實在忍受不了那股味兒，逃也似地出了庫房，去向攝政王稟告，說是庫房裡舊檔案實在太亂太多。那載灃是個不學無術的傢伙，見沒找到自己急需用的攝政舊檔，一氣之下，下旨將那些舊檔燒了了事。張之洞奉旨，自然不敢怠慢，連忙傳令部下依旨辦理。

抗旨不遵救出八千袋檔案

消息一傳開，供職翰林院的那些飽學儒士們一窩蜂擁來，來找自己殿試時的卷子，並找一些過去名士的名卷，好借鑑學習。有的便在其中找一些自己用得著的寶貝，據爲私有。有個文士找到了一卷宋本的皇帝族譜。那時宋版書已屬罕見，何況又是寫本玉牒，更屬珍稀之物了。文士知道它太珍貴，不敢私自佔有，便將它獻給張之洞，藉以巴結這位權傾朝野的中堂大人。

張之洞對目錄版本學很有研究，他十分喜歡那玉牒，立招擅長金石版本學的羅振玉前來鑑賞。羅振玉趁機進言：「內閣大庫乃明代文淵閣藏書之地，珍本善本十分豐富，當然也有宋版書嘍。

明朝滅亡後，剩餘檔案全部轉入了我朝大庫。燒了豈不可惜！」

張之洞覺得有理，便啓奏皇上。請求將大庫內，典籍劃歸學部保存。皇上准奏之後，張之洞便派羅振玉協助曹、劉等清點那些典籍。誰知，今天卻見到還是有大批檔案要被燒毀，不由十分心焦，一溜煙跑去求見張中堂。張之洞得知他求見的目的，不以爲然地說：「那又不是古籍珍本，不過是些陳年舊檔。留它何用？」

羅振玉急切地說：「那都是聖訓、詔敕、題本、表章、御筆，今後寫大清歷史時，是有用的資料啊！」

張中堂沈吟了一會，爲難地說：「你說的確有道理。但燒毀舊檔是閣議通過，皇上下旨執行的呀！不燒，豈不是抗旨嗎？」但出於對羅振玉的器重，他又吩咐道：「這樣吧，統統都運學部保存好了。不過，千萬要保密，一點兒風聲也不能洩漏出去啊！」

羅振玉得令，歡喜不盡，忙去告訴了曹、劉二人，這才將那一批舊檔保存了下來。但要裝這些檔案，連木箱至少也要五、六千個，那得花萬多塊錢。學部會稽司長邱樹楠感到難辦，慫恿羅振玉去求張中堂特批一筆錢。羅振玉卻說：「不可！不可！張中堂允許保存，就已經抗旨了。如果再找他批錢，他見要花一大筆錢，感到爲難，說不定又會把原來的命令撤銷了。」

邱樹楠一想，也是，但他蹙眉一想，就有了主意：「這樣吧，乾脆用蔴袋裝。我見糧行裡有許多空著的蔴袋，我們去買它一批來，無非花千把塊錢。唐尚書見花錢不多，說不定就肯批了。」

羅振玉聽了，覺得有理，便去找學部尚書唐景崇批錢。唐尚書一聽要錢，就不高興了，臉也拉長了。羅振玉說：「如果部裡經費實在困難，那就算了，這一千把塊錢，由我出算了。」唐尚書見只需千把塊錢，心裡感到有底了，便笑著說：「不行不行，這一千把塊錢，部裡還出得起。怎麼能讓你出呢？」

結果這些檔案共裝了八千袋，全部堆放在學部大堂上。沒過幾天，唐尚書又找羅振玉訴苦，說幾千麻袋放在大堂上，怕不明眞相的人誤以爲學部在搞糧食買賣，要他移放別處。羅振玉去找國子監丞徐坊商量，徐坊不肯。幸得其副手告訴徐坊，說是由於羅振玉進言，國子監才免遭撤掉，他徐坊才沒砸掉飯碗。徐坊這才答應了。辛亥革命後設在原國子監那兒的教育部歷史博物館接管了那批檔案。民國五年，歷史博物館遷至午門，那八千麻袋的檔案也隨著運到了午門。歷史學家鄧之誠在《古董瑣記》中記述不少對那些舊檔採取的清理辦法。魯迅在雜文〈談所謂「大內檔案」〉中披露了教育部官員們趁機掠奪精品的可恥行徑。

籌措鉅金贖回被賣舊檔

北洋軍閥政府財政日艱，機關員工的薪金長期拖欠無法發出。民國十年冬，爲解燃眉之急，教育部將清理後的這八千麻袋共計十五萬斤舊檔當作廢紙賣了，暫時發放欠薪。也虧教育部的官員有聰明才智，才想出了就地取材的妙計。

民國十一年春季的一天，羅振玉來到北京，準備在寓所請好友金梁吃飯，叫僕人去買東西。僕人將買來的東西一包包全放在桌子上。羅振玉眼尖，一眼看見包裝紙上寫著密密麻麻的文字，揭下來一看，竟是〈洪承疇呈報吳非叛案揭帖〉，心內吃了一驚，再揭一張來看，是〈高麗王進物表〉。都是清政府文件。他十分不安，預感到自己想方設法保存下來的舊檔出了問題（當時他不知道教育部把舊檔作廢紙賣的事），立即叫來僕人，問清他在哪兒買的東西。主僕二人趕到那家雜貨店，老闆拿出一綑將用作包裝紙的廢紙，羅振玉細細一看，全是清朝檔案，是老闆用一塊銀洋買的。羅振玉給老闆兩塊錢，把那綑檔案買了下來，也了解了老闆是在同懋增紙店買的廢紙。

回到寓所後，金梁赴宴來了。羅振玉說不忙著吃飯，拉著金梁趕到同懋增紙店，一眼就看見了店堂裡堆放著那些麻袋，心疼如割。紙店老闆是個四十多歲的胖子，小眼睛顯示著他十分精明。他見兩個老紳士來找，以為是什麼紙廠來談生意的，熱情地招呼他們坐下。羅振玉心情急切，趕忙問：「請問老闆，你從哪裡買來了這些麻袋？」

「從歷史博物館買的。」老闆的回答印證了羅振玉的想法。

通過交談，羅振玉瞭解到老闆已將自己費盡心血保存下來的滿清檔案賣了幾十袋給一些商店，其餘的全部賣給了唐山和定興兩家造紙廠，並已拉了幾大車出去。羅振玉恨透了教育部那些敗家子和北洋軍閥政府的頭頭腦腦，痛心疾首之餘，更憂慮如焚，咬牙決定了無論如何也要將它們再次搶救出來。他說：「老闆，你買這些蔴袋花了四仟元，我給你八仟元，賣給我，怎麼樣？」

老闆見兩個老頭十分熱心，憑他靈敏的生意人的嗅覺，知道有利可圖了，故意做出一副苦惱相，爲難地說：「不行吶，我已經賣給別人了，生意人講的是信譽。現在你們要我中途變卦，不賠人家一大筆錢怎麼行？你們最少要給我兩萬塊，不然我還賣給造紙廠。」在他眼裡，只看得見這些蔴袋裡那些古董紙張稱斤論兩出售的經濟價值，哪裡知道它們是價值連城的文化遺產啊！

羅振玉見紙店老闆無可理喻，只得像生意人那樣和他苦苦討價還價。金梁又在一旁極力促成，終於以一萬三仟元的價格談妥。羅振玉哪裡有那麼大一筆錢，此後幾天，他輾轉於京、津兩地，求親告友借貸，才湊齊了那筆錢，將那些檔案贖了出來。

後來，羅振玉從這些檔案中精選了一些輯印成十冊《史料叢刊》和《明季史料拾零》、《國朝史料拾零》等；根據清初科舉考試卷子撰寫了《順治康熙兩朝考試制度考》，糾正了《皇朝文獻考》一書的謬誤。他的這些編著，在學術界引起了很大的震動。

郭沫若在《中國古代社會》一書中說：「羅振玉的功勞即在爲我們提供了無數的眞實史料。」雖然他是一個政治小丑，但他兩次挺身而出，而且不惜傾家蕩產，挽救了一大批珍貴的文化史料，無疑是值得大書一筆的義擧。

窮途末路鬼　詩書畫三絕

——清代經學大師鄭珍

在貴州省遵義縣新舟鎮樂安江畔的子午山上，崗上幾座墳塋錯落其間，其中一冢土堆前豎立著一塊陰文石碑，顏體字大書「鄭徵君之墓」，這便是同治年間被稱爲十四俊材之首的有清一代經學大師、被尊爲「同光體」宗祖的著名詩人、散文家鄭珍的長眠之地。

父教子學　強聞博記

鄭珍，生於嘉慶十一年（一八〇六），字子尹，號柴翁，晚年又號五尺道人，且同亭長。他的出生地是遵義縣天旺里（鴨溪鎮）河梁莊一個行醫世家，也是一個書香之家。他的祖父是秀才，父親行醫之餘嗜讀書，卻屢考不中，甚麼功名也沒有，但對兒子要求甚嚴，勤於督教。鄭珍的母親黎氏係晚清桐城派散文大家，兩度擔任出使日本欽差大臣的黎庶昌的姑媽，他的外祖父就是庶昌的祖父黎安理。鄭珍八歲那年，黎安理在山東長山任知縣，鄭珍由父親帶著，去山東探望外祖父。當時，李文成帶領白蓮教徒在山東起義，攻州掠縣，打富濟貧，正鬧得如火如荼，以往正常的交通爲之阻斷。鄭珍父子受祖輩影響，忠君報國的思想很濃，視起義軍爲大逆不道之刁民，絕不肯低頭向起義軍求情請放行，父子倆滯留在岳飛大破金兀朮的朱龍鎮上。雖然前途不妙，但父子倆安然如堵，父教子學，毫不懈怠，小小的旅館房間，儼然成了他們的私塾。幾個月時間，警報像雪片一般四處飄飛，眞是一日數驚，但父子倆兩耳不聞窗外事，一心祇讀聖賢書，鄭珍在那裡把《毛詩》背了個滾瓜爛熟，倒背如流。

十二歲那年，父親將鄭珍送到遵義府城內的湘川書院接受比較規範的教育。因聰明靈穎、強聞博記，成爲書院裡的「神童」，很快將四書、五經熟讀，《山海經》、《文選》也讀過了，進而啃起《漢書》、《史記》這些大部頭著作。讀書時他雖然專心致志，但在讀書之餘的閒暇裡，他那種兒童的天性也流露無遺，他常跑到書院旁的桃源山上，偷偷鑽進廟裡去摘那些開得正艷、被和尚們保護得很好的鮮花，有時又潛進魚池裡去捉魚，調皮頑劣，極盡其能。多次被和尚發現，屢勸不止。發狠去捉他時，早已被他一溜煙跑開了。和尚氣極，怒罵一通，又向書院山長李先生告狀。李先生在學業上對鄭珍要求嚴格，但他深知頑皮戲耍乃十來歲孩子的天性，是不能夠橫加限制的，於是乎總是撫其頭顱，說一聲「再不要去頑皮了」了事。

過目成誦　日讀數萬言

十四歲那年，鄭珍舉家遷居到樂安里（今新舟鎮）東鄉沙灘村，在外祖父家附近的堯灣租了一幢茅房住下來，自此長居沙灘。他的外祖父黎安理青壯年時長期教書，年過花甲才補了一任知縣，在任上勤政愛民，政聲頗佳。任滿後回鄉，已年邁體弱、疾病纏身。但見長外孫聰明好學、務實勤問，也強打精神，悉心指教。外祖父去世，在外做官的大舅父黎恂（字雪樓）回家奔喪，帶回了用薪俸購買的幾十箱古籍，陳列於家中的藏書樓「鋤經堂」中。雪樓先生學識淵博，二十多歲即中進士，三十歲即奉派任浙江省桐鄉知縣。初試鄭珍，即知孺子可教，叫他與兒子黎兆勳（字伯庸）一同學習。雖然雪樓先生是其嫡親舅父，但鄭珍仍循禮節，鄭重拜師行禮。雪樓先生盼其早成大器，總是興致勃勃地督促這一對表兄弟認眞研讀古書，悉心傳授知識。鄭珍年齡漸長，慢慢懂了許多事理，兼之舅父要求嚴格，不敢懈怠，每日獨坐窗前，衣不解帶，肘不離案，刻苦研讀。由於他記憶力驚人，幾達過目成誦，所以每天都能讀上幾萬言。七、八年下來，他博覽群書，胸中裝了不少學問。他精研程朱理學，頗有心得，後來成爲遠近聞名的經學大師。對於古文字學的研究，他也很有一番獨到的見識。同時，他在詩、書、畫三方面已嶄露頭角，獨受舅父看好，雪樓先生由衷讚嘆道：「昔歐陽文忠公刮目蘇子瞻，有當讓此人出一頭地之許。吾於甥亦謂然。」

雪樓先生因愛外甥出衆的才華，遂將大女兒許配給鄭珍。

遊幕兼遊賓　眼界大開

十七歲時，鄭珍參加府學生員考試，成爲秀才，獲食廪餼（相當於現在大學裡的獎學金，按月發放）。比及弱冠，被主考官看中，遴選爲拔貢生。年少得志，意氣風發。

當年擔任拔貢生考試的主考官是貴州提督學政程恩澤。程恩澤名聲赫赫，道德文章廣受世人稱許，是清代中葉宋詩運動的領袖，被推尊崇爲文壇宗伯。他閱卷之時，讀到鄭珍的卷子時，爲作者那橫溢的才氣和鋒芒畢露的見解而激動不已。後專門約見鄭珍，詳細詢問其家庭和學業情況，勉勵他好好鑽研漢學、提高詩藝。

程恩澤調任湖南提督學政後，對僻居黔北的學生鄭珍仍念念不忘，專門致信相邀，請他到自己手下任幕僚。到長沙以後，鄭珍內得恩師精心指導治學和作詩爲文之妙，外與鄧顯鶴、歐陽紹軺等一大群湖南詩人，交流切磋，鑽研學問，勤奮練筆，努力增長學識，掌握詩文之道。這兩年遊幕兼遊賓的經歷，使他眼界大開，胸懷開闊，技藝精進。

離別之際，恩師鄭重囑託：「汝聰明穎悟，學問豐富，識見深遠，必成大器，汝今回鄉，老夫無甚相贈，聞黔中先哲尹珍，從師許愼，才高八斗，學富五車，名播遐邇，爲汝取字子尹，爲臨別贈禮，望汝追懷先人，傳播文化於蠻荒山區，使文明之風，蔚成風氣。汝今返黔，吾道南矣！」

回鄉之後，子尹一邊務農，一邊讀書，常去府城裡向府學教授莫與儔請教，因此得識莫友芝，很快結爲莫逆之交。莫家祖籍江南上元（今江蘇江寧縣），明孝宗弘治年間，都勻苗族土司興兵作亂，其遠祖莫先奉聖旨率兵入黔討伐，遂定居於獨山。莫與儔點進士後，先授四川鹽源知縣，後遷遵義府學教授，全家徙居遵義。友芝乃莫教授第五子。其時，友芝已拜雪樓先生爲師，因此算起來，與子尹、伯庸等爲師兄弟。

鄭珍三十歲那年，母親去世，鄭珍葬母於子午山上，以顏體正楷字親書「黎太孺人墓誌」，眞乃大家手筆。建「望山堂」於墓側，爲母守孝。未久，莫與儔先生不幸仙逝，友芝爲父營造墳塋於青田山中，並建青田山廬居住。青田山距沙灘僅二、三里，與子午山距離亦大約相近，自此，鄭、莫二家與沙灘黎家出門即可相望，雞犬之聲相聞，旦夕往來。師兄弟等或相約於一廬，常作徹夜長談，切磋論學，交流詩藝，互相點撥；或相攜作登山之遊，時寓禹門寺中，感悟佛理；或泛舟樂安江上，臨波侃侃而談，吟詩論文，指點江山，激揚文字。可謂盛極一時。

撰成《遵義府誌》天下第一

三十二歲時，鄭珍中舉，與友芝一同進京參加會試，雙雙名落孫山，垂頭喪氣歸來。知府平翰不以一時成敗論英雄，看重子尹的眞才實學，聘之爲《遵義府誌》總纂。子尹認爲這是磨練自己、留芳百世的機會，毫不推辭就答應下來。隨即邀友芝相佐，二人住在知府衙門後面的聽鶯軒中，旦夕於來青閣裡埋頭蒐集，整理資料，分析綜合，日日忙碌於書案之上，苦心孤詣、辛勤撰述，歷三個春秋，使一部四十八卷，宏偉豐富的《遵義府誌》面世。該書「博採漢唐以來圖書地誌、荒經野史，披榛剔漏，援證精確，體例矜嚴」，刊行以後，人們爭相購買，比之爲當代之《華陽國誌》、《水經注》。近代偉大的思想家、文學家梁啓超先生讀後，給予非凡評價：「天下府誌第一」。

三十九歲時，子尹再度赴京應試，剛入考場坐下，忽然腹中劇疼不止，瞬間臉色蒼白、汗淌如雨，沒奈何，祇好交白卷出了考場。不用說，這一次又篤定落選了。

鄭珍雖然再一次落榜，但他當時早被譽爲十大才子之第一位，資歷老到，文名播於四海，因此被有司選爲二等「大挑」，下旨銓補教職。

昨日應官明日回　隱居躬耕

翌年，鄭珍被任爲權古州廳儒學訓導，同時掌管榕城書院，古州是現在貴州的榕江縣，是一個少數民族聚居地區，文化、經濟都十分落後。學生中，苗、侗、漢族參雜，給教學增添了很多麻煩，但鄭珍想方設法克服困難，對夷漢學生一視同仁，根據學生特點因材施教，嘔心瀝血，艱苦備嚐，使學生學業大有起色，在一次院試中就有十四人被錄取爲秀才，有個紮燈匠學生後來成爲著名詩人，另一個學生考中進士，成爲大名鼎鼎的學者。這樣出色的教學成績，使當地百姓對鄭珍十分尊敬。

可惜，未滿一年，鄭珍便被別人取代，祇好怏怏然回鄉耕讀爲業。過了四年，鄭珍又被委任爲權鎮遠府學訓導，同上次一樣，不到一年又遭免職。再次賦閒四年後，才奉旨去荔波正式擔任儒學訓導。任滿之際，當地水族農民揭竿而起，聚眾圍攻縣城。忠君思想濃厚的鄭珍，生怕城破落入義軍之手，惶惶然攜家挈眷，逃到廣西南丹住了幾日，然後輾轉回到省城貴陽，再返回子午山上望山堂新居。他生性耿直，嫉惡如仇，從來不幹阿諛奉迎之事，因此吃了不少虧。比如當他被任命爲威寧州代理學正，乘興而去，接任的第三天，正職學正便到了，弄得他「昨日應官明日回」，好不掃興。朋友們鳴不平，勸他向朝廷告狀，他知道鬥不過人家，隱忍了事。

回家之後，鄭珍隱居子午山，率家人耕耘紡織，種菜養豬之暇，挑燈夜戰，潛心著述。誰知，這樣的平靜未能保持多久，咸豐七年（一八五七）十二月，燈花教主劉義順率眾起義，以白布裹頭，號稱為白號軍，建了政教合一的江漢農民政權，攻克了印江、湄潭、桐梓、黔西、仁懷、大定、正安、廣順、鎮寧等府、州、縣城，兩年後奔襲遵義縣。鄭珍又怒又懼，攜家逃入城裡，在啓秀書院借了兩間破房子暫住下來。

窮愁潦倒　晚景滄桑

因鄭珍對義軍懷著刻骨仇恨，肆意辱罵。號軍將士聞之，一把火燒了他的望山堂，含辛茹苦、節衣縮食買來的上萬卷珍貴藏書毀於一炬。這件事給了鄭珍十分沈重的精神打擊，爲之嚎啕大哭，痛不欲生。號軍過後，他回到子午山上，對那些典籍化成的灰燼，痛惜萬分，不忍讓其受人踐踏，挖了一個大土坑，將其掩埋，一邊流淚，一邊奮筆疾書，寫下了〈埋書〉這一首哀絕悽然、感人淚下的長詩。

同治元年（一八六二），太平天國翼王石達開手下曾廣依部從四川進入貴州，突破婁山關天險，圍攻遵義城。時鄭珍在湘川書院任講席，對太平軍恨得要命，不僅爲官府寫佈告，而且響應官府號召，以一介病弱之軀，親自上城協助府兵禦敵。官倉糧食已經用光，他那每月一斗陳糙米的月薪也領不到手了，只好拉下臉皮，向親友告貸，苟延殘喘。那時候，糧食貴重得像鑽石，食鹽比金子還難找，鄭珍家過了幾個月的素淡日子，連鹽巴也未見到一粒。

在這幾年時間裡，義軍風起雲湧，家庭窮愁潦倒，先是三弟病歿，接著，小女和兩個孫子，一個孫女相繼夭折，鄭珍悲痛欲絕，「氣湧如山淚不流」。

同治二年（一八六三），江蘇巡撫李鴻章欲革新吏治，重振政綱，奏請朝廷給他委派一批幹練之材充任州、縣官長。朝廷下令大臣推薦人才。祁寯藻遞了一個奏摺，推薦了十四位飽學碩彥，將鄭珍列爲十四俊材的第一位。可惜，當時貴州境內各族農民紛紛糾合起來，聚眾造反，造成交通堵塞，鄭珍暮年的最後一次官運被沖散了。

第二年，鄭珍帶領家室，前往四川投奔表弟唐炯，欲藉表弟幫助解脫生活困境，同時趁機瞻仰浣花溪的杜甫草堂和眉山縣的蘇軾故居，遂平生之願。誰知前途阻隔，不得已在禹門山寨停留下來，在那裡度過了他人生的最後幾個月。其間，他生病了，口腔潰瘍，進食困難。因家貧無錢醫治，導致最後喉部穿孔而死，享年五十八歲。

細琢精雕　著作等身

鄭珍雖然過早病逝，但他卻爲後人留下了一筆珍貴的文化遺產。他涉獵廣泛，著述豐富，經、史、子、集具備，已經印行的有《遵義府誌》四十八卷、《經說》一卷、《儀禮私箋》八卷、《輪輿私箋》二卷、《巢經巢詩鈔》九卷、《巢經巢詩集》六卷、《播雅》二十四卷、《巢經巢文集》五卷等；未刊書稿有《深衣考》、《無欲齋詩注》、《老子注》、《說文大旨》等。

一共傳下三十幾種著作。他寫了這麼多著作，絕不草草成章，而是精雕細琢，仔細推敲，嚴謹治學，有的書竟寫了三十多年時間，佔去了他大半生年光，始告完成。

鄭珍為詩作文，絕不作無病呻吟，他早年的詩文，以山水紀遊為主要表現內容，中年以後的作品，以暴露黑暗現實，揭示人生困境為題旨，都充溢著眞情實感。母親去世時，他建望山堂丁憂盡孝，窮數年之經營，在荒瘠的子午山上修造了柑廓、米樓、紫竹亭等，苦心孤詣將墓前一片陰濕低窪之地改造為一個池塘，命名為「團湖」，夫妻駕小船泛於湖上，山光水色，湖波瀲灩，自然之美與怡然自安的心境融為一體。詩人以詩記下了這種情景：

彭蠡水無壁，洞庭波似山。
引妻乘小艇，終日團湖間。

居於群山之巓的海龍囤，是大婁山上最重要的一處軍事要塞，關隘重重，四面陡絕，湘江從囤下迂迴而過，僅後山有一仄徑可通山頂。唐僖宗乾符年間，播州（今遵義地區）夷民叛亂，太原武士楊端募兵前去平叛，遂鎮守於此。傳二十八代，至明萬曆年間，楊應龍繼承播州宣慰使，加驃騎將軍銜，在囤上建土、月二城，築九重雄關，聚兵六萬，稱王作亂，朝廷從各地調集二十四萬大軍，兵分八路，一舉攻佔海龍囤，蕩平叛亂。鄭珍寫詩詠其事，懷往昔崢嶸，嘆今朝荒蕪悽清，總結歷史教訓：

囤上風雲繞夜郎，異時龍鳳此荒唐。
王師八道從天下，鎮服千年掃地亡。
蒙業若教思粲價，世州何遽後岑黃。
匆匆立馬空留望，斷澗荒崖盡夕陽。

卓然大家　一代冠冕

中年以後，鄭珍屢次會試不第，仕途毫無進展，生活清貧，艱苦備嚐，同時，他大量接觸了社會生活的黑暗面，與個體的痛苦的人生體驗結合起來，從而在詩中進行有力的針砭和深刻的揭露，創作了〈江邊老叟詩〉、〈南鄉哀〉、〈禹門哀〉、〈抽釐哀〉等佳篇。

鄭珍的詩，青年時學習韓愈、蘇軾、黃庭堅，奇奧淵深，想像豐富；中年以後，遠師杜甫，兼學白居易，質樸淡雅，思想深刻，蔚成大家。民國前期南京大學教授胡先驌論道：「鄭珍卓然大家，爲有清一代冠冕。縱觀歷代詩人，除李、杜、蘇、黃外，鮮有能駕乎其上者。」當代著名學者、蘇州大學教授錢仲聯，稱讚鄭珍「才氣功力俱不在東坡下」，乃「清詩第一」人，進而感嘆道：「清詩三百年，王氣在夜郎！」「同光體」詩人們也以他爲宗祖。這些，奠定了鄭珍在清代詩壇的顯赫地位。

鄭珍的散文，描寫生動，文筆細膩，語言優美，如行雲流水，親切自然，靈秀感人。如他描述湘山寺曰：「面湘山寺一帶，石龍蒼瘦，古木千章，清音來道，炎天坐臥其間，日影碎金，時聞鳥語，人境雙寂，恍然世外也。」對紅花岡，他這樣寫道：「迤邐三平，下平俗呼白虎頭，峻峭臨湘水。當日落未落，晚風搖江，踞石四顧，吳檣爭渡，染桁收紅，萬石鱗鱗，夕嵐無盡。究城郭之盛觀，蓋在斯矣。」所敍景物，活靈活現，綺麗瑰瑋，能夠引發讀者無窮無盡之聯想。

古有子瞻　今則先生

鄭珍不僅工詩，亦精通散文之道，同時在書、畫兩方面造詣頗高，有《柴翁書畫集錦》一冊傳世。他的書法，楷書中溶顏、歐二體和二王筆意；行草以顏眞卿的〈爭座位帖〉爲本；篆書師秦漢時候的碑刻及李陽冰〈浯溪銘〉，嚴謹中見飄逸，渾然天成；隸書近師鄧石如，遠學「禮器」、「曹全」，古樸而灑脫。其書藝水平與同代名家何紹基、莫友芝介於伯仲之間。他在繪畫方面，學自明代文徵明、沈周、董其昌，學古法而不拘泥於古法，更重自己的造化，山水畫明媚清麗，饒具南宗神韻。他在文藝上的造詣，堪稱詩書畫三絕。清人陳田在鄭珍傳證中擊節讚賞：「余嘗論次當代詩人，才學兼全，一人而已。篆法遠紹冰、斯（李陽冰、李斯），從容合矩，國朝錢（坫）、鄧（石如）以下，未見其儔。興趣所至，間亦點染山水，蒼樸蕭散，超絕時史。經學大師兼展三絕，古有子瞻，今則先生。」將鄭珍與蘇子瞻相提並論，給予很高評價，無比尊崇。

同時，鄭珍積極投身教育，大顯身手。修纂《遵義府誌》前後，他曾應聘在啓秀書院和湘川書院擔任講席，悉心培植人材。特別是對表弟黎庶昌的培養，更留下了一段歷史性的趣話。

儘管歷史的煙塵已幾乎淹沒了鄭珍的名字，但他那種從逆境中奮起的精神，安貧樂道，執著於著書立說的恬淡心境，關懷民生熱愛桑梓的深厚感情，獻身教育、努力培植人才的高尚情操，嚴謹治學的學風和藝術上的卓越建樹，都是今人學習的楷模。追懷古人，不僅是要瞭解他，更要把他身上體現的民族精神化爲督促我們進步的動力。

一篇來自東瀛的墓誌銘

黎庶昌兩次出使日本

在貴州省遵義縣新舟鎮沙灘村樂安江畔，聳立著一塊兩米多高的巨大石碑，碑後封土堆頂，像一座小山丘，這便是清朝光緒年間兩度出任駐日欽差大臣黎庶昌先生的夫人趙曼娟的墓。碑上鏤著「誥封欽使一品黎夫人墓」等字樣。不久前，在這塊石碑前的土中，掘出了另一塊埋藏了一百多年的石碑。這塊深埋於地的石碑上，依原樣鏤刻著著名的日本才女藤野眞子撰寫的娟美秀麗而略帶王羲之之風的〈清國欽差大臣黎公夫人趙氏墓誌銘〉。由這篇墓誌銘，我們可以看到清代一個中國官方夫人與一個東瀛孤女結下的母女之愛般的深厚情誼，彷彿聽到一曲中日和睦親善的讚歌。

光緒七年（一八八一），從西洋出使歸來的晚清桐城派散文大家黎庶昌被清政府看中，特賞二品頂戴，以導員銜被任爲出使日本欽差大臣。三年後因其母病逝於上海，庶昌開缺返國丁憂。除服之後，再次被任命爲駐日大使，一八九一年任滿歸國。

庶昌出使日本期間，正值日本國經過「明治維新」之後，國力日強，其侵略性也逐漸暴露。庶昌一心一意拓展外交，巧妙地獲取情報，成功地挫敗了日軍擬於光緒八年六月對朝鮮發動侵略戰爭的陰謀；奮起力爭，堅持正義，絕不讓步，通過外事交涉維護駐日華僑的利益和人身安全。同時，庶昌廣泛結交日本朝野名士，與小松宮、川北川宮兩親王，公爵三條實美，侯爵鍋島直大峰，男爵長岡護美、赤松則良等親貴勳臣經常來往，並協商成立了致力於推進和平親善的「亞細亞協會」，由榎木武揚任會長，庶昌被選爲名譽副會長。他還注意結納東瀛學者詩人，與老儒森枳園、淺田常等大批名流建立了眞誠的友誼。每年重陽佳節，必有登高之會，論文談畫，詩酒相酬，既有藝術上的切磋，更增進了兩邦人士的情誼。黎大使平易近人，謙虛和藹的性格和知識淵博、詩文造詣極高，更贏得了日本人民的尊敬和愛戴。

由於他卓越的外交功勳，日本天皇特頒一等旭日大綬勳章，以褒茂功。離日前半年，日本友人爲黎大使所設的餞別之宴日日不斷。啓程回國時送別的人盈途塞巷，有的竟追至數百里以外的海邊爲之餞行。

撫育友人遺孤的眞情

庶昌能夠取得如此顯赫的外交成就，除了他本身的才華和努力外，也得歸功於一個「賢內助」。大使夫人趙氏曼娟，蘇州人，嫁與庶昌爲妻不足二十年，就有幾近一半的時間駐在日本。趙氏深知丈夫晝夜爲國事操勞，因此對丈夫體貼入微，無私地犧牲自己，幫助丈夫出謀畫策，內外操持。當她得知庶昌交好的日本學者藤野伯迪病逝，遺下孤女藤野眞子這件事後，積極與丈夫商量，撫養眞子，使孤苦伶仃的眞子有了一個溫馨的家庭。她不僅悉心照料，使眞子長大成人；而且敦促和協助丈夫，向眞子傳授學業，使之成爲一個有名的才女、漢學家。眞子與趙曼娟，因此建立了情逾母女的深愛。趙夫人賢名遠播，多次被日本皇后召進宮中，晤談甚歡，受到熱烈接待。

庶昌任期屆滿時，打發夫人首先回國。趙氏回國後，行至湖北嘉魚縣，臥病不起，幾天後病死於客店，正值光緒十六年十月二十六日，年僅卅六歲。噩耗傳至東京，眞子悲慟不已，痛哭流涕。幾天後，強忍悲痛之情的黎大使至眞子住所，囑其撰寫墓誌銘。眞子思及夫人待己之情，熱淚滾滾，灑淚揮毫，寄託哀思。

夫人姓趙氏，字曼娟，蘇州人。黎公爲欽差大臣來駐我邦，夫人從而在使館焉。先考伯迪嘗辱知於公，其歿也，公爲樹碑刻銘，又深憐眞之孤，撫眞如子，夫人亦視眞不異所生，時招慰諭，訓誨無不至。每竊思眞家與公家，萬里隔海，東西異邦，而親愛一至於此，雖本邦不易得也。今茲公任滿，夫人先公發，寄言勞問如平時。詎意行至湖北嘉魚縣簰洲司，染病數日，遽不起，時光緒十六年十月二十六日，夫人年三十六也。訃至，眞驚嘆若狂。後數日，公枉駕來告以由，且曰「余歸朝後，當返葬之遵義先塋次，今以墓誌相囑」。眞悲慟不能言，唯今而止矣！已而自謂先考交不乏人，而公海外遠客，信獨及死後，義高於季札，是果何因也？今夫人不幸辭世，公命眞以誌，是又何緣也？況公之愛眞，夫人之教眞，有深於家人骨肉者。然則，因緣殆有天存焉，不關國之東西，海之內外也。眞豈得以不文辭！夫人爲人溫厚貞淑，涉獵書史，治家有法。其從公在本邦，外贊公當慈善之業，內撫悦人，閤館無間言，使公所以無內顧憂，處國事綽綽有餘裕，聲名赫灼於本邦者，未嘗不由於夫人贊助之力也。生子一，曰尹聰。銘曰：其聲是鳳，猶耳底存；其容似玉，猶眼底痕。訃音忽至，幾許悲呑！恨海萬里，波濤掀奔。不能墓下，焚香謝恩。

藤野眞子拜撰

日本明治二十四年一月

眞子滿懷感激，言辭懇切，情深意摯，深刻表達了對趙曼娟的哀悼和思念，以及自己不能親臨弔唁的遺憾。由這一篇哀婉動人的墓誌銘，我們可以感受到兩個中日普通婦女所建立的超越國家、民族之上的一段熾烈的母女之愛。

抗清名臣　藝壇巨擘

——明末文士楊龍友及其藝術世界

前　言

由於清代一些筆記文學作品的歪曲諉過，明末大詩人、畫家楊龍友被描繪成一個倚付奸黨、追逐聲色、整日裡祇知狎妓遊玩的無聊文人、無恥之徒。事實上，如果細細瞭解他的一生，我們會發現上述非議和委屈是不公正的。他之所以受到這樣的非議和委屈，乃是因爲與馬士英、阮大鋮關係特殊而已，《明史・本傳》也說：「以士英故，多爲人詆諆」。

究其本色，楊龍友文武全才，具有濃郁的愛國主義思想，他晚年在南明王朝擔任要職，抗清獻身。而且，他在詩歌、散文和繪畫方面的造詣，蔚爲大家，在其當世廣受推崇，《康熙通志》這樣介紹他：「博學能詩文，尤精於書畫，雖片楮尺幅，人爭寶之。」「舊刻崇禎八大家詩，文驄其一也。」僅此寥寥數語，已可窺楊文驄在當時文壇上的重要地位了。

本文欲藉其藝術的角度，探索楊文驄的精神境界及其藝術個性。

雄渾壯烈 報國志篤

楊文驄字龍友，號山子，生於明朝萬曆二十五年（一五九七），出生地是貴陽。其祖上是豫章廬陵（今江西吉安）人，因其始祖楊德立下武功得授千戶，領命伐蜀而改爲戍黔，遂世代居住貴陽。其父楊師孔，官至浙江布政使司右參政，性格孤峻不群，喜好登山遊水，工於詩文及擘窠書，著述輯有《秀野堂集》等書，刊行於世。

萬曆四十四年（一六一六），滿洲貴族建立「金」國（史稱「後金」），第三年即發動了對明朝的戰爭，從此遼東一帶成爲戰場。由於朝政極端腐敗，抗戰派一直受排擠，後金僅用三年時間就侵佔了遼東七十餘座城，天啓二年（一六二二）蠶食了廣寧等地，崇禎二年（一六二九）取道內蒙古入關，偷襲北京，踐踏河北、山東、河南等，擄掠財物，屠戮百姓。孫承宗就任遼東經略使後，竭力整頓軍隊，銳意抗敵，取得了顯著的成效，使嚴重的邊患暫時有所減輕。然而，因與皇帝寵信的宦官不合，崇禎四年，孫承宗被罷遼東經略使之職，來到南京。楊龍友聞之，因久慕這位著名的抗敵將軍的威名，特地前去拜望，「走謁數次，文忠甚壯之，贈以在邊克敵所製人頭盃」

❶。因這隻用敵人頭骨刻製的酒盃，楊龍友賦〈孫大將軍贈我以人頭盃長歌賦謝〉：

天驕濺血汙青天，十年虜塵迷九邊。
家家空有生銅吼，豪客誰驅走鋒巔。
綠眼將軍勤遠戰，腰控金鈎赤羽箭。
紫騮一騎踏黃沙，奪得敵兒駕飛電。
何必嫖姚與吳起，雄略行邊幾萬里。
渴餐湖血當清泉，旋取頭顱作盃子。
一飲一斗如之虹，醉倚氍毹笑晚風。
蠻童妖女皆驚怖，起來猶自彎雕弓。
獨指楊郎相對看，英雄許我洗銀漢。
半生未遇蔡中郎，潦倒無端留下爨。
我亦拔劍目裂眥，寶氣入鬥驚白帝。
壯懷長嘯向君開，恍如獨鶴空中唳。

---

❶見《黔詩紀略》。

感君容我發疏狂，劍光提動揮八方。
脫手相贈亦何勇，我將持此見明王。
世人畏死懼寒鐵，有頭怕學常山舌。
豈惟求之君臣間，末世因之交情絕。
君不見孫陽有眼誇絕塵，又不見孫武行兵驅婦人。
君臣朋友自千古，誰能再見孫將軍。

起首猶如晴天霹靂，概括而生動地勾勒了北方危急的邊境形勢。全詩極力描畫孫承宗率領邊卒馳騁疆場、奮勇殺敵的英勇形象，謳歌其卓著功勳。該詩氣勢雄偉，懾人心魄，有清與鄭珍一同被尊爲「同光體」詩派宗祖的莫友芝評爲「別有幽光勁響，動人心魄」❷。

明末著名詩人陳子龍在〈「洵美堂詩集」序〉中云：「獨我友楊龍友，天姿英拔，觸類多能，兵家之言，尤爲精貫……」楊龍友好讀兵書，精於騎射，自負雄才大略，素懷報國之志。可惜，因仕途不順，心中的閎願多年未得實現。然而其報國之志卻更強烈，發而爲詩，顯得更加焦灼更加急迫。在〈送周又新之任長山〉詩中，他這樣寫道：「胡馬帶悲風，夜過長山頭。……男兒矢

❷見《黔詩紀略》。

報國，勿爲安樂謀。」「書生亦有長纓在，虜血應教淬劍環。」（〈海上觀兵和邢孟貞〉）「豈當全盛

日，鐵騎敢長驅。料敵知深入，臨機勿淺圖。……我欲長纓請，臨敵長萬夫。」（〈聞虜警〉）在楊龍友現存的九百多首詩歌中，還有〈贈楊國山〉、〈除夕和臥子韻〉、〈海上監軍次邢孟貞〉、〈哭黃將軍〉、〈顧觀生除夕以詩投贈依韻答之〉等，表達了他對國事的關注，他神馳疆場，想像自己斬寇殺敵的雄姿，以及渴望投筆從戎、消除邊患的決心。

史玄曾說：「吾龍友發身黔南，去中國七千里，癸亥入南都，與當世結爲伉儷，揮金如糞土，氣豪才壯天下……尤喜言兵事，凡軍壘營陣臨敵制勝之舉，簡練而純固，澔澔乎如無粉澤者，此天下經濟救時奇男子也！」❸陳子龍曾有一首〈觀楊龍友學射歌〉描繪了詩人騎射時的風采：「……自言本係出黔陽，少小飛騰勢莫當。錦衣繡帶紫騮馬，左馳右射開蒼茫。蠻家兒女笑不止，夜郎酋長驚如狂。皆言三十佩侯印，天南掌大難翱翔。……」其英武風貌，栩栩如生。

爲了實現殺敵報國的閎願，即使對大奸臣馬士英，楊龍友也滿懷期望，當馬士英走馬上任時，他藉〈送馬瑤草還白門〉一詩希望馬士英任用賢才，效法古代英雄人物，拯救日益衰敗的明王朝：「……天下正多事，舉目悲胡塵，如何謝安石，躑躅空江濱。新命聞自天，揮手起蒼生。」

---

❸見史玄《洵美堂詩集》序。

浪漫豪爽　激越奔放

楊龍友自幼聰慧，讀書刻苦用功，二十二歲那年考中貴州鄉試第一名。他文事武備雙修，實爲同代人中罕見的俊傑之士。因受儒家思想浸淫頗深，所以他青少年時即以儒家「修身、齊家、治國、平天下」的入世思想爲自己的積極的人生理想，可謂「少負奇偉，文章劍術兼擅其能，尤耽書畫」❹。

當時，朝政腐敗，西南少數民族地區的土司常與中央政權發生衝突，局勢十分不穩，貴陽也不安全。同時，楊龍友也深感偈居一隅，對自己的發展頗爲不利，亟於尋求個人出路。爲此，他於天啓三年離開貴陽，揚帆東下，到達繁華的古都南京。二十多年裡，他遊遍了江南的名山大川，也曾七次進京會試，但均名落孫山。仕途失意，使他報國無門，爲此苦悶惆悵，憂愁抑鬱。這種情緒，在他的詩作中流露出來。「三十年來歲寒意，願君爲我呼蒼冥。」（〈題端松軒〉）「三十三年電光走，二十四番風又摧。功業有人驅熱焰，詩書伴我撥寒灰。」（〈立春偶成〉）「駿骨無媒四十年，紫雲割取自呼天。」（〈西湖詩〉）他這種報國無門的苦悶和渴望經時濟世的理想，在其〈題李

---

❹見莫友芝編著《黔詩紀略》。

山人馬圖〉、〈贈易曦侯〉、〈周又新以詩贈別依韻答之〉、〈夜坐十首〉、〈贈又新〉、〈感遇九首〉等詩中都有所流露。特別是長詩〈湖上初度自問〉、〈自答〉，是他對自己前半生的總結，集中地體現了他這一時期的生活和思想。〈湖上初度自問〉長短句錯雜、形式活潑，了無羈絆，可謂奇詩，淋漓酣暢、奔騰豪放，呈一瀉千里之勢，寄託著詩人壯志難酬的感慨和渴望施展才能的心情。〈自答〉則以自己解答的方式，發洩出對政治的不滿和對人世的憤慨之情，對當時的現實提出了尖銳的批判。

雖然理想受挫，然而這並不妨礙詩人大膽發揮其神奇的想像力，他一脈相承了屈原、李白的浪漫主義精神。如〈登縹緲峰放歌〉：

我年十二歲覆額，朝登日觀暮喝月。三十侍父入仙都，醉舞龍湫臥鼎湖。生來萬山有山性，自合雲霞爲侶天爲徒。金臺有骨不見收，三吳數載悲淹留。瘦馬跛鼈飯不足，偈促蓬蒿空自羞。側聞姑蘇之西會稽之北積水茫茫有大澤，蛟龍日夜盤珠宮，神仙今古依靈宅。涼秋九月秋氣清，桂楫悠悠載客行。青天萬里淨如掃，矯如孤鶴從風輕。身輕自覺洪濤小，直往湖心躡縹渺。千舠帆影白如星，七郡煙嵐青未了。莫釐東蹲如崑季，迢迢馬蹟遙相峙。兒孫北面涸波臣，水口黿鼉列奴隸。君不見吳王樂事清波裡，日擁夷光照寒水，舞來掌上擎龍女，歌殘子夜謀臣死？又不見團花刁斗搖明月，寒凌風兵氣沈蛟穴，鳥啄旌旗起幺越，濤聲浩浩鼓聲歇？吁嗟乎，伯圖千載使人哀，商山四皓歸去來！自有仙蹤連地胏，採芝種藥皆相猜。別有功成浮范蠡，美人花下敲松子。患難君臣弓鳥疑，安樂寧辭付兒女。我今移家句曲之東麓，香國潛從波底出。往從丈人肆行役，此腰不折此膝不屈，玉策金書松火讀。

這首歌行體長詩，形式有創新，有的竟長達十七字一句，但一氣呵成，詩句長短錯雜，但曉暢明白，流美有韻，節奏鮮明，琅琅上口，使讀者如親眼看見無邊洞庭湖浩淼美景，彷彿耳邊響著龍宮裡的美妙仙樂，優美動聽。詩中有敍有議，縱論古今，精闢閎偉。情景相依，景誘情生，情隨景變，而往往情溢於景，懷古撫今，生動感人。

而〈問雲篇〉則更加情感豐沛，瀰漫蒼穹，似若滿天錦繡：

屈生問天天可叫，曾上九關鬥虎豹。

山東李白亦發狂，舉盃問月何茫茫。

問天亦有數？問月亦有户？

剖開混沌追鴻濛，擊碎清光豈無故！

我今直上萬峰頂，路過雲將發深省。

五色遙飛屏障光，千巖忽墮衣裳冷。
西風颼颼瞥驚眼，東嶺才舒西嶺捲。
新雲又壓舊雲行，幕天席地隨深淺。
望中無主心狐疑，平生好遊復好奇。
手挽白雲不肯住，請君爲我一扣之：
誰爲翱翔在天路，紅雲一朵天香度，
朝起氤氳五鳳城，暮飛飄忽雙龍樹？
誰爲孤性棲巖阿，老松怪壑閒婆娑，
贈人不可自矜貴，神仙跨之朱顏酡？
更聞巫峽尋雙侶，十二峰邊送神女，
長信宮中爲笛留，襄王廟裡從風舉。
奔騰鐵騎捲胡沙，簇簇黃雲殺氣遮，
吹殘畫角鼓聲死，慘淡金戈對日斜。
一叢乘氣來天末，膚寸依微山性合。
雲兮亦有遇不遇，何不因之叫閶闔。
立余三問雲將走，老雲如石不開口。

紫髯還應夒作龍，白衣便爾呼爲狗。
嗟余匹馬桃花紅，老來羞言衛霍功，
天山之巔差掛弓。怜余更斷曲江夢，
玉皇香案雲中鳳，昂藏七尺閒提甕。
丈夫身爲雲霄客，爲龍爲蛇任其責。
芝田瑤草自堪耕，誰念慈闈隔吳越。
近傳母氏力頗健，欲遣雲車爲羽翰。
石門小吏無鼎鐘，彩衣旦進胡麻飯。
君不見狄公之言仍爛漫。

詩人想像大膽，將屈原刻畫爲「曾上九天門虎豹」的英雄，李白也成了「剖開混沌」、「擊碎清光」的壯士。詩人藉此傾訴了自己對他們的敬仰之情，並想像自己登臨萬峰之頂，手挽雲朵而問，氣魄闊大，激情壯烈。滿天雲彩，斑斕多姿，紅雲翺翔天路，孤雲棲息巖阿，流雲如神女變幻，黃雲殺氣重重，皆浸染著詩人內心感情的色彩。仕途坎坷、老大無成，使他心生灰暗，產生了派遣雲車接老母來奉養、享受天倫之樂的念頭。詩句表面雖似以狄仁傑爲榜樣孝母，其實暗含欲效狄仁傑大顯身手、整理朝政、做一代名臣的願望。敬母之情與報國之志蘊含在一起。詩中那種積極而浪漫的激蕩山河、直馳雲天的精神，至今仍能激勵我們奮發進取。

楊龍友的這類詩，氣勢奔放，熱情洋溢，氣魄閎偉，情感充沛，深得李白、屈原詩之浪漫精神，富於藝術感染力。

平生丹一寸　先向山川傾

遊歷江南二十年，楊龍友廣泛在文壇書畫界拜師結友，虛心求教，同時深入生活，登山遊水，「東南數百里佳勝，靡有不到」，「遇佳山水，賦咏圖畫，充牣行囊」❺，開闊眼界，陶冶情操，提高藝術修養。崇禎二年，楊龍友之父擢任浙江布政使司右參政，駐節於浙東臺蕩的十二洞天。讀書餘暇，他隨父遊遍了天臺、雁蕩一帶。遊覽之中，他寫了許多優美的山水詩，繪出了不少精美的畫，並與《臺蕩日記》一起彙集成冊，命名爲《山水移》。該書在詩、書、畫幾方面高超的藝術成就立即引起了藝術界的重視，被尊爲一代宗師的董其昌及陳繼儒、陳木叔等文苑藝壇的二十多位名流紛紛爲之作引、跋、題詩、題詞。朱槐〈「山水移」題詩〉曰：「牂牁才子譴眞姿，文彩風流世所師。但遇名都應作賦，每經福地總留詩。交情吳楚英賢盡，遊事東南臺蕩奇。……」恰是

❺見《黔詩紀略》。

楊龍友這一段時期藝術生活的眞實寫照。

董其昌是萬曆十七年（一五八九）進士，歷任翰林院編修、皇長子老師、禮部侍郎、禮部尙書掌詹事府詹事等職，崇禎九年，他八十二歲時去世，追贈太子太傅。董氏是松江華亭縣（今上海市）人，自幼善詩賦，好文史，擅書畫，其書畫古淡秀雅，自成風格，畫被稱爲「松江派」，書法稱爲「董派」，被當世推崇爲一代宗師。楊龍友拜董氏爲師，勤奮學習，刻苦創作，加之天份甚高，急起直追，成就斐然。當時另一著名書畫家和文學家陳繼儒就認爲祇有楊龍友可與董氏並駕齊驅，董氏對此也「心服口服」❻。董氏自己也認爲楊的繪畫「有宋人之骨力去其結，有元人之風韻去其佻」，並宣言將其溪藤之畫與王維的畫作一同供奉在自己的畫禪室中❼。

唐代，便有人提出應重視詩情與畫意的結合，要詩中有畫、畫中有詩。到了宋代，由於蘇東坡的大力鼓吹，詩情畫意相結合的理論影響更廣泛。宋元以降，文藝界追求詩書畫三絕更是蔚成風氣。楊龍友亦不例外，在詩書畫三方面都取得了令人矚目的成就，蔚爲大家。他的詩文，往往畫意濃郁，結合得非常完美。夏四雲盛讚其詩「字字是畫」❽。試看其〈雜題〉二首之二：

---

❻見陳繼儒《山水移》序。

❼見董其昌《山水移》引。

❽見《崇禎八大家詩鈔》的批語。

雨助潭聲高，霞蒸石色古。
麑雛不避人，鹿子常隨母。

僅二十個字，卻勾畫出了雨灑深潭、彩霞映石、雛麑閒遊、幼鹿依母這樣一幅和諧的自然畫面，明快清新，意境幽淡。眼觀霞光石景，鹿麑往來，耳聽空谷潭音，感受到大自然的勃勃生機，心曠而神怡。

其〈題畫〉詩曰：

煙嵐如帶鎖山根，老樹低迴掠水痕。
靜裡無人飛鳥過，石頭頻點不能言。

四句詩各述一動態之事物，組成一幅和諧的畫面，而煙嵐之輕曼與老樹之龍鍾、飛鳥之靈巧與石頭之拙重形成鮮明的對比，可見詩人善用色彩、情調的畫家秉性。

曲曲清溪淡淡山，人家竹塢障前灣。
綠迷孤艇隨風出，白照疏籬趁日還。

樹影巧留歌舞意，川原尚帶膽腥斑。
推篷應接眞無暇，幸接幽光澣客顏。

——〈山陰道中〉

一句詩如一幅畫，整首渾然一體，組成一幅內涵豐富、生動可感的活動式畫圖。先賞景怡情而懷古感時，又由懷古感時而賞景怡情，立身報國的凜然之氣隱隱然透露出來。巧用畫法爲詩法，畫龍點睛，一個「障」字，一下子將船行的動態及詩人凝神遠眺的情景勾畫出來了。

另一種融情爲景、化景爲情，在楊龍友的詩中可以〈舟行題畫〉中的二首爲代表：

其一

難將無限意，驅展共書空。
忽見林前鳥，飛過夕陽中。

其四

落霞對早紅，樹色淺似深。
波光搖岸草，暗引天邊心。

「其一」由情及景，無形之情化爲天邊飛鳥，穿越夕陽，美麗而溫馨，但轉瞬，歸於無限。「其四」由景及情，由摹寫落霞、樹色、波光而引出天涯旅客悵懷之心。

楊龍友的另一些山水詩，分明似一幅幅水墨寫意畫，虛中寓實，虛實相生，以少勝多，語言簡煉而意無窮。如〈月下同項仲展遊虎邱〉前四句：

前來有月藏煙裡，佳樹佳山委流水。
今來新月恰宜人，無限風流供月底。

前兩句似虛句，如水墨淡染；後兩句是實句，彷彿工筆。虛中含實，佳樹佳山呈一種朦朧美；實中寓虛，新月下有明有暗，有隱有顯。如此者，還有〈看梅〉中「光聯籬內外，影落路東西」一聯，光影搖曳，引人遐思，虛實巧妙地融合在一起；〈送外父越卓翁還白門〉中「影落殘燈後，神棲破硯前。」一聯，著筆於殘燈、破硯之實，卻著意於「影」、「神」之虛，使無情之殘燈、破硯富於情致，發人幽思，引人入勝。此外，「夕陽看鳥背，人影落孤寂。」（〈宿木瀆〉）、「遙岑人漸隱，新月鳥歸遲。」（〈看月〉）、「一溪白月靜生煙，山色疏籬鏡裡懸。」（〈剡溪看月二首〉），這些詩句，對仗工整，虛實融爲一體，相輔相成，若水墨染成，具有一種朦朧含蓄的美感。

楊龍友作爲詩人、書法家兼畫家，他十分重視色彩在寫景詩中的運用，往往對景物施了或明麗或古雅或沈暗等種種顏色，傳色山水的同時，加上了自己的主觀情緒。〈山陰道中〉有「綠連孤艇隨風去，白照疏籬趁月還」，〈立春偶成〉中「柳噓柔意留新綠，梅醞生機露淺紅」，〈縉雲道中〉之「野水若迎奔道白，山花如訴照溪紅」，〈過呂陳〉中的「白日飛來歇，青松照古垣」等佳句，其中「綠」與「白」相對，「新綠」與「淺紅」相對，「道白」與「溪紅」相對，「白日」與「青松」相對，由於充分運用了顏色的對比，突出了事物的特點，更能使景物給讀者留下鮮明的印象，奪目牽意，令人流連難忘。與其繪畫對照，更能眞切、深入地感覺到他那詩中有畫、畫中有詩的鮮明特色。往往生動形象，竟境高遠。

對楊龍友這種借助優美意象的營造而使詩情與畫意巧妙地融會在一起的山水詩特點，呂陽曾撰文評述：「龍友精神挺勁，意氣軒翔，於天下名山勝水靡不登遊。而足之所躋，目濟之；目之所眺，口濟之；口之所述，手與筆又濟之。或吟春花，或圖秋雁，或題古刹，或跋前賢，未嘗不促膝舉觴，連情發藻……所以移龍友之詩而爲畫，吾不知大同殿之非即其嘉陵江也；移龍友之畫而爲詩，吾不知天臺賦之非即其赤城霞也；移龍友之詩之畫而於無畫無詩，吾不知數年不點目者之非即其寫照傳神，而了不意人者之非即其窮幽探頤也！」❾雖然呂陽的話有些故弄玄虛，但對楊龍友詩畫藝術的評價，卻中肯而傳神。

---

❾見呂陽《洵美堂詩集》序。

想像奇特　構思新異

遊歷江南二十年，多次應試不第，政治上在十多年的時間裡毫無發展，詩人為此感到痛苦的同時，更渴望著心靈的自由翱翔，希冀在靈感的天地裡貢獻自己的才能，實現自己的政治抱負。於是乎，詩人借助想像的雙翅，實現了心靈的飛躍，才有了那樣雄渾激越、壯烈奔放的詩風（前曾述及的〈問雲篇〉、〈登縹緲峰放歌〉、〈孫大將軍贈我以人頭盃長歌賦謝〉等均屬此類）。而其想像之奇特、構思之新異，有著李賀的影響，天花亂墜，但更有自己的特色，雖變幻莫測，卻很有人情味，容易理解。

阿姐先嫁從石梁，悲聲壘壘淚絲長。
阿姨分居向海濟，年年雙淚如河注。
斷橋之下老龍母，僻居晶宮淚如雨。
思之不見無從覓，倒囊珍珠向空擲。
鮫人擎來獻龍子，獨有世人看是水。

——〈珍珠簾〉

雖然是寫景，卻分明講述的是一個哀婉動人的傳說故事。敍述故事之餘，卻又在寫景，每兩句是一處畫面，五處畫面又構成珍珠簾的優美圖畫，確如《崇禎八大家詩鈔》編選者夏雲鼎所批「奇幻玲瓏，蜃氣成樓」。全詩以擬人法寫成，給自然之景注入了生命活力，更動人心魄。

楊龍友以歌行體古詩見長，於長篇佳構中馳騁想像，縱橫情緒，周遊八荒，引人入勝。但他的今體短詩也善於運用奇思妙想，景隨情動，意與像渾然一體。如〈超然樓上贈雲〉：

出岫玩群峰，唐突如狎友：
倦則臥其腰，傲而踞其首；
有意驅不行，無心喚可走。
客愁重如山，請君過谷口。

中間兩聯如兩幅動態的畫，以擬人之法將山間流雲生動自然的情狀描繪得唯妙唯肖。而眼觀勝景，心裡卻愁重如山，不由我們不去揣測詩人爲何而愁，使詩具備了相當的思想厚度。沒有感覺的流雲表現得有情有意，出人意表的構思，使詩顯得趣味盎然。

〈石梁觀瀑〉的想像更加大膽，使人怵目驚心：

洪濤奔澎毒龍敵，倒立寒波爭絕壁，
或歸宮闕或行空，唯餘二龍相衝擊。
青龍蒼蒼戰濕雲，玉龍亂噴雪紛紛，
不知行來幾萬里，偶過天臺爲休軍。
青龍連空化身石，橫騎玉龍聳孤脊。
玉龍吼聲千古雄，朝朝夜夜驅靈霹。
方廣尊者聞之怒，缽盂始欲床下注。
兩龍屏息聽指揮，至今常遣山門護。
……

在詩人的眼裡，飛瀑成了玉龍，這樣的比喻還好理解，而青龍化身爲山巖而橫騎玉龍，如此想像富有跳躍性，新奇迷人。僅十幾句詩，就將二龍相鬥、被尊者遣護山門的激烈場面描繪得有聲有色，驚心動魄。可見詩人想像之奇特、大膽。詩人又以畫家手眼，讓青龍與玉龍、蒼蒼濕雲與皚皚白雪形成色調上的強烈反差，而隨著畫面因二龍爭戰而變化迅疾，使人目不暇接，產生激蕩人心的力度美。

他如：「海門龍子推新月，澤國鮫人浴夕陽。」（〈九日金山〉）、「郡邑浮沈諸島黑，兒孫羅列衆山青。」（〈登縹緲峰〉）、「天台有白雲，千年老不死。」（〈贈文心上人看雲詩〉）這些詩句，可謂出人意表、妙語如珠、瑰異驚心，能夠一下子便吸引住閱讀者。豐富的想像力，營造意象的精妙奇特，構思的新異，使楊龍友的詩更富於藝術的張力，達到了審美的深層次。

楊龍友不僅擅長於詩，就是在散文方面，也有高深的造詣。

岸前兩奇石相對，呼爲石公、石姥，未免有情，豈眞鐵石肝腸耶！公、姥傍即千人磯，水光一望可四五百里，如大圓鏡支頓磯前。夷光、青銅何在，未必不爲石公揜口捧腹也。

這是〈遊西洞庭山記〉中的一段文字。意在言外。石公對千頃湖水自顧而笑，使夷光、青銅等古代名鏡顯得細小而不足道，構想詭異。抓住情字，以石公的狂放襯托自己海闊天寬的胸懷，既有一種特殊的幽默感，卻又莊重可敬。

而《畫江行十二幅小記》中〈畫玉山〉短小精練，凸現強烈的感情色彩：

江滸有玉山寺。偶登其亭，喜江中巨浪與腳底巉巖相搏。但轉入僧舍，祟牆密扃，不許江

> 容水色入來，殊覺悶悶。恨不拘江心數頃蕩去俗構，庶不點汙佳山耳。

寥寥數語，一下子勾畫出兩幅韻致悠然的畫面：山亭之下，巨浪搏擊著巉巖；山寺之中，僧舍崇牆密扃。語言如白描，明朗溫婉，娓娓道來，將因見巨浪巉巖搏擊而喜悅、涉足崇墻密扃而轉愁悶、由俗構點汙江山而更憤恨這樣一段感情流程交代得清清楚楚，暗暗表達了他認為大丈夫應有的掬江心清波蕩滌俗構、跳出侷處之隅、大展作為的激壯情懷。

楊龍友的散文，往往既洋溢詩情之氛圍，又透露出圖畫之意氣。其遊記之中，多有同時具畫圖之功效者。如〈遊東洞庭山記〉：

> 日已晡，夕陽在樹巔、鳥背。逐日而行，曲曲九轉，所謂九曲澗，又似天都、鼎湖間淙淙瀰瀰者。漸出近潮，而淼淼白波，時從林隙中隱見。帆或在樹上，舟或在屋頂，猶魚蝦浮琉璃瓶中，又見一片空明世界耳。

語言簡潔，娓娓敘述，作家以精練簡明之筆墨，勾勒出一幅幅富有特色、鮮明生動的畫面，呈現出一種幽美的風格。

總之，楊龍友的散文，都浸淫著真摯的感情，情景相融，情景相生，往往折射著詩意的光輝；

同時借鑑山水畫的表現手法，使之呈現明快感人的畫面美。

問民疾苦　抨擊時弊

「……聖人獨憂危，終夜急求治。百萬揮帑金，尚方出隆賜。嗟哉向官愚，功少但多議。勇者逐塵奔，怯者逍遙戲。……仰看燕雀巢，日日憂天墜。近聞闖山求，蜩螗滿殿陛。誰人秉國成，呼之若濃寐……」—〈贈又新〉

虎狼秉政，國事日非，詩人滿懷報國之心，卻壯志難酬，憤懣、苦惱之餘，仍雄心未泯，渴欲施展抱負，試讀其〈贈陳伯符寫小像〉：

森森七尺副昂藏，顛放迂癡亦自狂。
麋鹿不堪天子使，麒麟難畫夜郎王。
衷能許友歌蘭芷，性不猶人著桂薑。
賴爾點睛毫彩幻，何時破壁任翺翔。

閒居山中，他的心卻一刻也不閒，毫不鬆懈文事武備，經常苦練騎射，以便今後有機會時擔當重任：

老雲黑雨過山頭，雨後晴空映遠丘。
健兒上馬白羽箭，大弓九矢如星流。
寒風颼颼振天地，僕姑靜奪虎狼氣。
……

——〈山中雨後習射〉

他往往託物言志，以擬人化手法咏自然界之物，表現自己強烈的憤世嫉俗之情：

奮臂疾風，強項老雨，
不隨人呼，自安四體。

——〈題畫蘭〉

澹煙一夜滿湘江，落脫離披影破窗。
縱使荆蓁分席坐，芳魂衹是不能降。

——〈曉煙撲陛下蘭花圖之〉

他這種怨怒、苦悶而焦灼的心情，顯現出他對於理想的執著的追求，突出的是他那強烈的愛國主義精神。

雖然是天將降大任於斯人，然而對於楊龍友來說，報效祖國的機會還是來得太遲了，使他白白耗費了自己的青壯年時光。崇禎七年，三十八歲的楊龍友被謁選爲華亭縣教諭。雖然這一任職僅是個微末小官，但他仍然一心一意地全力施爲。《華亭縣誌》說他「好推獎士類，嘗作〈養賢堂〉招諸生論文角藝其中。有貧而好學者，輒傾囊餽給之。時輕騎出郊，率諸生擊劍校射，務爲有用實學，以紓世難。」陳子龍在〈楊龍友四十壽序〉中敍述楊氏在華亭的所作所爲：「與其弟子明經史，習詩書，縱覽古今之故，高談帝王之略，又以其暇日出郊牧，試騎射，文武之道，燦然備舉。」

之後，他遷任青田縣令、永嘉縣令、江寧縣令，勤於政事，關心人民疾苦，「其治廉」，「明是非、審好惡」⑩，政聲頗佳。在青田任上，他在夏天的雨中去到田間地頭，瞭解百姓生活現狀。邢孟貞在〈龍友暑雨履行田間問民疾苦因謁劉文成墓賦此送之〉一詩中記錄了此事：

⑩見邢昉《洵美堂詩集》序。

小邑眷良宰，鳳駕將安之。
暑雨灑川澤，流潦行逶迤。
逶迤百里間，蕭條事攀踐。
民寮結百崖，入谷聞雞犬。
孥婺滿膝前，欲訴無不展。
……

在地方官任上，楊龍友經常微服私訪，深入民間，得以瞭解到在殘暴的封建專制統治下，各級官吏大肆搜刮民脂民膏，使窮苦百姓在貧困線和死亡線之間苦苦掙扎，於是他藉詩觸及了這些社會陰暗面，表現出強烈的憂國憂民思想。如〈壬申秋陳木叔簡以長歌依韻寄答〉：

無奈世運疲，事事可立發，
民力苦已摧，求徵尚未竭。

〈觀海〉又是一幅多麼悽慘的下層人民生活圖畫啊：

民家海西岸，水與荊扉齊。
星漢繞床席，魚蝦成壑溪。
夜潮雞犬濕，朝凍母妻啼。
許嫁東鄰女，經旬未上笄。

其他如「如何民父子，相繼蹈飄零。有命同殘葉，隨風散遠汀。」「小民方疾楚，官稅且紛拿。」「民苦膏脂盡，蜂將頂踵捐。」（〈暮雨山行〉）等等詩句，暴露了統治者的腐敗、貪婪和殘忍，對其進行了有力的控訴，對底層人民寄予了深切的同情。以高度概括的筆觸，形象地再現了明末階級壓迫、階級剝削、階級對立的情景。由於與當朝者相逆，在江寧縣任上時，楊龍友被誣陷奪職候訊。

恣肆豪放的歌行體古詩，清新如畫的山水詩，以及深觸時弊、鞭撻黑暗現實的今體短詩，構成了楊龍友詩歌藝術園地的不同景觀，豐富而眞實地再現了楊龍友的內心世界。他也因此而「名噪大江南北」⓫。陳立政在〈洵美堂詩集小引〉中寫道：「……故一代之詩必有一二人主之。此一二人者，無一家不入其爐鑄，而不能名其爲何家所爲，獨絕千古也。今海內奔走，無論詩與不詩，

⓫見《黔詩紀略》。

靡不知有龍友先生者。」

「以龍友之才，弱冠負盛名。」⓬楊龍友才華橫溢，創作勤奮，創作了大量的藝術佳品，然而由於歷史的原因，他的著作遺留下來的祇有《山水移》、《洵美堂詩集》兩種，前者爲他三十三歲時遊浙東臺蕩的作品，後者乃「乙亥訖壬午之作」，即是三十九歲至四十六歲時的作品，而大量著作卻散佚未見，或許今後可發掘一些，以資研究其愛國思想及審美價值。

竭力挽狂瀾　爲國捐軀

阿龍北固持戈矛，拔圖赤壁思劉曹。

——吳偉業〈畫中九友歌〉

崇禎十七年（一六四四）三月，李自成率領農民軍攻陷北京，崇禎皇帝自縊於煤山。不久，吳三桂開關降清，清兵入關。五月，馬士英、楊龍友等迎福王朱由崧到南京即位繼皇帝，「南明」政

⓬見邢昉《洵美堂詩集》序。

權成立。福王對迎立大臣論功行賞，馬士英大權獨攬，楊龍友被任爲兵部職方司主事、員外郎，赴京口監軍。吳偉業的詩說的就是這事。

順治二年（一六四五）四月，揚州被清兵攻破，史可法壯烈殉國。楊龍友又擔重任，遷任兵備副使，分巡常州、鎭江二府，並監大將鄭鴻逵的軍隊。他率軍駐於金山，扼長江天險與清兵抗衡。隨後，他又昇爲右僉都御史，巡撫其地兼督沿海各軍。巡撫事畢，還駐京口，與鄭鴻逵合軍於南岸，與清軍隔江對峙，這一段時期，他屢蒙昇遷，歷任要職，全力以赴，欲力挽危局，可謂忠心耿耿，任勞任怨。

五月初九，濃霧籠罩著大江，清兵趁機百舸爭發、渡江南下，以猛烈攻勢進攻南京。十三日，城破，福王出奔蕪湖，被清兵逮獲。勳臣貴族除逃亡者外，大都投降。

「龍友當南京破，自誓必死。」⓭他率部退守蘇州，與屯兵於長白蕩的吳易約定，互相聲援。他們開展了靈活機動的游擊戰，「出入旁近州縣，道路爲梗。」⓮清軍統帥派了降臣、原明朝鴻臚丞黃家鼒前去蘇州，勸楊龍友投降。楊龍友對其所許的高官厚爵不爲所動，堅決拒絕，領兵襲殺黃家鼒，然後退兵處州，在處州大肆招兵買馬，集聚抗清力量。後來，他又率部轉移到龍泉山中，

⓭見《黔詩紀略》。

⓮同注⓭。

「練士卒，屯險隘，扼東南一隅。」⓯同年八月，唐王朱聿鍵於福州宣告繼位稱帝，擢楊龍友爲兵部右侍郎兼右僉都御史，提督軍務。後來，清軍的攻勢越來越猛烈，但楊龍友毫不氣餒，堅持率軍抵敵。唐王見其精神可嘉，又提昇他爲浙閩總督，仍負責監軍。

順治三年七月，清軍攻入福建，在此緊急關頭，手握南明小朝廷軍事大權的鄭芝龍不顧大局，將十萬大軍撤離前線。楊龍友聞訊，連忙與福建兵備副使孫臨移師保衛仙霞關。但清兵抄小路搶在前面，已將仙霞關佔領。經過一場激烈的爭奪戰，寡不敵衆，楊、孫均負重傷，祇好退軍蒲城。卻被清軍驍騎追上，將他們擄獲而去。

清軍主帥博洛貝勒對楊、孫二人憐其忠、愛其才，多次親自勸降，然而二人決心堅定，不爲所動，大罵不止。博洛惱羞成怒，下令於八月二十五日將他們斬首。楊龍友殉國時，才五十歲，正是年富力強之時。與他一同殉難的，有他的妻妾、兒女、僕從等三十六人。蒲城人民仰慕楊、孫的崇高氣節，偷偷將他們埋葬在一棵大樹下，剞去樹皮，大書二人姓名及官爵，並舉行祭祀。後來，孫臨兒子尋到蒲城，將他們的遺體火化，帶回桐城，在城東三十里的楓香嶺分開葬爲兩座墳，當地百姓敬稱爲「雙忠墓」，過者必弔。

⓯同注⓭。

楊龍友與馬士英、阮大鋮的關係

楊龍友「豪俠自喜」[16]，「精神挺勁，意氣軒翔」，「跌宕風流」[17]，「坦率無城府」[18]，不僅熱情豪爽，而且正直俠義。然而，在明清一些文人的筆記作品裡，他卻是一個無聊可鄙、貪盃狎妓的頹廢者形象。確實，他因爲青壯年時期政治上無前途而沈弱於酒色之中。但他並未沈淪，雄心壯志時時在催他奮起，當明王朝權臣貴戚紛紛逃匿或投降時，他「獨須臾不忘故國，間關流離中猶阻兵負固，屢抗六師，父子家人膏斧鑕而不悔，大節錚錚，亦可謂烈丈夫也。」[19]以致於終於爲抗清大業而獻出了自己和全家的生命。

楊龍友是馬士英的妹夫，與阮大鋮私交也好，他後期受到重用，與馬有直接的關係。然而，他並沒有參加馬、阮結黨營私、殘害忠良、蹂躪朝政的陰謀，不與他們合作，並殷切期望馬士英

⑯見《明史・本傳》。

⑰見徐鼒《小腆紀傳》。

⑱見支如增《山水移》題詞。

⑲同注⑬

能夠任人唯賢、忠心爲國。阮大鋮大興黨獄，殘酷迫害東林復社人士，楊龍友不但毫不支持，反而是「阮大鋮羅織善類必致死者，龍友必委屈調護保全蓋數十計」（見莫友芝〈龍友楊公有後記〉）。他較早就與東林復社人士交往密切，感情相當深，所以後來他利用自己的合法身分及與馬、阮的特殊關係，救護了不少東林黨人。大名鼎鼎的東林黨人侯朝宗，在其〈癸未去金陵日與阮光祿書〉中透露，在他即將被逮捕的時候，是楊龍友連夜登門將消息告訴他，才得以脫身。由於這些事情是在暗地裡進行的，不爲世人所知，所以不知內情的文人便因爲楊龍友與馬、阮的特殊關係，遷怒於他，使他三百多年來負屈含謗，受到歪曲。

但是，也有不少人正確地評價了楊龍友。陳子龍就說：「出詩一篇以相示予，受而讀之，則有幽峭之思，沈郁之色，壯烈而不失和平，夷曠而中存莊雅，渢渢乎廊廟之音，泠泠乎山水之調也，龍友即無他長亦足以傳矣。予交龍友幾二十年，初見其繪事，上掩李黃、近匹沈董而服其藝；已見其章辭藻麗、歌咏明逸而遜其敏；既見其青田、永嘉之治行，清惠可師而式其政；又觀其挽強馳駿，矢無虛發而畏其勇；及與談濟世之事，智略輻輳，意思閎深而嘆其未可測量。」⑳這段文字可以說是對楊龍友進行了中肯而概括的總結。

---

⑳見陳子龍《安雅堂集》。

學富而身益貧　藝工而遇益拙
——清代學者莫友芝其人其詩文

序

筆者在大學中文系所學《中國文學史》(四，遊國恩、王起、蕭滌非、季鎭淮、費振剛主編)課程，其中對晚清宋詩派代表作家莫友芝的作品定性爲「枯槁乏味」，感到卒難忍受，覺得編者的評語太過簡單粗暴，毫不實事求是，把作家的微疵作爲整個作品風貌的代表而本末倒置，缺乏認眞細緻、科學謹愼的態度。

一八四八年春，曾國藩在京偶遇進京應試的貴州舉子莫友芝，交談之下，不由爲莫的學識淵博、談吐風雅而訝然讚嘆：「黔中固有此宿學耶！」

咸豐八年(一八五八)，一位大臣向朝廷密薦十四位才學超人之士，莫友芝位列第一。《中國人名大辭典》介紹莫友芝學力深厚，多才多藝，精通「倉雅故訓，六藝名物制度，旁及金石目錄家言，治詩尤精，又工眞行篆隸書」。

僅憑這些評價，就可以斷言莫友芝絕非浪得虛名。筆者欲藉此文，從莫友芝的生平和著述著手，探討他對於中國文化的巨大貢獻及其詩文的藝術價值。

生平坎坷　學識淵博

莫友芝祖籍江南上元（今江蘇江寧縣），明朝閎治年間，其遠祖莫先從徵都匀苗民，遂遷居貴州，以後定居於獨山縣。他的父親莫與儔，一字猶人，一字傑夫，於淸嘉慶三年（一七九八）中舉，翌年成爲進士。莫與儔在四川鹽源縣任知縣，娶李氏女爲妾。後選遵義府學教授，任職十九年，卒於任所。與儔擅長考據學，對貴州政治沿革和地理情況有深入的研究，詩文方面也造詣不低，經學大師、「同光體」詩派宗祖鄭珍、莫友芝等均出自他門下。在他逝世後，莫友芝將其言語輯爲《過庭碎錄》一書，刊行於世。

一八一一年五月初三，莫與儔側室夫人李氏在獨山兔場生下一子，取名友芝，字子偲，號邦亭，晚號眲叟。莫友芝自幼聰明穎異，三歲即開始識字讀書，由其父親自授以《毛詩》、《尙書》、《儀禮》、《戴記》等書。道光三年（一八二三）冬，因其父任職遵義府，舉家遷居遵義城。二十歲那年，考中舉人，次年進京會試不第，以後數度入京會試均名落孫山。一八三七年，與鄭珍再度入京會試，翌年二月到達京城，考試之後，春闈發榜，他們都落選了。回鄉後，鄭、莫二人受知府之聘，編纂《遵義府誌》，「博採漢唐以來圖書地誌、荒經野史，披榛剔漏，援證精惟，體例矜嚴。」二人晝夜辛勤，嘔心瀝血編纂的這部鉅著，於一八四〇年書成梓行於世，後被梁啓超譽爲「天下府誌第一」。

次年，莫與儔去世。又過一年，莫友芝生母李氏也因病而卒。友芝將父母遺體合葬於遵義縣東之青田山上。

一八四七年冬，友芝自施秉泛舟鎭遠，由湘北上入都赴春闈，再次落第。在京期間，與曾國藩相識，數度交談，十分投緣，曾傾慕莫之才識學問，由衷感嘆道：「黔中固有此宿學耶！」

貴州開發較晚，文化、經濟都十分落後，然而出現了不少成就斐然的詩人。爲使這一筆優秀的文化遺產不致湮沒，從一八五三年始，莫友芝開始著手蒐集、整理、編訂《黔詩紀略》。

翌年，貴州各地爆發了農民起義，楊元保的義軍包圍了獨山縣城，楊鳳率另一支義軍把遵義府城圍困了四個多月。一八五五年，莫氏在獨山的「影山草堂」被農民軍放火燒毀，友芝聞訊，傷心不已。三年後，一位大臣向朝廷密薦十四位才學超群之士，莫友芝名列第二，因此獲得「截取」的資格，留京候用，等待了兩年時間，卻未中選。當時，曾國藩正受重用，總制軍務對付太平軍，多方延募人才，因曾佩服莫之博學多能，賞識其爲「閎覽」飽學之士，將其延入幕府。此後，友芝便長期在曾幕府做文牘工作。

同治年間，李鴻章任江蘇巡撫，決心整頓吏治，爲此於同治二年（一八六三）請州縣吏於朝。大臣祁嶲藻密薦鄭珍、莫友芝等人。未久，聖旨下，發往江蘇任知縣。曾國藩、李鴻章等好友力促友芝去上任，卻被他竭力拒絕了。

太平軍被鎮壓後，莫友芝攜妻子兒女移居秣陵。時時往來於吳越故地，與東南名士結納，流連山水之間，飲酒和詩互相酬答。同時，編訂《黔詩紀略》不輟。

一八七一年，莫友芝因病卒於興化，其弟莫祥芝當時正任江蘇江寧知縣，遂辭職扶兄之柩回歸故里，葬於青田山社塋。

莫友芝潛心於學術研究和寫詩撰文，著作等身，主要編著有：《遵義府誌》四十八卷（與鄭珍合編）、《黔詩紀略》三十三卷、《聲韻考略》四卷、《唐本說文木部箋異》、《樗繭譜注》及《邵亭詩鈔》、《邵亭遺詩》、《邵亭遺文》、《影山詞》等。他是宋詩派的代表詩人、「同光體」詩派的宗祖，也是一個散文作家，同時還是金石目錄學家、書法家、語言學家、詞人，對中華傳統文化做了多方面的傑出貢獻，與鄭珍齊名，世稱「鄭莫」。清末及民國時候，遵義各校中小學生每年在「鄭莫祠」前開紀念會，唱紀念歌。歌詞曰：「播水瀠洄，播山蒼秀，中產前賢在前清道咸時候。發爲文章工篆籀，海內交稱學中泰斗。吾遵文化，漸落後，惟鄭莫，兩先生，學問人品，允宜馨香俎豆，瞻崇祠，齊俯首。」可見莫友芝與鄭珍在歷史上的重要地位。

涉獵廣泛　治學嚴謹

莫友芝出生於書香家庭，接受的是儒家教育，因而他後來形成的立身處世之道，都是以正統的儒家思想爲基礎的。

父親去世後，莫友芝主持家政，「率諸弟讀書僦宅中，歲藉塾脩以相生養，蕉衣淡齏，時時不濟」，過著比較清苦的生活。他對朝廷滿懷忠心，得到破格徵用的諭旨後，他高興不已，興奮地寫信向鄭珍報喜，展望美好未來：「吾曹索漠荒崖，久無意於用世。不知都中有鉅公，浪以虛名上瀆天聽，遂趣召而起之。蓋不知其頹唐已甚，不任鞭策。然亦可想朝廷清明，破出資格，大是中興之象。吾曹即垂老，但未即死，必能復睹嘉道盛時，則幸甚也。」雖然他渴望得到朝廷任用，對皇帝的丁點恩寵感激涕零，但卻氣節錚錚，並不阿諛逢迎權責，〈清詩稿〉言友芝「在京師遠蹟權貴」，「留居幕府，評騭書史外，榮利泊如也。」「朝士貴人爭欲與之交，然君必慎擇其可。有權貴介君友求書，辭不應。某相國欲招致授子弟讀，婉謝之。」大臣肅順向他求一幅書法，也被拒絕。

友芝兩耳不聞窗外事，潛心治學。「室人每間壁交謫，乃方埋頭蘸朱墨，參考互校，或拄頰擱管，垂目以思，如不聞及。」

他酷愛讀書，尤喜藏書。「有捻書籍求售，則不聞囊中有無一錢，必不令他適。故入其室，陳編蠹簡，鱗鱗叢叢，幾無隙地。祕冊之富，南中罕有其匹。」

友芝是一個大詩人、散文家、詞家、書法家，而且旁涉許多學術門類，可謂學界通人。他寫得一手好字，在京時，求書者不斷，一些權貴慕其清名，求人中介欲得其書法作品。對古代漢字聲韻學的研究，他是很有成果的，其《聲韻考略》四卷便是明證。其著作《唐寫本說文木部箋異》，傳說是唐人寫本，共收木部自柤至楬一百八十八個字，篆楷俱工，但因年代久遠，偶有殘缺，友芝耐心地將其摹寫重刻，並為之撰箋異，顯見其治學嚴謹。他涉獵了宋、金、元、明各代刻、鈔本舊書一百三十種，邊讀邊寫下閱讀筆記，或解題，或評價刻本優劣，或錄每頁行數字數，或錄下前人或藏書家的序跋，輯為《宋元舊本書經眼錄》。他編著的《黔詩紀略》一書，選輯了貴州有明以來重要詩人的作品，該書最大的特色一是附有每個詩人的《傳證》，扼要介紹其生平，其二是對每位詩人的作品都進行了精練簡要的評論，是研究貴州建省以來文學發展情況的重要著作。這些評語，概括而中肯。如他認為鄭珍的詩「雋偉閎肆」、「瀏灘頓挫」。他介紹明末清初著名詩人吳中蕃時這樣說：「貴州自成祖開省迄於神宗，閱二百年，人才之興媲於上國，而能專精風雅，雋永沖融，馳騁中原，卓然一隊」，「其為詩，直抒所見，粗服亂頭，不屑句糅字練為工，而質厚氣蒼，自然瑰異……而綜其生平，尤於彭澤為近，其詩品之相較亦然，不必貌似。」這些詩論，精短而切中肯綮，顯示出友芝高深的藝術素養。

陳衍在《石遺室詩話》中說：「子偲學人詩，長於考證……可稱詩史。」對友芝的詩進行了準確的概括。他一生中創作了很多詩，現存近千首，皆收集於《郘亭詩鈔》、《郘亭遺詩》二書之中。其中《郘亭詩鈔》收集了他創作於道光甲辰（一八四四）至咸豐辛亥（一八五一）的詩作四百零一首，分爲六卷，由友芝生前自己出資刊印。而《郘亭遺詩》係由其子繩孫在其死後《拾散片手稿鈔集》而成，也分六卷，收詩五百四十八首。

友芝與宋詩派早期代表作家程恩澤、祁嶲藻、「同光體」詩派宗祖鄭珍等人來往密切，頗多交流唱酬，十分讚賞寫詩要講究「性情」和「學識」，主張「破萬卷、理萬物」，「才力贍裕而爲詩」，反對嚴羽的「別材別趣」之說，認爲如倡導嚴氏學說，詩界會弊端百出，嚴譴「浮薄不根」的「流僻邪散之音」荒了「聖門以詩教」之道。

「學富而身益貧，藝工而遇益拙。」（黃統《郘亭詩鈔·序》）這是莫友芝人生和藝術的總結。

面向現實　關心民瘼

「子偲詩……知爲不食人間煙火者。」（汪士鐸《郘亭詩鈔·跋》）誠如斯言，莫友芝由於贊同「以文字爲詩，以議論爲詩，以才學爲詩」的詩歌傾向，主張走擬古主義道路，不屑顧及現實生活和人民疾苦。然而，動亂的社會、黑暗的政治、人生之路的落魄失意，使他充分領教了現實的嚴酷與腐朽，自身生活的窘迫使他對窮苦百姓啼饑號寒的境地有所認識，於是乎在詩中寄予了同情和吶喊。

> 吾廬獨破哪足道，可憐四野多哀鴻。
> 欒輸急火走簽票，條編鉅等齊租庸。

詩人自己房屋破漏，下雨成災，卻不以爲然，而因此聯想到廣大貧困農民，憤懣不已，痛苦地呼喊道：「惜哉權力不在手，爲爾乞取銅山銅。」（《歲晏行用杜韻》）。《大河百里間至去秋至今無雨雪》以形象而生動的筆觸，展示了乾旱的情景：莊稼無收，人民被迫離鄉乞討，田園荒蕪，四野哀鴻，他內心痛苦不堪，渴望化作河伯雨神，手提崑崙之水，成漫天甘霖遍灑人間：「何當手挽崑崙水，遍灑中原作歲康！」由這些詩，可見友芝胸懷天下，關心民瘼，恨不得手握大權或化作神仙，解民倒懸。

然而，友芝畢竟出生於封建士大夫家庭，自幼接受的是正統的儒家思想教育，有著濃厚的忠君思想，對農民起義一概視之爲「賊亂」，但他深知社會的黑暗，知道農民們鋌而走險是被官府所逼的。他的不少詩反映的是農民暴動的情景，摻雜著他這種複雜的心態，在有的詩中便出現了既罵農民軍、又罵官府的情形。〈遵亂紀事〉共二百一十行，是他最長的一首敘事詩，詩中比較詳細地記錄了楊鳳於一八五四年造反圍攻遵義府城的事件。該詩開篇即介紹了起義軍的組織和浩大聲勢，「北者九壩南板橋」，官兵卻「雄關天險棄不守」，「賊來棄甲委軍械，太守副戎齊遁逃。」「嗚呼提軍者如此，城中小兒笑不止！」官軍聞風喪膽，狼狽逃遁，醜態畢現。然而，當農民軍撤離之後，他們耀武揚威地回城了，爭先恐後地邀功請賞：「當初發議不守者，遁而復還各言功。」「啓明鐃導還入城，揚揚不顧旁人罵！」乞來的援兵，燒殺擄掠，「附郭鱗鱗萬家屋……軍行乃恐焚不速」對付百姓倒是十分在行。詩末小注曰：「軍門十七天未明整隊出城。行一里許，聞寢者呼曰：『賊至矣！』從人遽棄所持械而走。軍門亦從之還城。天曉絀人探聽，軍械尤在山谷中，乃知無一賊也。」幾句素描似的註腳，一下子勾勒出了官軍的風聲鶴唳、腐敗無能。

友芝自負有經天緯地之才，「意氣殆不可一世，視取華貴要路，摘頷下髭耳。」（〈依隱齋詩鈔序〉）、「卿相落吾手，誰云我非格？」（〈卿送子何歸黎平〉）官場黑暗，「春官數擯」，而那些不學無術的勢利小人，卻青雲直上：「懦拳唏空張，捷足喜雙跨！」（〈和答子尹古州見寄〉）他看透了官場，看透了政治：「從來仕途有經綸，善手公然化封畛，徒言弊吏陟優異，豈解中人把推引。上策爭看騰踏去，下邨亦博肥磽準。眼中稱意凡幾輩，誰是不營甘蠢蠢！」（〈贈孟柳橋州判〉）鑽門路，營私舞弊，耍弄權術，這些官場奧祕，爲友芝所不齒。以他的才具聲望，祇要肯與眾人爲伍，「稍改鑿爲圓，青雲在跟肘。」（〈送舍弟之湖南酃次縣丞〉）這些詩自抒胸懷，通過展示自己這樣一個才華出眾、品行高潔的人卻仕途坎坷，揭露了官場的黑暗腐朽，具有相當的認識價值。

動人魂魄的鄉思客愁

經學大師、詩學大家鄭珍盛讚莫友芝的詩與韓愈、蘇軾相比，「猶頳之去纁，僅一染耳。」汪士鐸則以爲莫詩「眞可藥袁蔣之性靈，起鐘鐔之廢疾」。另有詩論家認爲他與鄭珍「二人工力略相伯仲」。公平而論，由於友芝「謹守大師家法，不少越尺寸」，他在詩創作上的成就是不及鄭珍的。但他在當時既然能博取那麼多的盛譽，是自有其特色的。

友芝多次進京應試不第，長期客居曾國藩幕府，這種長年飄遊異地他鄉、與親人長阻隔的經歷，再聯繫到宦途失意、剛有起色時卻已因看破官場而固執地放棄，長期的苦悶抑鬱，使他更深刻地體驗到客愁的沈重，加倍地思念故鄉，思念親人。於是觸景生情，睹物思親，「望故鄉邈邈，歸思難收」（〈高梘除夕〉）。

明月不知愁，徘徊江上樓。

樓上人如月，渺渺送江流。

——〈明月篇〉

真摯的思念之情，在清麗白描般的詩句中一下子宣泄出來，感人心懷。除夕夜孤燈獨坐，幻夢中與親人歡度佳節：「呼燈話兒女，餞歲環弟侄。」一幅多麼生動的天倫之樂圖啊！「爆竹翻雷震，對面遽相失。」好夢被驚碎，現實的孤寂令人惆悵不已，相思更難以排解。

「煙雨連鄉夢，風波攪客情。」〈狼山下有懷故山不狼〉。長期客居的生活，使遊子時時懷念故鄉，故鄉的山山水水、風土人情常常展現於記憶的屏幕，於是見到他鄉的狼山遂想起了故鄉的不狼山，攪動一腔思念之情。

來路灣復灣，去路山復山。
故鄉如在眼，行客幾時還。
——〈宿獨樹寄芙衣〉

行路難，更難的是鄉思客愁不斷，但爲謀求生計、博取功名，詩人不得不一次次拋妻別子，踏上旅途。〈述別五首〉生動地揭示他離家時矛盾的心情，老妻的關切、幼子天真無邪的神態：「……阿繩恐耶去，彊坐翻已眠；紹也未解語，濃笑豈耶歡；阿哀眠更興，倚守襟懷間，諵諵續孃話，雞鳴未曾間。上言買餅歸，下言耶得官。更有千卷書，峨峨配華冠。……」以毫無修飾之筆，繪寫出了自己離家前的一幅生活小景，細膩入微，趣味盎然。

友芝表現鄉思客愁的詩，往往顯得神思飛動，意境高遠，情深意切，生動感人，具有大家風範。

藉山水以抒情懷

莫友芝熱愛自然風光，流連於山水林壑，激起情思無限，尋求精神慰藉：「試問雞鳴踏漏候三殿，何如破衾裡裂任嬌兒……何如桃花流水放船去，鱖魚入手青簑披。」（〈陳相廷趙曉峰並見〉），表現了詩人徜徉山水、恬然自安的情趣。他曾經結廬於青田山，躲避紅塵，盡情享受山水田園之美。赴試春闈，使他數度飽覽沿途旖旎風光，長期浪跡使他遊覽了不少地方，大自然以各種各樣的美姿撩撥他的情感，於是乎，山川風物、生活小景在他筆下歷歷如畫。

倚天一杖拄龍尾，咫尺不辨黃茅岡。
朦朧野徑無來往，隔竹幽泉佩環響。
——〈曉過望山堂〉

殘雨弄溪煙，青林明滅間，

迴風雲波碎，日氣漏前山。

——〈殘雨〉

萬瓦颭風鳴，南來雨勢橫。
雲垂千嶂夕，雷掣半川明。

——〈冒雷雨夜歸〉

霧淞結珠花，璀光遍林莽，
玉振八面風，鷺植千山羽。

——〈東山〉

這幾首小詩，分別描繪了晨霧、殘雨、雷雨和雨景。從這些小詩可以看出友芝觀察細緻，善於捕捉獨特的意象，將尋常的自然景物塗抹上一層絢麗的色彩，使之嫵媚誘人；同時，語言形象清新，構思靈活機智，比喻新奇巧妙，不拘一格，完全打破了形式主義的藩籬，生動鮮明。

在山水詩中，友芝善用擬人法，賦死景以活力，以動寫靜，洋溢著生命的氣息，親切感人。船行時，兩岸山嶺形態各異，「前山戢首揖，後嶺折腰送。」詩的形象性大大增強了。「百篚驅不前，欲盡牢溪水。」〈石牛山〉的頑皮懶散栩栩如生。〈鎖江橋〉中「前山蒼翠色，欲過石橋來」，把春色遮不住的神態一下子活化出來了。

友芝的大量山水、生活小詩都富於音樂性，顯得有聲有色，聲情並茂，琅琅上口。「一鞭風雪裡，開過紫薇花。」（〈鄭子尹自京歸留影山草堂〉）這是在當時廣爲傳誦的名句，把詩人雄心勃勃、躊躇滿志的心境表現得淋漓盡致。另如〈桃源舟中〉：

一片琉璃境，一片欸乃聲。
舟辭清浪穩，山過綠蘿平。
遠樹浮天去，瀲江抱月行。
花源何處問，桑竹繞春城。

船兒輕搖，波清如琉璃，槳聲欸乃，近山綠蘿，遠樹、明月懸抱天邊，組成一幅繪聲繪色的畫面，清新動人。

友芝是一個錘鍊語言的高手。「茅屋四圍桑竹，疏籬一帶雞豚。客來不用几席，共坐千年樹根。」詩的語言，卻也可以明白如話。如：

朝從坪上來，眾色淨如沐。
時有早耕人，林陰飯牛犢。

——〈坪上〉

五色斑斕小沐猴，翠髻花褖配嬉遊。
無端走上鄰翁背，到處逢人笑不休。

——〈佩猢猻〉

這些詩，以極簡潔樸素的筆觸，描寫日常生活的情景，自然而風味無窮，生活氣息十分濃郁；語言質樸平直，如自然天籟，和諧安然，娓娓道來，卻韻味雋永，引人遐思。

人生之路的坎坷曲折在友芝的山水詩裡刻下了明顯的烙痕，從兩首詩的比較就可看出這種變化：

西風滿意晴，吹我赤藤行。
野徑將花轉，村籬就竹成。
樹搏溪日影，雲逗石泉聲。

為問王摩詰，清遊似孟城。
——〈湘川上呈山長王夢湘觀察〉

水閣朱闌面面遮，春風曾繫紫雲車。
夢中數恨愁為月，醉裡聞香錯道花。
蝶舞不嫌衣粉薄，鴻驚偏愛爪痕斜。
分明宛轉珠橋路，疏柳長蕪感年華。
——〈水閣〉

前一首詩中，詩人在賞玩景物的同時，雖聯想王維的隱居，但卻心情輕鬆，對未來充滿信心，顯見詩人那時還是理想主義型的。後來，理想失落，人生失意，於是乎山水詩也染上主觀的色彩，沈鬱滯重，長嘆年華空逝。後一首詩便展露了這種思想情緒。

「早歲刻意二謝，中間希蹤韋柳，晚乃蒼勁古秀。」前人對莫詩的評價，相當中肯。友芝摹山擬水的詩，有的可以看出謝靈運那種雕鏤細膩、精緻富麗的特色，有的顯出謝朓那種清新流麗、淡雅自然的風格。年事漸增，心中創痕日深，他對韋應物、柳宗元詩風的閒淡穩重非常喜歡。「泠泠竹外泉響，艷艷風邊日斜。犬吠主人開徑，到門無數黃花。」將語言錘鍊到自然的形態，平白而工，趣味生動。而藉詩句發洩幽憤之情，這一點與柳宗元頗為接近。他的〈影山草堂會飲〉、〈歲晏行贈鄒叔勳〉等詩，卻滲透著李白詩風的影響。〈延江吟送李根石〉有著古代樂府民歌的情趣。對於古詩和民歌的學習、摹仿、借鑑，使友芝的詩從內容到形式都得到了豐富和發展。

酬唱贈答　炫耀才學

友芝的詩，用於官場酬唱、朋友贈答的占很大部分。這些詩，或抒胸懷，或訴心曲，或表友情，或感身世。詩人精通文字、聲韻之學，在文字方面下了很多功夫，用了很多生僻古怪的字，詩人竭力發揮特長、炫耀才學，往往弄得這類酬唱贈答詩艱深玄奧。然而，有的詩發洩對現實的憤懣不滿，抒發眞實的感受，表現出耿介正直的性格和處世之道：「誰持道邊心，易此封侯相。平生坐蠢愚，往往召誹謗。……低心自懲艾，極力走風尙。厚顏難自如，乍合旋失樣。」〈寄答萬丙照表兄〉「男兒恥作曳尾龜，浪逐犧繡求人知。何異操舟不安柁，美惡顚倒從風吹。」〈陳相廷趙曉峰並見和蘇韻疊韻答〉「直道忽已遠，人情喜言尊。我生旣疏節，學媚終有痕。」〈送莒昇弟選貢北上〉這些詩中，詩人抨擊了腐敗墮落的官場，表現了自己卓爾不群的志向情趣，和不肯淪落「隨時俗俛仰」的高貴品質。

但是，這些詩中，大多枯索乏味。像三首〈和窕韻〉的七言長詩，均達四五十句，〈二哀詩〉

等也達八九百言，在冗長的篇幅中，蒐羅了不少怪僻生澀的字眼，內容單薄空泛，顯得矯揉造作，文字也晦澀艱深，詰屈聱牙。

「率排奡妥帖，力健聲閎，琅琅乎若鸞鳳之嘯於窮宵也。」（程恩澤語）大多數的詩，友芝摒棄了功利觀念，追求純藝術，注重詩句辭句華美、音節響亮，力求形式美感。他還有一種「考據詩」，考據與詩並重，泛著濃重的書卷氣。〈甘薯歌〉對甘薯（番薯）的產地進行了論證，全詩數典溯源，論證了「甘薯本黔南舊產」。徐光啓在《農政全書》中認爲番薯乃「自海外竊取薯藤，絞入汲水繩中，渡海分植閩廣境者」。友芝詩中卻說：「後來圖經從逸逋，汲綆渡海還生誣」，對徐光啓的說法表示明確的反對。杜甫〈送弟亞赴河西判官〉有「蘆酒多還醉，宋莊綽雞肋」兩句，友芝以七律〈蘆酒三首〉對蘆酒的色、香、味大肆渲染，並在詩後附一、二千言長註，對蘆酒的名稱來源、變化和釀造方法，進行了瑣細的考證，同時還敘述了各地的怪異習俗。第二首曰：「燒甕滴淋徵嶺表，謂居辰水釣藤先。豈知瓶笛關西法，遠紹爐篘粟米傳。多始醉人宜小戶，歇難全美戒輕酌。豪吞細吸從吾意，何事旗槍鬥茗煙。」詩、文洋洋灑灑，說文訓詁，旁徵博引，詩人學識的淵博於此顯露。這些詩才具豐厚，具有相當的學術價值，但缺乏情感，因此大大減弱了藝術感染力。

淋漓酣暢的《影山詞》

「邵亭自言『春官數擯，牽迮人事，幽憂無聊，始與黎伯容上下五季兩宋，逮當時諸鉅公之制，準《玉田緒論》以相切劘』。故於伯容之作，持論甚苛，即一字清濁小戾於古，必疵乙之。鍛鍊切磋，不盡善不止。然則自作之，必『雕肝琢腎』（伯容《懷邵亭．百字令》語）以出之，可斷言也。」（凌惕安《影山詞．跋》）莫友芝還寫了一百二十多首詞，凌惕安爲之校刻爲「影山詞」。這些詞，用了六十多種詞牌，有的相當生僻，而且他善於以詞牌本意塡詞。他的詞大多宣泄男女思念之情，傾訴懷才不遇、報國無門的悲憤，和親朋好友贈答唱和，或流連於光景中傷感時序，藉助於形象抒發心底眞情，感人至深。如《沁園春．書事》表現心中癡情，低迴婉轉，哀艷動人。《百字令》中睹物傷人，無限懷念亡父，情眞意摯，對世態炎涼也有所諷諭。「天地窮愁不可刪，弟兄長阻碧雲端。一回相見一回老，何處有錢何處寬。休便去，過今年，粗茶淡飯也成歡。梧桐一葉徵衫薄，風雨瀟瀟行路難。」（〈鷓鴣天〉）語言平白如話，風格簡潔明快，樸素而深摯的弟兄手足情表現得淋漓酣暢。《采桑子》是唯一敍述農事之作，畫面清新，意境深邃，其序以駢體文寫成，中有「林花與臉暈齊開，堤柳共春衫一色」之句，套用前人句式，但自具鮮明特色，韻味悠然。而其《滿江紅．度烏江》一詞氣勢豪放，悲壯蒼涼，用典多而妙，頗得蘇軾、辛棄疾詞的精髓。

此外，莫友芝還寫了大量的散文，除了《黔詩紀略》中他爲詩人們撰寫的傳記以外，其餘的輯爲《郘亭遺文》一書，共蒐集了六十八篇文章。他的散文，大約可以分爲四類。

夾敍夾議 揮灑自如

一、雜說、遊記、雜記

《影山草堂本末》是友芝的代表性散文，藝術技巧和思想內容都達到他創作的巔峰，文章通過影山草堂的由來和毀滅，記敍了家人的生死聚散和鄉里的興廢。文章先介紹了草堂的地理位置、周圍景物，「值沖風回旋，筱蕩開闔，山態乃隱約在西北端。」友芝七歲時，「因誦元暉『竹外山猶影』之句，請以『影山』牓堂。先君笑頷曰：『可』。」草堂興旺時，園中瓜菓菜蔬四時不絕，全家相處和睦，樂趣無窮。「時菓既熟，三四兩兄，數數上樹，手摘以奉老人。友芝上四五尺輒墜，群以爲笑。春筍怒出，穿階礙道，率諸弟妹就茁密許稻皮，煨以熟，摘劈剝獻甘，還就林下分啖。先大母、先母屢呵其頑不悛。而所煨處，來歲筍仍盛。」天眞爛漫的童趣，歷歷如繪。後來又敍述草堂衰微及被農民軍焚毀的情景和動亂之中家人惶然無依的處境。文末說明莫氏一家人的聚散死生，鄉里興廢與草堂相始終，由此可知草堂是值得懷念和追敘的。該文內容充實，結構謹嚴，語言樸實，敍述幹練，較多地運用映襯、對比的手法，寫得極富情致，可見作家藝術功力十分深厚。

僅三百餘字的遊記〈登小龍山得左邱記〉短而精，頗有特色。文中一連用了「矗者、迤者、璧者、穴者、叢者、縟者、帶者、疊者、噴者、渟者，逞妍貢奇，欻乎奔湊。」「雜花連天，佳禽四飛，雕甍繡闥，錯落煙杪。」有一種迫人的氣勢，給讀者的閱讀神經以新奇的刺激。從小邱的晚被發現而想到人之遇合遲速，發出懷才難遇的慨嘆。文章雖短，但簡潔緊湊，由理入景，因景生情，結尾以議論畫龍點睛，尤有力度。

〈白氏長慶集殘本跋〉避開正面論述的常徑，用了大串比喻，批駁某些人「必得完本而始讀書」的刻板拘泥，再從書無人讀、故紙塵翳而說到如仔細料理拂拭，便會熠熠發光。以此喻示士之塵埋於人海，也須有所際遇，才能破土而出，爲國效力。全文鋪排有序，開合自如，全部以對話寫成，議論新穎獨到，靈動活潑，善用比喻，增強了形象性，是一篇旨趣生動、特色鮮明的雜文。

二、詩文序跋

友芝一生，爲別人的詩詞、文集寫了大量序文。他的序文，要言不繁，絕不面面俱到，往往由人論詩，由詩及人，評論能切中肯綮。手法上不拘成法，或概述作者爲人爲文，或論版本優劣，或述自己與作者的交誼，或談輯印經過，絕不泛泛空談，言之有物，總能給人一定啓示。他爲鄭珍《巢經巢詩集》寫的序，由自己與大詩人的友誼談起對大詩人的敬佩，指出鄭珍的詩有感而發、感時傷世的特點。後來諸多學者的研究證實了他對鄭珍詩的評價是相當中肯的。

論人爲主的首推〈播川詩鈔〉一文，該文以惋惜、讚許的口吻，敍述了落魄潦倒、狂傲不羈、才華橫溢但懷才不遇、耿介自守的詩人趙曉峰的生平、性格、風采，依托典型事件和細節，評詩評人並重，情篤而意遠，十分感人。

在這些序文中，他的詩歌主張頗有可取之處。首先他認爲詩要有感而發，反對「日程月課，榨釀篇牘，自張風雅」之類的無病呻吟。其次，他認爲要寫出好詩必須閱歷豐富，〈依隱齋詩鈔序〉便體現了這一點。在詩歌史上，他十分推崇李、杜、韓、蘇、辛，非常反對嚴羽的詩歌學說，以惋惜的心情批評了越其傑的詩。另外，他相當重視收集、選輯、編訂作品的工作。〈播雅序〉便強調了收集逸詩、文獻的重要性和艱難情狀，論述了選家應堅持的標準，對一些選家不嚴肅的態度提出了批評。

三、人物傳記事略

這類作品，除少部分是專門的人物傳記，大多爲寫給死者的墓表。由於他的出身及教養，決定了他要站在封建統治階級的立場上，以正統的封建倫理觀念爲標準，評價筆下的人物，如對曾國藩幼弟曾國葆、鎭壓農民軍的唐子方、以砒霜毒殺十七名義軍的十四歲少年馮福基（〈智烈馮童子墓表〉）、〈濛水迎恩橋烈女墳祠記〉中「陷賊不屈」的烈女，他都竭力歌功頌德。《潘明府傳》刻畫了「鉏豪強，辨義理，凜不可奪」、斷獄有方、清正廉明的賢臣潘光泰，一定程度地暴露了官府的黑暗，栩栩如生。〈外舅夏輔堂先生墓誌表〉頌揚夏輔堂體恤民瘼、爲官清正、雷厲風行、賞罰分明，革除「供官」積弊，鄙棄「以眷屬習官氣」，反對「民悍且頑」的說法，認爲「官一分好，民之感即不止一分」。展露了作者的政治評判標準，及對清明政治的企盼。友芝寫的墓表，善於渲染典型事件，血肉豐滿，摒棄陳詞贅言，直抒胸臆，感情眞摯，沒有虛浮空泛之弊。

四、信札和贈序

友芝的信札往往可以看出他的政治態度、學術見解及立身處世之道。最有文采最具代表性的是〈答萬錦之書〉，雄辯滔滔，表明自己光明磊落，絕不違心隨俗，不畏誹謗，表達了憤世嫉俗之情。該文氣勢沛然，如滔滔江河，一瀉千里。他以形象生動的筆觸刻畫了世俗小人對自己的群起而攻，幽默而憤激。駢散相間，韻味依依，節奏感極強。

他寫的贈序多為雜感，筆墨往往集中於一件事或一個問題，夾敍夾議，力爭把事情說穿說透。〈送黃愛廬年丈昇任杭嘉湖兵備道序〉猛烈抨擊封疆大臣們保守自私、德薄能鮮、阿諛媚上的醜惡行徑，暴露了腐敗墮落的官場風氣；側面描寫農民暴動那一段文字，句式短促，接連換用不同的動詞，把農民造反造成「東南震動」的巨大聲勢描寫得奪人心魄。〈送潘稺青明府歸桐城序〉竭力鋪寫狡役猾吏的鬼蜮伎倆，以襯托潘稺青的品行高潔、為官清正，效果顯著。〈送鄭子尹署古州廳訓導序〉，痛斥為功名利祿、訴訟謀生而讀書的學風；仿歐陽修〈醉翁亭記〉句法，每句皆用「也」字，語意通暢，一氣呵成。

友芝的散文，除了解經訓詁、考據文字所作序跋外，大都有感而發，言之有物，很少單純敍事應景之作，具有較高的技巧。在藝術表現上，講究結構章法，內容集中，主題突出，語言簡潔，議論活潑，抒情自然，夾敍夾議，餘味雋永。

愛國志士治水功臣

——林則徐治水的故事

林則徐是近代史上的一個傳奇人物，是名震中外的民族英雄，他不畏強暴、奮力抵禦外侮的英雄事蹟令華夏民族代代敬仰，可以說無人不知。然而，知道他還是一個水利功臣和他留傳下來的動人的治水的故事的人，恐怕就不多了。

出任督察御史　初顯身手

滿清嘉慶二十五年（一八二〇）二月一日，嘉慶皇帝召見國史館編修林則徐，慰勉有加，命其出任江南道督察御史，巡視州縣，代皇帝考察官吏。暮春之際，這位新任督察御史攜帶夫人鄭淑卿、長子林汝舟、次女林塵潭、管家林中及其他隨從人員離京南下，前去赴任。

林則徐，福建侯官（今福州）人，家住城內鼓樓東北隅小巷左營司。父親林賓日，曾中過秀才，以教書爲業賺錢養家；母親陳文華，是個足不出戶的家庭婦女，家境貧寒，但相處和睦。林則徐的生日是乾隆五十年七月二十六日（一七八五年八月三十日）半夜子時。從四歲起，林賓日即對兒子開始啓蒙，嚴加教管。七歲那年則徐進入隔壁羅家塾館學習，十二歲時參加縣試，次年在府試中奪冠。二十歲參加鄉試以二十九名的成績被取爲舉人，中舉之日完婚。未幾，福建巡撫張師誠將其召入幕府。後來，張巡撫進京覲見皇帝敍職時帶了林則徐參加會試，嘉慶十六年（一八一一）春闈發榜，則徐中了進士。皇帝下旨授則徐爲翰林院庶吉士，派司國書，後遷國史館協修、編修之職達七年。

人中龍鳳的林則徐，雖爲莘莘學子，但卻不願埋頭做學問，他抱負宏偉，有強烈的憂國憂民之心和兼濟天下之才。如今，朝廷給了他這樣的一試身手的機會，他怎能不歡欣雀躍？八月，他攜家乘船到了杭州。

一駐下，他即叫來屬員，詢問治河工程事宜。得知河工員弁中存在著不少貪汙剋扣銀糧的營私舞弊行爲後，勃然大怒：「似此種惡習不改、積弊不除，河湖何以安瀾？人民何以養息？必先週其弊，乃可嚴立其防，方能奏效！」怒畢，當即帶人趕往儀封（今河南蘭考縣）工段勘察情況。

林則徐深入工地，親自查巡險工，叫來河員、堡夫、民眾反覆垂詢，瞭解工程進展和秸料的購買、打束、紮綑、驗秤、運輸、堆垛過程中的有關情況。檢查時，他發現了一垛秸料的乾濕、新舊、綑束的大小不一，堆置得也很鬆散，心裡便有些生氣，立即把管理的該廳官員訓斥了一頓，責令在限期內解決。同時，他還發覺險工地段備料不齊，民工停工待料，影響了工程進度；一些官員高價購料，從中營利，中飽私囊。他立即向皇帝上疏說明了這些情況，並督促官員們加緊購料，加快進度。皇帝得知河南巡撫琦善營私舞弊，下旨將其撤職查辦。這樣一來，林則徐公正嚴明、督察認眞的美名一下子傳開了。

林則徐初理政事，即大顯身手，扳倒了琦善，自己也獲得昇遷。八月底，則徐調任杭、嘉、湖兵備道。道光元年（一八二一）八月二十五日，林則徐辭官，帶著母親、太太、兒子、女兒等回鄉歸省重病中的父親。父親病好以後，他於道光二年三月二十二日攜眷北上，四月初到達北京，在身任軍機大臣的座師曹振鏞引薦下，受到道光皇帝首次召見，並派他再次出巡江南，五月出京。由於則徐勤政愛民、工作認眞負責，半年之內三次昇調，先後任江蘇淮海道、浙江鹽運使，又遷江蘇巡察使，掌一省司法大權。

深入災區放賑　暴動自息

月光潔白地灑下來，安靜地看著園林似的蘇州城。巡察使署後面的庭院裡，樹木蕭疏，從枝葉間洩漏下參差斑駁的月光，使暖融融的庭院裡更洋溢著一層溫馨安謐的氣息。林則徐偕大人鄭淑卿及愛女坐於一座精緻玲瓏的亭子裡乘涼。丫鬟蘭兒在旁邊服侍。

夫人感慨地說：「老爺，自您進京出仕，轉眼已經十年。時間過得好快啲！」

則徐呷了一口茶後，緩緩地放下茶杯，凝重地說：「是啊，師教、父訓日日在耳邊迴響，可惜我卻沒有什麼建樹，眞是愧對家鄉父老和嚴師栽培啊！」

「老爺太謙虛了。您在湖廣道上興水利、修海塘，百姓得益不少嘛！」夫人寬慰道。

「夫人怎麼誇起我來了？食君之粟，報國之恩，盡職盡責，理所當然的嘛！」則徐嘴裡遜謝著，心情十分複雜。道光三年五月，江蘇全省暴雨狂瀉，長江水漲，氾濫成災，三十多個州縣被淹，極目而望，只見洪水汪洋。數十萬百姓陷於水深火熱，松江一帶民眾聚集起來，衝向官府，提出了豁免租賦、發放賑米的要求，遭到拒絕和刁難。這些瀕死的民眾頓時怒不可遏，發起暴亂，哄搶糧庫。據說江蘇巡撫韓文綺聞訊大驚，準備派軍隊前去鎮壓。如果那樣，不是會把走投無路的災民逼上梁山嘛？則徐得知這一消息，怎能不心焦！

夫人見他心事重重的樣子，體貼地轉換了話題：「這幾天天氣很好，您也該帶我們去遊虎丘了吧！」

說到遊玩，女兒的興趣來了，一邊搖著父親的肩膀，一邊撒嬌地說：「依爹，明天就帶我和依媽去吧！」

小女兒天眞的樂趣逗起了則徐心中的父愛，他將女兒擁入懷裡，慈祥地說：「好吧，依爹明天帶妳們去虎丘。」

話剛落音，管家林中匆匆走進亭來，稟報道：「老爺，巡撫大人求見。」

則徐見撫臺夤夜來見，猜知必是爲了松江一帶百姓暴動的事，連忙向夫人、女兒告了辭，去了後花廳。致禮坐下後，韓文綺就談起了派兵鎮壓暴動災民的主張，徵詢林則徐的看法。則徐見巡撫唇上的短髭根根豎起，知他十分焦慮，但他更清楚不能用兵，否則會激成更嚴重的暴亂，到時恐怕就難以收拾了，所以他力諫不可。

巡撫無奈地說：「照元撫（林則徐字）兄看來，我們祇有眼睜睜地看著刁民們造反了？」

「非也。卑職不主張派兵彈壓，不是說要放任自流，任其發展。我們應該採取措施，平息事態。」則徐振振有辭。「饑民所以鋌而走險，皆因生活無著，貧病交加，兼之一些官員辦理不妥所致。如我們依據災情討論出恰當的辦法，曉之以理，再放糧賑濟，予以安撫，亂可自平矣。」

「元撫兄有何妥當之策？」撫臺問道。

則徐胸有成竹，侃侃而談：「依卑職看來，有此四件事必須急辦：一防壅積，嚴禁囤糧居奇，牟取暴利；二要廣爲勸募，飭令殷富之家開倉放賑；三是招徠商賈，免關稅，蠲徵緩賦；四要查清情況，對眞正瀕於危亡的災民，貸給銀糧，救民於困。如此，則亂可自平。」

巡撫思慮了一會，覺得則徐言之有理，但他又感到擔心：「元撫兄所言，甚合吾意。但此急務，須有精明幹練之人辦理，急切間派誰去好呢？」

則徐主動承擔重任：「撫臺大人，讓卑職去吧！」

韓文綺自然高興，當即答應了。

林則徐駕一葉扁舟，帶著林中、林興等隨員，闖蕩災區。往昔繁華的村莊變爲澤國，莊稼地裡一片汪洋，水天一際，到處都呈現凄慘景象。有時他微服私訪，與災民同宿於破廟之中；看見倒在路旁的老人，他親自上前攙扶；抱著嗷嗷待哺的嬰兒，他心如刀絞，淚珠在眼眶裡打轉。他在重災區內挨家挨戶尋訪，發放錢糧，救賑十餘萬災民。他還混入饑民之中排隊受賑，發現有的胥吏趁機貪汙，他立即亮明身分，責令胥吏補足人們應得口糧。群衆見了，感激萬分地稱他爲「林青天」。

這樣一來，災民生活粗安，鬧事的各自散去，暴動自然平息了。

借款施工　含淚告別

由於林則徐在江蘇救災表現突出，道光皇帝特別於當年十二月第二次召見，任爲江寧布政使。在兩江總督孫玉庭等人聯名推薦下，他不久又擔任了兩省七府水利大臣，官居三品。

上任後，通過深入細緻的調查，林則徐了解到去年江蘇省發生水災乃因河道久淤、泄流不暢而致。要消除水患，必須趕在秋冬之際疏浚太湖以下黃浦、吳淞、劉河、白嶺等入海水道。時間緊、工程量大、所需錢糧數大，短時間內無法湊齊。林則徐雖然感到撓頭，但絕不肯坐以待斃。他登門拜訪巡撫韓文綺，求借兩藩庫銀十萬萬兩，親筆寫下借據，以私家財產作保。督撫大員們爲之感動，慨然答允借款。

款子借到，馬上開工。則徐經常奔走於工地，宣傳鼓動，檢查督促，對不合格的施工，堅決要求返工；深夜，常伴油燈反覆研究工程規劃……在他的這種精神感召下，屬下管理的幾個老官隨著他奔波往返，老當益壯；工地上人潮湧動，爭先恐後，工程進展神速。

不幸的是，一封家書傳來噩耗，林母陳文華於九月二十日辭世。則徐想起母親哺育之恩，自己卻沒能爲母親送終，心中悲傷，含淚辭官，強忍著告別了正值施工高峰的工地，回福州守孝。

先行到職　親自搶險

道光五年三月，道光皇帝旻寧降旨起復正在守制中的林則徐爲南河河督，命其速往南河督修險工。原來，在去年十一月，位於黃河、淮河、運河交匯處的清江高家堰十三堡潰堤，十餘州縣被淹，洪澤湖乾涸，無法濟運，淮河水位驟然下降，造成嚴重水患。對此，現任河督束手無策。兩江總督孫玉庭又一次保舉了林則徐。

接旨後，尚未委派其職責，則徐卻已帶著林中、林興四個家僕動身起程了。五月中旬，他們到了高家堰，風塵僕僕地立即投入搶險，查勘工地，一絲不苟地操勞著。他赤腳奔走於工地，頭上也未加頂戴，但他認真負責，贏得了大小官員和河工們的稱讚。但絕大多數人都不知道，他竟是一個三品大員呢！有人記述道：「工長萬丈，盛暑烈日中，日必一周，與僚佐孜孜講畫而面無倦容，雨後徒步泥淖……」他也題詩自勉：「苦熱不能寐，殘燈還照河，行行有幽意，莫問夜如何？」

六月九日，朝廷才正式頒旨，命則徐正式接任督修。高家堰險工很快堵住了，九月份，山盱工段也順利完工。但幾個月的勞累卻使他的身體再也抵抗不住，鼻衄復發，腹瀉不止。他奏請辭官，獲得批准，又回福州老家爲先母守孝去了。

兩年之後，在前往江寧上任的途中，林則徐那七十九歲的父親林賓日病逝於衢州。則徐痛失嚴親，上表辭官，扶柩歸鄉。

修浚西湖　造福桑梓

林則徐丁憂在家，這時他家已遷居侯官西門文藻山。這天他前往城外西湖荷亭掛齋，眼見西湖年久失修，被侵占嚴重，不禁義憤於心。侯官西湖乃西晉時嚴高所築，湖面寬達四十里，可灌田數千頃，爲侯官一處十分重要的蓄水工程。然而，由於年久失修，沿湖富豪推泥入湖，擴佔爲田，至今湖面僅有七里來寬。則徐決心挽救這一重要的水利設施，考慮了一會，他便邁開大步，往總督府去了。

閩浙總督孫爾淮正在與福建巡撫韓克鈞商議事情，見林則徐來訪，忙延禮入座，表示歡迎。寒暄已畢，孫爾淮動問道：「元撫兄來訪，不知爲什麼事？」

則徐也不客氣，馬上答道：「卑職專爲西湖請命。」

韓撫臺也來了興趣：「請談高見。」

則徐肅然以答：「西湖乃侯官一大水利，多年失修，倘使修浚完畢，農田受益千頃以上，稻田增產，五穀豐登，對於錢糧稅賦的徵收，也將大有裨益。所以，卑職建議早日動工修浚西湖。」

孫總督哈哈大笑：「三句不離本行，元撫乃三品河工大臣，時時刻刻想著的都是水利建設啊。此舉乃造福桑梓之事，本督當然全力贊成。何況有你老兄策劃，我就放心了。」

韓克鈞也當場表態：「既然制軍大人也同意，本撫就沒二話可說了。這樣吧，一切支付，就由本撫負責吧！具體施工，還望元撫兄偏勞，與閩縣知縣、海防共同負責吧！」

則徐一口應承下來。當時正値歲暮，湖水乾涸，正是動工的好時機。則徐毫不遲延，親自動筆以督、撫二人名義書寫清浚西湖的告示，四處張貼。清浚工程很快便開工了。

則徐找到朋友劉家鎭，商借其「宛在堂」（湖心亭）爲浚湖的臨時辦公處。他下令製了兩條木船，每天從文藻山河澣家中乘船到達西湖，將船停於湖濱，來往運送參加浚湖施工的人們。經冬、春兩季苦戰，汛期停工，入秋後接著施工，九月全面完工，砌石岸七百八十多丈，防止今後有人再侵佔，挖取土方一萬五千餘方，湖水深達五尺左右，同時在湖堤上栽植了上千株梅樹，保持水土，更給西湖增添了秀色，周圍的稻田受益逾千頃。

完工典禮那天，則徐把兩條木船送給了劉家鎮，親筆爲它們題名：佇月、綠筠，乘興書一聯：「新漲泊橋搖櫓過，雜花生樹依窗看」貼於兩舟之側。

治理黃河　悵然他任

寒風呼嘯，冰雪似劍，黃河下游一派隆冬景象。儘管天寒地凍，但林則徐和幾個隨員毫不瑟縮，而是興致勃勃地在南北運河每個工汛地段上奔波，南到藤縣，北達汶上，他查勘河勢工情，查驗水尺，與民工交談了解工程情況。整整奔波了一個多月。他發現藤縣開工時間遲，他叫來該汛員弁，嚴令立即增加挑夫，以圖補救。他還指示：「所有挑夫，自即日起，均按日計工，以取實效，不力者，一律扣而不發。祇有如此，才可加快進度，不誤啓壩鋪水之期。」在巨嘉檢查時，得知該汛主簿徐恂終日酗酒，很少過問工程情況，造成質量低劣。則徐大怒，叫來徐恂訓斥一頓，革職處分，要求其帶頭開挖河道，戴罪立功，到期不能完工，更加嚴懲。

由於則徐興修水利成績卓越，道光十一年（一八三一）十月初七日，被擢昇爲東河河道總督。十九日接旨後，即上「起程赴東河河道總督新任摺」，其急於河事、心情緊迫，躍然紙上：「查東河所轄運道歲有東挑工程，此時亟待興舉，若俟到任後再行往勘，恐致遲誤，臣現取道閘河，先行順道履勘……」此摺一上，便有了上述的他接任前一個多月的辛勤勘察。直至十二月初七，他驗查了閘河工段後，才在山東鄒縣正式接東河河道總督之職。交接工作後，新年正月初七，他奔赴南北運河大挑工程，鼓勁催工。二十二日，在黃河曹考廳上堤，沿黃河北岸檢查料垛情況。通過勘察，他親自繪製了「黃河萬里圖」，不僅鋪於案上，而且掛在各處工地辦公處，圖上對上段內的地理情況一一標明，使上下河官均能一目瞭然。

他用一個多月的時間，逐個考察了黃河下游的十五個汛廳，檢查了黃河兩岸山東、河南境內的七千多座料垛。他在召集河汛官吏們開會時強調指出：「大堤上堆放的防汛料垛是黃河修防的第一要件，關係著治河的成敗。但不法河工劣吏偷工減料，中飽私囊，要盡花招斂取民財，大多是在料垛上打主意。所以，料垛又是如今河工上的第一弊端。不除此弊，河無寧日。本督因此首先曉諭諸工，所有料垛必須認眞檢查，嚴防疏漏。如有徇私舞弊者，絕不寬容。」

當頭棒喝，官吏們惕然而驚，大都收斂了許多。對料垛堆放好的，他疏請皇帝予以表彰。當他發覺蘭儀廳蔡家樓料垛弄虛作假，毫不容情地將該廳同知于卿保當面開革官職，嚴令于卿保在限期內將料垛晾曬好，由新任同知鄒鳴鶴監督執行。

二月初七那天，商虞通判沈錫恩來大堤上找到正在視察的林則徐，報告了虞城上汛十六堡五十六垛秸料於初二被燒的情況。則徐聽罷，下了一道手令：「嚴令開歸道汛員在我未到達之前先補齊已燒料垛，保證工需；對所燒料垛要認眞查對現場，等候勘察，不得有誤。」十九日，他親赴虞城上汛十六堡，作了妥善處理。在對七千多座料垛逐一查看之後，他向皇帝上了一道奏摺，列舉大量事實，指出河工中偷工減料成風，弄虛作假現象普遍，貪汙嚴重。道光帝閱罷，對則徐之認眞負責十分嘆服，硃筆親批：「向來河工查驗料垛，從未有如此認眞者……」

在此期間，則徐深入調查研究，大力推廣拋石護堤技術。在此之前，河工以秸料爲主，秸料容易腐爛，年年折舊換新，耗資甚鉅。康熙年間靳輔治河，開始嘗試用石料修築高堰，此後，藍第錫、吳璥、徐端等也偶爾使用石料於河工，但未大面積普及。林則徐的前任黎世序曾用石料試用於南河險工，道光二年初試用於東河北岸黃沁廳馬營挑堤處，道光五年又在南岸蘭儀廳上段工地試拋石塊，效果顯著。曹考、中河、下北、祥河、下南廳官員見了，也紛紛要求拋石護堤。對此項新技術，道光皇帝不敢遽然相信，特諭林則徐「明查暗訪」，觀其工效如何，再定是否推廣。於是，則徐奉命，細心查閱有關資料，親手拋石試驗，通過河工查對實效，確認此項技術先進。於是，他一方面上奏朝廷，一方面迫不及待地在東河河道推廣起來。道光皇帝仔細閱讀了則徐的奏摺，才對石工技術稍加放心，下旨准許推廣，這在傳統河防技術上有了很大的改進，對晚清河防技術的發展產生了巨大的影響。對此，林則徐起了直接的促進作用，他的努力沒有白費。

由於傳統的封建迷信思想作祟，朝中大臣、皇親國戚等大都篤信風水，認爲山石草木應依其自然面貌，一山一石、一草一木都不能動，礦山不能開，河道不能挖，鐵路不能鋪，否則就會破壞風水、敗壞國運。道光皇帝深恐滿清江山落於他人之手，因此對開山取石心存忌憚，又聽信軍機大臣穆彰阿等人讒言，也知道東河河道當年已「工固瀾安」，於是改變主意，將林則徐調任江蘇巡撫。正當大展身手之時，卻遭此突然改調，則徐心中十分悵然，悶悶不樂，戀戀不捨。道光帝於十二年二月二十八日降旨，則徐卻於六月初才交接完畢，攜眷赴任蘇州。

制定章程　履險如夷

道光十年五月，則徐守制期滿到京候任。八月十七日被放爲湖北布政使，月底出京赴武昌，十月六日接任。十一月二十九日，朝廷改任則徐爲河南布政使，次年二月九日交卸楚藩事務，四月十一日抵達河南。

算起來，他首任湖北，在武昌不過五個月左右，雖然時間短暫，但他並沒有無所作爲，一上任便投入緊張的防汛工作之中。當時的湖北，公認爲「楚省政疲俗悍，連年水災頻仍」。通過調查訪問，則徐總結道：「湖北地勢是四方諸水匯聚之地，因此防洪、排澇是關鍵」。他親自制定了十條「防汛章程」。從他十一月二十四日寫給好友劉聞石的信中，可見他當時忙碌的情形：「我自接任湖北以來，刻下便須辦賑，棘手之處，不一而足」，「始而撫恤災黎，繼而勘辦蠲緩，近乃修築堤防，自覺事情繁忙，殆無片刻之暇，然未敢見其效，愈以思盡職之難也。」

以後幾年間，英帝國主義侵略勢力不斷滲透、尋釁惹事，勤兵防夷已成當務之急。而湖廣一帶局面也不好，鹽務疲憊，江湖暴漲，水患嚴重。正是在這樣的情況下，道光十七年二月九日林則徐被任命爲湖廣總督，駐節武昌。第二次任職武昌，他住了二十二個月，共上奏摺一百零九件，其中專談治水的達二十三件。他不僅巡視荆江、漢水堤防工程近二百四十天，還親自坐鎮指揮荆、漢兩河的防洪事務。

到任三十來天，則徐就將武昌沿江石岸和江夏縣在上半年修築的土堤驗收完畢，對其中的薄弱之處進行了加強。但水災接踵而至：六月八日，狂暴的襄河水沖垮漢川縣白魚圳月堤，林家、南河渡等垸廠垸及沔陽川芳洲垸等地被淹；二十三日，潛江縣長湖圳蓮花寺民堤被暴躁的荆江擊潰，該縣範西垸、江陵縣河湖垸和監利縣硯師垸等多處被淹；另外，石首、松茲、漢陽、黃梅、黃崗等縣災情也傳來了，形勢緊張極了。七月二十七日，則徐自武昌出發，前往漢陽、漢川、沔陽、天門、潛江、京山、荆門、鐘祥、襄陽等地視察災情，親自於襄河新舊大堤之上督促防洪，歷一月之久。八月二十七日，他順江而下，抵達湖南岳州。十一月中旬，他方歸返武昌。

在指揮防汛時，他履險如夷，進行了深入細緻的考察，把漢陽到襄陽沿河一帶的堤工、水情摸了個一清二楚，按照不同情況劃分爲最險、次險、平穩三類，從而制定具體的應對措施，對危險工段重點防護。

與此同時，則徐對堤工機構進行了有力的整頓。道光十四年，一些地方設立了堤工總局，這是非官方的修堤收費機關，每局推舉一位「首士」管事。而一些土棍將總局把持，肆意增加首士人數、加大開支，濫收堤費，導致民衆公憤。道光十六年七月，監利縣百姓聚衆衝進總局，憤而將其搗毀。這個案子拖了近一年，也未得到解決。則徐赴武昌後，經過詳細調查，決定處理貪贓枉法的土棍，重新設局。他下了規定：「局不許多設，人不許多充，用不許多開，費不許多派。首士必由公舉……有弊即除，有犯即懲，如有遷就因循，察出一並參處。」由於整頓了組織，嚴肅了紀律，從而爲堤防維修工作提供了強有力的保證。

翌年七月九日，襄河水暴漲，則徐親赴現場沿江查看，見維修過的堤防普遍加固，洪水祇有望堤興嘆，內心這才泛上了一絲喜悅。八月二日，他參加了荆江防洪，以身作則，署沔陽通判姚正道也赤足跳入水中。他們督促官民連夜收土塞漏塡隙。在荆、漢防洪工作中，他提出了「修防兼重」、「不准倚工稍存大意」，體現出他修重於防、防重於搶、不許麻痺大意、重視工程質量的治水策略。

水灌開封　罪臣立功

道光十八年十月七日，則徐接到聖旨，十一日卸任赴京，被任爲禁煙欽差大臣。鴉片戰爭開始後，道光皇帝一月之內八次召見則徐，又任他爲兩廣總督，全權主持對英戰爭。鴉片戰爭後，先被遣寧波，後發配新疆。在艱難的處境裡，他沒有消沈，晝夜伏案，依據大量事實，寫成了《畿輔水利誌》一書，針對京畿一帶春旱、秋澇、鹽碱化及改善漕運等問題，提出了獨到合理的建議。

道光二十一年六月二十六日，黃河從河南祥符上汛三十一堡（今張家灣）越堤而溢，直沖開封。河水洶湧而入，城內許多街道水深丈餘，民舍官衙倒塌無數。東河河督文沖見此，一點辦法也沒有，反而主張將河南省官署遷居城外高地躲避洪水。巡撫牛鑒茫然無措，跪在地上，仰天大哭，哀請上蒼拯救。滔滔黃水不肯中止，越過省城直奔東南，橫掃河南的陳留、杞縣、通許、睢州、柘城、鹿邑及安徽的一些地方，共有五府二十三州縣遭殃。黃濤氾濫之處，哀鴻遍野，哭聲陣陣。朝廷上下，也大受震動，道光帝連下三道敕令：

命東河河督文沖迅速防止水災蔓延；

委派大學士、軍機大臣王鼎親往開封總理河務；

特旨令林則徐「折回東河效力贖罪」。

當時林則徐正在寧波趕往伊犁的旅途中，他在揚州接旨，心潮起伏，感慨萬千，決心不計個人恩怨，以大局爲重，前去開封救災。他揮毫作詩，以誌當時心境：

尺書來汛汴堤決，嘆息濤濤注九州。

鴻雁哀聲流野外，魚龍驕舞到城頭。
誰輸決塞宣房費，況值軍儲仰屋愁。
江海澄清定何日，憂情頻倚中宣樓。

他完全忘記了個人所受的迫害，耳畔總是迴響著「狂瀾橫決趨汴城，城中萬戶皆哭聲」，他輕裝疾行，直趨祥符險工工地。八月十六日，他趕至開封。年已垂暮的兩朝重臣王鼎與則徐有師生之義，當時正在主持汴城官員開會，議決是否遷城之事，聽說則徐到來，急忙出門迎接，叫他也列席會議。會上，不少官員貪生怕死，主張將省府遷往洛陽。王鼎表示反對，但難排衆議。則徐忘了自己罪臣的身分，霍然而立，慷慨陳言：「棄城容易棄民難。如果在座袞袞諸公祇顧一己之安危而置開封數十萬百姓、家財而不管，於心何忍？棄開封，即棄數十萬民心。還望諸公三思而行！」

則徐如今雖是被發遣的罪臣，但他曾任過河南布政使和東河河督，兩度在這裡主持過治水，成績卓著，所以他的發言還是很有分量的。王鼎趁機總結道：「少穆言之有理。本大臣決定勿再談遷城之事，立即加固城牆，堵塞決口，力堵進水，官民一同抗洪，確保危城安全。」將則徐留於身邊，作爲助手。

正值乾秋之季，王鼎下令組織災民趕修挑壩，湊集秸料，進行堵口的準備。同時派員清查文沖及其下屬的帳目。清查下來，發現其部屬偷工減料嚴重、貪汙料款成風，文沖自己也因堵口不力、嚴重失職而與不法部屬一起受到懲罰，被革除官職，身帶枷鎖在工地上遊行示眾。廣大官民拍手稱快，平添了一股力量。

則徐親臨堵口工地，調查了解，建議趁大汛已過，抓緊籌齊物料，集中人力進佔口門；在口門東西各築正壩、上邊壩、下邊壩共三道，從兩邊向中間步步進堵；再於口門附近挖一條引河，使失控的黃河水回歸故道。

王鼎完全贊成，並委任則徐主持堵口事宜。則徐受命後，便搬往工地。九月二十二日，他不顧已近花甲的羸弱之軀，親自下水測量決口處口門，測知口寬三百零三丈，水深四尺至三十尺不等。冬天很快到來，在刺骨的寒冷中，則徐晝夜操勞，督察河勢，與士卒民伕商議。太過勞累，導致他鼻病復發，屢次血流不止，腹瀉也時時騷擾，但他不聽勸告，不肯休息。他這種精神，贏得了大家一致敬佩。可是一些企圖憑料垛發財的官員卻因他工作認眞而恨透了他，在大小場合散布一些流言蜚語。則徐得知，一笑，反寫對聯表現自己順其自然的淡泊心境：「春由天上至，水由地下行。」又揮毫書寫一首七絕，掛在土牆上以求自勉：

肝膽披瀝通幽明，億兆命重自家輕。
苟利國家生死已，豈因禍福趨避之。

十二月底，東、西兩壩和引河已先後完成，通過共同進堵，第二年二月初，可進行口門堵合工程了。

二月六日，堵口合龍前夕，王鼎十分高興地在開封舉辦慶功酒宴，堅請則徐坐首席。則徐推辭不掉，祇得坐了。一應官員都給則徐敬酒，對其功績稱讚不已。王鼎當眾宣布，當向皇帝稟明一切，懇請皇上改任則徐爲河官，免受謫邊之苦。眾皆歡悅。

正在此時，忽然門下報道：「聖旨到！」王鼎等人忙擺香案接旨，聖諭曰：「於合龍之日開讀。」搞得大家不知所以。

二月七日上午，口門完全合龍，失控的黃河水終於循規蹈矩，回歸故道了。工地之上，萬眾歡騰。王鼎賜宴，讓大小官員盡興暢飲，並宣布「啓旨」。聖旨硃筆批曰：

林則徐於合龍後，著仍往伊犁。

王鼎沒料到聖旨竟如此云，傷心不止，淚下如雨。所有官員，均惶惶不安，感到歉疚。則徐深知朝內當權的投降派必不見容於己，英帝國主義也會要挾道光皇帝加緊對自己的迫害，強忍悲痛，苦笑著舉杯相邀：「諸公不必介意，則徐早已作好準備，今天下午就起程。請諸公乾杯，同慶順利合龍。」大家推卻不過，忍悲乾了。大廳內頓時悶沈沈的。

則徐再次舉杯，感謝官員們的協助，同時告別。一飲而盡之後，咚地一聲跪拜於王鼎膝前，語含辛酸：「恩師自重。」王鼎將其攙起。他即口占二律，以慰師相：

一

幸瞻巨手挽銀河，休爲羈臣悵荷戈。
精衞先知填海誤，蚊虻早愧負山多。
西行有夢隨舟漆，東望何人問斧柯。
塞馬未堪論得失，相公切莫涕滂沱。

二

元老憂時鬢已霜，吾衰亦感髮蒼蒼。
餘生豈惜投豺虎，群馬當思制犬羊。
人事如棋渾不定，君恩每飯總難忘。
公身幸保千鈞重，寶劍還期賜尚方。

當天下午，則徐一家即踏上旅途，西去伊犁。

王鼎回京後，當面向道光帝敍述了林則徐在河南治水的勞績，懇請皇上收回成命，讓則徐繼續效力河事。道光帝不肯答應，反而責備王鼎不該爲罪臣請命。王鼎深感皇恩寡薄，當夜寫下遺疏一封，自裁身亡，企圖屍諫。可惜，遺疏也被首席軍機大臣穆彰阿搜了去，未能讓道光皇帝看見。

邊陲治水　豎碑勒銘

十一月初九，林則徐率兩個兒子到達伊犁，總兵福珠洪阿率部將到郊野迎接。次日，伊犁將軍佈彥泰發奏摺替則徐報到，委派他掌管糧餉。

由於不服水土，舊病復發，則徐身體非常虛弱，經常是每天「作字不能過二百，看書不能及三十行」，下棋也祇能旁觀。但他堅決與疾病抗爭，以驚人的毅力進行開墾、屯田試驗。他主動協助佈彥泰開渠引水，開闢了長達一百二十多公里的伊犁河渠。他提出「捐資人員分段承修」的辦法，墾復了惠遠城東的廢地，主動認修首段工程，他表示自己不是爲了「希冀乞恩」，而是「既然在此效力，不敢置身事外，雖是一名罪臣，也要隨衆捐獻工程」。

當則徐開墾南疆八鄉時，在根忒克臺地區看到了當地人修建的「坎兒井」，可以引水澆田，馬上大力總結推廣，使整個南疆地區普遍修建了坎兒井，人們爲了紀念有功之臣林則徐，將坎兒井呼之爲「林公井」，豎碑勒銘，永誌不忘。

狀元八百　唯留一卷

——明代狀元趙秉忠及其殿試卷

唯一的狀元卷引起轟動

我國的科舉取士制度自隋代開始，至清末結束，前後凡一千三百年。在這麼一段漫長的歷史時期，一共出了近八百名狀元。然而，由於改朝換代、戰火綿延，外國列強的侵略掠奪，以及以往對文書檔案管理工作的不夠重視，致使這八百狀元的殿試考卷完全佚失，成爲我國文化史上一處顯眼的空白。

一九八三年，山東青州市民趙煥彬獻出了明萬曆二十六年考中狀元的趙秉忠的殿試卷子，經有關專家考證，該卷確爲趙秉忠殿試原卷。該狀元卷係一本冊頁，共二十二摺，每摺通高四十七點六厘米，寬十四點一厘米，封面和封底用錦綾裝裱；卷首爲彌封處，書寫著趙秉忠及其祖宗三代的簡歷，佔四摺，以長體仿宋字書寫，上鈐「禮部之印」一方；其後見「禮部之印」半方（啓封簡歷時遺留），下以二摺鈐長方印楷書「彌封關防」四字；正文前是萬曆皇帝親筆硃批「第一甲第一名」六個大字；正文以官閣體小楷抄寫，共佔十五摺，每摺六行，每行三十二個字，共計二千六百四十字；正文後是九個讀卷官的姓名職銜；卷尾是印卷官的姓名職銜並大字鈐印。

該狀元卷的發現，立即在海內外引起了轟動，紛紛將其譽爲「海內外孤本」、「狀元八百，唯留一卷」。因爲它不僅塡補了我國宮廷檔案的一處空白，而且對於研究明王朝的政治、思想、文藝都有珍貴的史料價值。

狀元卷的思想意義

這篇狀元卷不僅是一篇典型的八股文，也是一篇優秀的政論散文，更是一篇針對當時時局而闡發治國主張的策論。

何謂實政？立紀綱，飭法度，懸諸像魏之表，著乎令甲之中，首於巖廊朝寧，散於諸司百府，暨及於郡國海隅，經之緯之，鴻鉅纖悉，莫不備具，充周嚴密，毫無滲漏者是也。何謂實心？振怠惰，勵精明，發乎淵微之心，起於宥密之間，始於宮闈穆清，風於輦轂邦畿，灌注於邊疆遐陬，淪之洽之，精神意慮無不暢達，肌膚形骸，毫無壅閼者是也。實政陳，則臣下有所稟受，黎氓有所法程，耳目以一，視聽不亂，無散漫飄離之憂，而治具彰；實心立，則職司有所默契，蒼赤有所潛孚，意氣以承，匭度不逾，無叢脞惰窳之患，而治本固。有此治具，則不徒馭天下以勢，而且示天下以守，相維相制，而雍熙以漸而臻；有此治本，則不徒操天下以文，而且喻天下以神，相率相勖；而郅隆不勞而至。自古帝王，所爲不下堂階而化行於風馳，不出廟廊而令應於桴答，用此道耳！厥後，崇清靜者深居而九官效職，固以實心而行實政也。後世語精明者，首推漢宣，彼其吏稱民安，可謂效矣！而專意於檢察，則檢察所不及者，必遺漏焉，故僞增受賞所從來也；語玄默者，首推漢文，彼期簡節疏目，可謂闊矣！而注精於修持，則修持之所默化者，必洋溢焉，故四海平安所由然也。蓋治具雖設而實心不流，則我欲責之臣，臣已窺我怠而效仿之；我欲求之民，民已窺我之疏而私議之。即紀綱、法度燦然明備，而上以文、下以名，上下相蒙，得聰察之利，亦得聰察之害。實心常流而治具少疏，則意動而速於令，臣且孚我之志而靖共焉。神馳而懾於威，民且囿吾之天而順從焉；凡注厝、規書懸焉不設，而上以神、下以實，上下交儆，無綜核之名，而有廉察之利。彼漢宣不如漢文者，正謂此耳！洪惟我太祖高皇帝，睿智原於天授，剛毅本於性生。草昧之初，即創制設謀，定萬世之至計；底定之後，益立綱陳紀，貽百代之閎章。考盤之高蹈，穎川之治理，必旌獎之，以風有位；浚民之鸇，虐眾之梟虎，必摧折之，以惕庶僚。用能復帝王所自立之，稱朕之理政務尚綜核者，欺蒙虛冒，總事空文。人日以僞，治日以蔽，亦何以繼帝王之上理，後隆古之休風？而稱統理民物、仰承天地之責哉！

民泯之積冤，有幹天地之和。而抑鬱不伸，何以召祥？則刑罰不可不重也！故起死人、肉白骨，讞問詳明者，待以不次之賞。而刻如秋荼者，置不原焉，而冤無所積矣；天地之生財，本以供國家之用。而虛冒不經，何以恆足？則妄費不可不禁也！故藏竹頭、惜木屑，收支有節者，旌其裕國之忠。而猶然冒費者，罪勿赦焉，而財無所乏矣！蓋無稽者黜，則百工惕；有功者賞，則庶職勸。勸懲既明，則政治咸理，又何唐虞不可並軌哉！而實心爲之本矣！實心以任人，而人不敢苟且以應我；實心以圖政，而政不致惰窳而弗舉。不然，精神不貫，法制雖詳無益也。

這裡節錄的這一部分文字，可以窺見趙秉忠的治國思想，他反覆強調的是法制、法治（實政）和思想道德教育（實心），主張兩者互相結合，特別重視對人民精神世界的引導和塑造。針對時弊，他主張「激濁揚清」，對那些貪汙腐化墮落的公職人員，他建議「重私侵之罰」、「請出之籍」、「罪勿赦焉」，即是要沒收其侵吞的國家財產、嚴格治罪。此外，該文引人注目的還有「天民」之說。他說：「天不能自理天下，而付之人君。君之位曰天位；所治之民曰天民。」把人民稱爲「天民」，與天子相呼應，比以往之將人民稱爲「子民」、「賤民」、「草民」是一個很大的進步，這也反映出了他心中的「民本」思想。該文不但立論精確、觀點新穎、剖析深刻，而且行文自然，語言優美，講究比喻、對仗、排比等修辭手法，氣勢逼人，具有高超的藝術技巧。

秉性忠直　剛正不阿

趙秉忠，生於一五七三年，字季卿，號峽陽，青州府益都縣（今山東省青州市）人。自幼好學不倦，聰慧穎悟，十五歲補府學生員，二十四歲鄉試獲勝，二十五歲被點為頭名狀元，入翰林院，三十歲被任為會試同考官，三十九歲昇為庶子，並典試江南，後來一直做到六部之首的禮部尚書。

趙秉忠自幼性格突出，沈毅剛直，不懼權勢。

在趙秉忠少年時，督學僉事劉毅在昌樂縣主考，發現一個考生將小抄夾在鞋子裡企圖進場作弊，對那個考生給予重罰之後並規定：今後考生進場一律赤腳。後來在益都縣主考時，正值嚴冬，大雪飄飄，寒風呼呼，趙秉忠和其他考生一樣被凍得瑟瑟發抖，嘴青臉紅，忍耐不過，憤而上前質問劉毅：「豈能因一人之過連累天下眾生？難道這是賢能者考取人才的規矩嗎？」劉毅聽了，見了考生們的悽慘狀，才知自己太過嚴酷，悚然動容：「我知錯了。」立即下令取消了赤腳進考場的規矩。在殿試策論中，他主張當朝者治國，應首先立綱紀、頒大法，將其懸於官府大門，從宮廷裡率先實行，並提議嚴懲以權謀私的貪官汙吏。

在典試江南時，他認眞貫徹任人唯賢的用人方略，先後選拔了後來成爲一代名臣的張瑋、姚希孟等考生。

正當趙秉忠仕途順利時，閹豎魏忠賢稱九千歲，專權亂政，擅作威福。天啓四年（一六二四），大臣楊漣上疏，極力彈劾魏忠賢，列舉了魏氏二十四條大罪。不久，魏忠賢查出草疏者乃趙秉忠的門生繆昌期，翌年將其下獄處死，並懷疑趙參與其謀，屢加詰責。趙秉忠昻然不理。魏忠賢便多次在熹宗面前說趙的空話，欲將其致死。熹宗素來瞭解趙秉忠忠正不阿，反而誇趙忠心耿耿，說準備重用他。但在魏忠賢的把持下，官場烏雲蔽天。趙秉忠感到自己的力量太渺小，無力回天，多次上疏，終得熹宗批准，得以辭官歸里。

他回鄉不久，卻因摯友劉鐘英的案子受到牽連，被以「與劉鐘英久倚門戶」之罪名削官奪俸。之後，更多的人被捕入獄，朝政敗落到了極點。趙秉忠眼見國事日非，萬般痛苦，卻又無可奈何，憂憤成疾，於一六二六年死去，年僅五十三歲。

按封建王朝律例，狀元殿試卷子歷來存入宮廷機要檔案，誰敢偷攜出宮，便要滿門抄斬。爲何趙秉忠的卷子在八百狀元卷中能單獨完好地保存下來呢？當然是因爲它被攜出了宮門，由趙氏子孫世代以傳家寶相傳襲。然而過去律例那麼嚴，誰膽敢將趙秉忠的卷子偷攜出宮呢？獻寶者、趙秉忠的第十三代孫趙煥彬也解釋不清。不過，下列兩種推測性的說法可供參考：一是說趙秉忠中狀元時，其父正任禮部右侍郎，利用職務之便在殿試後設法將兒子的卷子弄到手中；一是說狀元卷一般存放於翰林院，趙秉忠任職翰林院時知道這些卷子在殿試過後束之高閣，便不會再有人看了，便順手牽羊將自己的卷子帶回家中。

陶冶性靈　強健體魄

——音樂和體育中的孔子

讀小學和初中的時候，大陸正在掀起如今想來十分可笑的「批林批孔」運動。受那種思想的灌輸，多年來一直誤以爲孔聖人是個四體不勤、手無縛雞之力的文弱書生。近讀有關史書，才知道根本不是那麼一回事。孔子不僅具有淵博學識、良好品行，而且體魄強健，是一個堂堂正正的男子漢。

人生七十古來稀。這句流傳已久的諺語在今天已不稀奇了。可是在兩千多年前，人能活到七十歲，無疑是罕見的奇蹟。歷經奔波操勞、飽受顛沛流離之苦，常常忍饑捱餓的孔子，竟然活到七十二歲（西元前五五一——前四七九年）。他既無較好的醫療條件，也未過著優裕的生活，而且長途跋涉，嘔心瀝血，艱苦備嚐。他的長壽祕訣是什麼呢？

孔子認爲：有文事必要有武備，有武事必要有文備。他在教學中，共設了六門功課：禮、樂、射、御、書、數。其中「射（射箭）」、「御（駕車）」屬於武備範圍，在我們今天看來，應該算是兩種體育活動。

《史記．孔子世家第十七》記載：「孔子長九尺有六寸，人皆謂之『長人』而異之。」周代度量衡與今相比，每尺合今十九點九一厘米，折算下來，孔子身高爲一點九一米，是個不多見的長漢子了。孔子不但長得高，而且魁梧結實。倘在今天，孔子必爲國家隊的籃球、排球或武術運動員人選。

孔子善射，準頭很好。據《禮記．射義》中敍述，孔子在曲阜城裡的矍松圃練習射箭時，觀者衆多，圍成了一堵堵人牆。明萬曆二十年繪製於孔廟聖蹟殿的一百二十幅石刻「聖蹟圖」，使孔子生平活動栩栩如生，其中一幅「孔子習射」可窺其射箭時的風采。

然而，孔子尤喜駕車，把駕車看做一種十分有益的健身活動。他對學生們說：「吾何執？執御乎？執射乎？吾執御矣。」（《論語．子罕篇》）以此可資證明他對駕車是很喜愛的。

孔子又說：「智者樂水，仁者樂山。智者動，仁者靜。智者樂，仁者壽。」可見他主張人類應該在自然中運動和沈靜，並具體地總結了登山和遊水這兩種活動可以給人們帶來歡樂和長壽的益處。他不但這樣說，而且經常親自去體驗遊水、登山的樂趣，五嶽獨尊的泰山，也印下了他艱苦跋涉的步履，令人景仰的「孔子登臨處」更傳下一個大教育家的千秋佳話。他認爲，人生應該勤奮好學、積極進取。他不贊成貴族們過那種茶來伸手、飯來張口的生活，儘管他也做過司寇那樣的大官，但卻十分厭惡飽食終日、無所事事的生活態度：「飽食終日，無所用心，難矣哉！」他見學生宰予白天睡覺，十分生氣地罵宰予「朽木不可雕也」。

在音樂方面，孔子也有很高的造詣。自幼，他就長了一副圓潤耐聽的嗓子。幾十年如一日，常常放吭高歌，婉轉動聽的歌喉於聞見者是一種美好的享受。鄰居們一日未聽見他唱歌，便會感到詫異，心裡怪不舒服。臨死前七天，孔子還在學生子貢等人面前唱著「泰山已快崩了，撐著大廈的樑柱也腐朽了，聖賢之人快要死了」的歌，低沈動人的歌聲，把他心裡的感傷和留戀人世的情緒表達得淋漓盡致，淒戚哀惋，撼人心魄。對於彈琴、鼓瑟、擊磬，孔子也有一套嫻熟的技藝。鄰居家裡死了人時，他總是去當吹鼓手，給別人吹嗩吶。鑒賞古音樂，他有自己的一套理論，頗有心得。聽罷周代樂歌「韶樂」、「武樂」，他不迷信地全盤肯定，也不持完全否定的態度，中肯地指出：「韶樂」旋律優美，內容完善；「武樂」的旋律雖也優美，但內容卻欠完善。他不僅從事高雅的文藝活動，對民歌也不鄙視，深入民間，廣泛蒐集、整理了許多民歌，並從中精選輯成了《詩經》一書，傳之後世，成爲華夏民族代代奉爲經典的文化瑰寶。而《詩經》中的每首詩，都能夠在樂器伴奏下歌唱。由此也可證孔子對音樂的精通。

此外，孔子還喜歡釣魚、下棋、射鳥等活動。他不僅熱心提倡多種健身活動，而且身體力行，勤苦鍛鍊，陶冶出令後世嘆爲觀止的高尚性靈，還具備了一副強健的體魄，膂力過人。《列子》中說：「孔子能招國門之關」，那時用來關城門的大木門閂，是很沈重的，武將中也少有能舉得起的，可見孔子力氣之大。雖然身軀長大，但孔子行動敏捷，反應迅速，「孔子仕魯，魯人獵郊，孔子亦獵郊」，「足躡郊兔」。可見孔子奔跑時速度之疾。這些，都賴於孔子能夠以堅強的毅力，長期不懈地堅持體育鍛鍊。

由於孔子長期以音樂陶冶性靈、以體育強健體魄，因之能夠掌握精深宏博的知識，具備寬廣豁達的胸懷，成爲中華歷史上最偉大的文化名人，而且得以延年益壽，成爲兩千多年前罕見的壽星。

乾隆皇帝嚴格對子孫的教育

在中國古代歷史上，執政時間最長、年壽最高的皇帝是乾隆皇帝。乾隆皇帝文治武功，青史留芳，爲一代傑出的帝王。雖然軍國大事十分繁忙，但他在日理萬機之餘，不忘發揮自己的業餘愛好，南朝孔府廟，西幸五台山，四謁盛京（今瀋陽），六下江南；足跡所到之處，研墨揮毫，作賦題詩，留下許多翰墨寶蹟；每年秋天，他都率著隨從們興致勃勃地狩獵，馳騁山野，騎射之術令人嘆服。他愛好旅遊、文學造詣較高、精於騎射，在歷史上傳下許多佳話。然而他嚴格對子孫的教育的事，卻不大爲世人所知。

幼年聰明　繼大統思家教

康熙五十三年（一七一一），四皇子雍親王府的側福晉鈕祜祿氏爲四皇子胤禛添了一個男丁，他便是後來雄才大略地創立了滿清全盛時期的乾隆皇帝愛新覺羅・弘歷。母以子貴，他的母親鈕祜祿氏後來被冊封爲孝聖憲皇后。弘曆天資不凡，記憶過人，更兼機智靈活，從小文武雙修。六歲時在祖父面前背誦宋代周敦頤的〈愛蓮說〉，受到康熙另眼相看。十一歲時，被帶進皇宮，暮年的康熙皇帝對他倍加寵愛。他讀書十分用功，尤其喜讀《貞觀政要》，從唐太宗與臣僚們的言行中得到了許多有益的教訓。由於弘曆文武皆優，在諸皇子中脫穎而出，獨受陰鷙雄豪的雍正皇帝看重，以三皇子的身分被立爲太子，並於雍正十三年（一七三五）九月初三日清晨，順利地在太和殿舉行了登基大典，承繼大統。

有感於歷代王朝因繼位者昏庸無能而造成的覆亡殷鑑及祖父晚年諸皇子爭位造成骨肉相殘的教訓，乾隆知道要長期維持愛新覺羅氏的統治，世代其昌，需要子孫後代保持良好的素質，由此顯出教育是頭等重要的大事。

嚴格管束　諭旨儆眾阿哥

乾隆皇帝壽誕高，活了八十九歲，共有皇子十七人、公主十人，還有皇孫、皇曾孫、皇元孫等，總計有一百多人。

對這些眾多的皇子皇孫，乾隆寵愛但毫不姑息遷就，嚴格按祖制規定，將年滿六歲的皇子皇孫們送入尚書房學習。對教師的選擇，他也非常認眞，總要自己再三考慮，欽定學識拔尖、品格超群的內閣學士、翰林教授課程，並指定知識淵博、辦事勤謹的大學士或協辦大學士爲總師傅。作息時間也規定得很嚴，皇子皇孫們每天都必須早起，淸晨五點鐘時到書房開始上課，下午三點鐘放學，才能夠走出書房。課程設置有五經、史、漢、策書、詩賦等科目，任何一科都不許偏廢。此外，還專門在八旗子弟中選拔弓馬嫻熟、精通十八般武藝的將軍教給皇子皇孫們武功。

乾隆的腦海裡，時時浮現出皇室的悲劇和潛伏下的禍根。太祖努爾哈赤去世後，八和碩貝勒之間爲爭奪皇位傾軋激烈；康熙晚年，諸皇子爲繼承權紛爭不休，各施手段，骨肉相殘，悲劇連續上演，一直延續到雍正即位後。同時，皇族子弟恣意妄爲，任性凌辱大臣，命百官寒心。康熙時，不僅諸位皇子，連下五旗不少王爺都兇狠殘暴，大臣無辜受辱的事情時有發生；十皇子允䄉竟派宦官到廣州，向出自自己門下的兩廣總督楊琳公然進行敲竹槓，大鬧督署；乾隆即位後，有「第一寵臣」之稱的果毅王訥親，無故被皇帝親弟和親王弘晝痛毆，群臣對此議論紛紛，忿忿不平，乾隆也感到有些難堪。有鑑於此，乾隆決心使自己的子孫不重蹈覆轍，免皇室自相殘殺悲劇，及掃除其驕橫跋扈、橫行不法之邪氣，因而他花了許多精力將皇子皇孫們管束在書房之內，即使偶爾派他們擔任臨時性官職外出辦事，銷差後也要立即進書房繼續學習，希冀在「舉動不得自由」的情況下，子孫們能夠時時「檢束身心」，學好本領，熟知禮儀，將來好好管理國家。

對不遵規定，任意出入、嬉戲荒廢學業的，乾隆則嚴懲不貸。

乾隆三十五年五月初，八皇子永璇有一天不向師傅請假，擅自曠課到城裡去辦事。乾隆得知後，大發脾氣，嚴加訓斥，處罰了有關人員，並召集皇子皇孫們進行訓話：「爾等要用心在書房讀書，萬萬不可馬馬虎虎，更不能隨便出入書房。如有事外出，必須請假獲批准後，方可離開書房。祖制規定，皇子外出必須有散秩大臣、侍衛護行，既是爲了安全，也是提醒你們不可在宮外任性恣情遊樂，免惹是非。今次永璇不假外出辦私事，僅有幾名親隨和護軍在身邊，不顧皇家體統，不知自愛，眞是豈有此理！如不制止，別人照樣仿效，無所顧忌，勾結外間奸邪之徒，肆意胡作非爲，必將滋生事端，危害國家，遺禍無窮。因此不得不防。你們兄弟在書房朝夕相聚，理應捐棄成見，不分畛域，循規蹈距，集中精力搞好學習，不僅要專心攻讀四書、五經等課程，還要在老師指導下，做好規定的其他活動。四阿哥管著武英殿，六阿哥管理內務府，綿恩阿哥管著前鋒統領，爾等要多與同事大臣商量辦事，各司其職，辦好政務。晝諾，可以攜至書房辦理，須與學業並行不悖。總之，學業與政事，都不可隨意曠廢。」說到這兒，他喘了一會兒氣，又接著說：「朕因爲八阿哥私自入城的事，訓誡了他，給了他小小的懲罰。實際上，這也是對爾等眾阿哥的警告。這並非朕苛求於爾等，實在是爲了防微杜漸，使我大清江山代代相傳。爾等應善體朕意，恪遵祖訓，嚴格要求自己，互幫互助，共同勉勵，學業長進，繼承大業。」

經過乾隆這麼一懲戒、嚴斥，皇子皇孫們再也不敢擅自離開書房了。

講求實用　斥迂酸恨不孝

乾隆在督促子孫們用心讀書的同時，十分注意培養他們健康的學風，不讓他們讀死書當書騃子，而是講求實用，要求能用於治國之道。即使對十分喜愛的兒子，他對其沾染的不良習氣也不予容忍。

十一阿哥永瑆，聰明靈慧，勤奮好學，學業優異，特別是一手書法，小小年紀便顯得功力不凡，最受乾隆寵愛。因十五阿哥的扇子，乾隆發現永瑆已經漸染漢人儒生迂腐的不良之氣，頗爲生氣，於乾隆三十一年五月十三日親下諭旨：「朕見十五阿哥所執扇頭，有題畫詩句，文理字畫尙覺可觀，問之後知是出自十一阿哥永瑆之手。幼齡所學，能有如此造化，實在難得，但落款作『兄鏡泉』三字，則非皇子所宜。爲什麼？因爲皇子讀書，應當講究精蘊大義，以對自己立身行事有所幫助。如十一阿哥正在童年，應該涵養德性，怎能用這樣輕浮舉動混淆他的見識。阿哥即使是善辭章，工書法，也祇不過是儒生一技之長，朕並不喜歡，朕希望的是你們能熟悉國語，嫻於弓馬，使國家福澤綿長。總師傅應率眾師傅教皇子以正道，對皇子多加勸勉，不要使阿哥等沈溺於安樂之中，應有所進取，這才是朕嘉賞和期望的。可將朕此諭張貼在尙書房，令諸皇子見了觸目驚心，使其知道警惕。」

治理國家，乾隆勤謹英偉，爲一代罕見的明君；教育後輩，他管理嚴格，對子孫們的無禮行爲氣憤不已。乾隆十三年三月十三日，孝賢皇后在山東德州病逝。乾隆委派大阿哥永璜前去迎柩。永璜早已結婚，並爲乾隆生養了第一個皇長孫，父皇雖未立儲，但他以爲憑此太子之位非他莫屬，隱隱然露出皇位繼承人的驕氣。因他非孝賢皇后親生，在扶櫬之時自然未能悲慟欲絕，以掩人耳目，因此失禮。乾隆聞知，對長子這種有失孝道、想入非非的行爲惱火非常，毫不客氣地大加訓斥，給予處罰。

督促師傅　下嚴旨懲曠職

乾隆除嚴格管束子孫外，對師傅們的督促也絕不放鬆，對懈怠曠職者，往往嚴加懲處。對子孫的處罰，是那種恨鐵不成鋼似的含著慈愛，而處罰起師傅們來，就顯得毫不容情了。

永璜去迎孝賢皇后靈柩時禮節不周的事情發生後，乾隆大發雷霆之怒，訓斥了長子，立即懲處了永璜的師傅俺答，下旨申飭：「作爲阿哥的師傅，應該教誨誘導阿哥盡孝道禮儀，如今遇見大事，阿哥竟茫然無措，這是師傅沒有盡心教導的緣故，爾等辜負了朕的期望。」

隨後，乾隆又下令，對永璜的其他師傅和親王弘晝、來保、鄂容安各罰俸祿三年。大學士張廷玉與梁詩正因非專職教師，這才免受處罰。

乾隆五十四年三月初七，已經八十高齡的乾隆帝親自查閱尚書房的師傅值門單，發現從二月三十日到三月六日這幾天所有師傅全部沒有到崗，立即召見十七阿哥永璘、軍機大臣和總師傅劉墉等人，詢問瞭解情況。永璘惶惶然跪下奏稱：「兒臣等每日都按時到書房，師傅們卻往往有時不到。」

乾隆聽罷，想到自己如此重視對皇室子弟的教育，師傅們竟敢大膽至玩忽職守，震怒不已，立即下令將身爲內閣學士的滿人大臣阿肅、達椿兩位師傅各杖責四十，革除現任官職。同時，下旨嚴責各位師傅：「如果皇子等年齡已長大，學問已成，也不一定要按日上課，可是現在皇孫、皇曾孫、皇元孫他們，正處於年幼勤學之時，怎麼能隨便間斷學業呢？你們幾位師傅都是出朕親自選派的專職教師，自應當更加盡職盡責，嚴格要求，做好表率，即使本衙門有應該辦的事情，也應當以書房爲重。況且現在你們中多數都是翰林，所擔負的事務既清又簡，並沒有安排你們必須要做的其他事，爲何要曠職不到，耽誤他們的功課到如此程度！書房設有總師傅，並不是讓你們專司教課的，其主要責任是監督稽查，而今天你們這些師傅們卻竟相率不到至七日之久，無一人到書房，其過錯不小，而作爲總師傅的又置若罔聞，要你們在這裡又有何用！如此嚴重的錯誤，如再不嚴加懲治，如何是好。」

翌日，乾隆又下旨，嚴責協辦大學士、吏部尚書劉墉辜負皇恩，嚴重失職，著免去所兼南書房之職，仍留任總師傅職，以觀後效；稽璜年老龍鐘，王傑是軍機大臣，政務繁忙，皆不能隨時盡督察之責，著免去總師傅之職，另委阿桂、李綬爲總師傅，專司其職，負責尙書房事宜。七天後，乾隆又在吏部擬具的對曠職人員的懲處意見上做了硃批：總師傅、大學士稽璜、王傑降官三級，從寬留任；總師傅、協辦大學士劉墉降至侍郎銜，仍任總師傅；吉夢熊、胡高望、嚴福、邵玉清、茅元銘諸位師傅悉數開革，從寬留任。

這樣的舉措，震驚朝野。如此一來，師傅們再也不敢敷衍塞責了，都誠惶誠恐、兢兢業業地從事對皇家子弟的教育。

精心培養　子孫學有所成

乾隆在教育子孫後代的事情上，顯得非常嚴厲，但在日常生活中，他作爲國君、長輩，卻又顯得慈祥仁愛、和藹可親。

乾隆五十六年夏天，八十多歲的乾隆皇帝率子、孫、曾孫、元孫前往承德避暑山莊，避暑圍獵，五代人共享天倫之樂。射箭時，十三歲的皇孫質綿王綿慶和年僅八歲的皇元孫載錫均連中三箭。乾隆見狀大喜，命各賞黃褂和三眼花翎，進行獎勵，御製「命諸幼皇孫元孫來山莊行圍遂觀其射詩」，記錄下自己當時欣喜之情。

十天之後，一行皇室貴胄前往威遜格爾圍獵，十歲皇孫綿寧射得一隻鹿子。乾隆得知，喜極，製「威遜格爾行圍誌事詩」，表達自己對後繼有人的欣慰心境。

乾隆在當了六十年皇帝和三年太上皇之後，於嘉慶四年（一七九九）正月初三辰時病逝於養心殿，九月葬於河北遵化馬蘭峪之裕陵，廟號高宗。

在乾隆的精心培養和嚴格管教之下，皇子皇孫們不敢懈怠，努力學習文韜武略，大都學有所成。五阿哥永琪精通國語，精於騎射，於乾隆三十一年十一月晉爲榮恪親王；六阿哥永瑢，精通天文知識，善揮毫作畫，乾隆二十四年出繼給愼郡王允禧爲嗣，得封貝勒，三十七年晉爲質郡王；十一阿哥永瑆最受乾隆喜愛，工書法，筆走龍蛇，遒勁有勢，名重當時，其墨蹟被士大夫視爲至寶，被封爲成親王。……

乾隆作爲一國之君，對子孫從不溺愛，絕不縱容，管教嚴格，有令必行，有功必賞，有過必罰，他這種重視教育的態度，在今天也還是有借鑑意義的。

艱難的初會

——翁同龢私訪康有爲紀實

清光緒二十年（一八九六）春天，幾絲漸暖起來的氣息，被凜冽的寒風全部吞沒，北京城裡照舊冷峭得很。

夜已漸深，燈燄一晃一晃地，似乎怯於窗外呜呜嘯叫的寒風。身爲同治和光緒兩代皇帝師傅的協辦大學士、軍機大臣、戶部尚書兼總理各國事務衙門大臣的翁同龢獨坐燈下，冥思苦想著，卻似乎總也拿不定主意似的。頭上的白髮和頦下灰白的連鬢山羊鬍鬚在油燈光的輝映下，泛著一層亮光。他苦苦思索的，是如何與康有爲見上一面的問題。

光緒親政的第二年（一八八八），廣東舉人康有爲第一次向皇帝上書，痛切地指出在英、法、德、日、俄等帝國的侵略和政府上上下下腐敗墮落的情況下，中國正面臨著外亡於列強、內覆於民衆暴亂的危險，祇有實行變法，奮發圖強，急起直追，才可以改變民窮財盡、國力疲弱的現狀，強兵禦敵、弭息內亂。朝廷變也得變，不變也得變，變則新，變則通。他具體提出了變成法、通下情、愼左右的對付當前危局的三大策略；假如變法，十年之內可致國力強盛，二十年可雪「南京條約」、「天津條約」、「伊犁條約」等一系列不平等條約強加給中國人民的恥辱。他還依據有關史實和自己考察所得進行推理，預言日本變法自強後，必將進一步窺取朝鮮和中國的臺灣省、遼東半島等地。彷彿晴天裡突然爆出一聲霹靂，震得朝廷上下皆驚。

翁同龢覺得康有爲的上書有些危言聳聽，但剖析深刻，很有見地，因此想約見康有爲一面，考察他對大清王朝忠心的程度。但他的想法遭到了手握朝廷實權的體仁閣大學士徐桐的反對，未能實現。

後來的事實不幸而被康有爲言中，甲午中日戰爭，北洋海軍全軍覆沒，日軍攻佔遼東、迫割臺灣。光緒二十一年二月十二日，康有爲、梁啓超等舉人到達北京，參加會試。四十天後，李鴻章與日方簽訂了「馬關條約」。四月初八，光緒帝被逼不過，批准了該不平等條約。同時，康有爲發動了公車上書，一千二百多名舉人集會智橋松筠庵，公推康有爲執筆，提出了拒絕簽訂和約、遷都長安抗日、實行變法維新三大主張。翁同龢細細讀了該書，深爲所動，以手擊案，連呼「佩服」，查問得知該書乃康有爲手筆，聯想到他幾年前那次上書，自愧身爲帝師、朝廷大臣，竟無一介布衣有遠見，佩服康有爲高瞻遠矚，是難得的奇才。四月初九，康有爲被欽點爲進士，翁同龢以副主考官的身分，並皇帝的意思，欲對康委以重任。但徐桐等人堅決不同意，祇讓康擔任了毫不重要的工部主事。

近日，聽說康有爲將離京南返，在光緒的授意下，翁同龢亟欲召見康有爲。但守舊派大臣和西太后恨透了康，若公然召見，恐成事不足，反而壞事。感覺告訴他，不能再錯過這次機會了。爲此，他十分爲難，一時竟然想不出什麼好的辦法。

繼室夫人陸氏見老爺苦想了好些時間，卻猷猷地未能決斷，盈盈來到身邊，慇懃地問道：「老爺，時候不早啦，怎麼還不睡？您在想麼子事啊？」

翁同龢望了望溫柔體貼的繼室夫人，一股腦兒說出了自己的苦惱。

陸氏聽罷，淡淡一笑，輕聲提醒道：「老爺，您怎麼不想學學古人微服私訪的成例？」一句話，使翁同龢頓開茅塞。

次日天剛發亮，颳了幾天的風沙終於靜了下來，然而，陰霾的天空卻又漫天灑下了細細麻麻的冷雨絲。

在連續不斷的「吱咯吱咯」的聲音中，一乘普通的青布小轎自西華門外經板庫胡同出來了，踏上了寬闊的西長安街。街兩旁新植的行道樹上，早已綻出星星點點的幼芽，街上行人寥寥，祇見一兩個清道夫佝僂著身子，瑟瑟縮縮地掃著地，有一個伸直身子，看了看急匆匆而去的小轎，鄙薄地罵道：「媽的，誰家的妞兒起得這麼早，去趕什麼魂！」

扶著轎子前槓的家僕聽了，並不理會，指揮著轎夫急急地轉進南邊的小胡同，一陣小跑，然後穿過宣武門大街，再向天橋疾步而去。

這時，轎子裡傳出壓低了聲音的詢問：「昇兒，到哪兒了？」

昇兒脚下不停，一邊喘著粗氣，一邊回答：「老爺，咱們抄小路，已經快到天橋了。路雖然多走了一些，但還好，一個熟人也沒、沒碰到。老爺您儘管放心，南海館咱熟。」

轎裡的人又囑咐道：「雖然如此，還是不可大意。這樣子多跑路，可眞難爲阿發他們了。」

阿發在前邊擡轎，他撈起衣袖擦了擦臉上的汗，表忠地說：「老爺您別客氣，祇要是您吩咐的，再遠也不要緊，奴才們有的是力氣。」

轎子在一條胡同裡左拐右彎了幾下，然後在一處胡同交叉處停下了。轎裡的人輕聲問：「到了嗎？」

昇兒前後左右瞭了瞭，見人影全無，這才撩開轎簾低聲稟告：「老爺，這胡衕太窄，你下來走幾步就到了。南海館就在右邊胡同裡。」

一位年逾花甲的老頭從轎裡鑽了出來，他個兒高高的，頭戴一頂瓜皮平頂暖帽，帽前沿粘著一塊乳白色長方形玉帽正，身穿一襲褪了色的海青色夾長袍，外罩一件玄色馬褂，像個不甚得意的老儒。這人便是便裝打扮的翁同龢。他站著輕咳了幾聲，眼睛望著右邊那條窄小的胡同深處，對著名叫昇兒的家僕問：「南海館就在這裡邊嗎？」

「喳。老爺！」昇兒恭敬地回答，並伸出手去攙扶翁同龢。

翁同龢卻說：「你前面帶路。我自已能走，不用你扶。」

昇兒依言，並不攙扶，祇囑咐了轎夫幾句，便領著主子向南海會館走去。片刻功夫，他們便到了會館門前。這是一所陳舊而普通的四合院，裡面較為寬敞，去年春天來京參加會試的廣東省南海、佛山、番禺三縣的舉人全借宿在這裡。

守門老頭開門出來掃地，驀見主僕二人，不由說道：「老爺們全都走空了，你們來找誰啊？」驀聽此言，翁同龢那顆心一下子下沈，大感失望。

昇兒不信主子的運氣偏偏這麼差，作揖向守門人問道：「老人家，南海來那個康有為康老爺也走了嗎？」

守門老頭很快回答道：「他還沒走，剛才他的書僮還來要茶水呢！喏，他就住在朝西那間汗漫舫。」

康有為擁著被子跪在土炕上，神情慵慵的，不知想些什麼，忽然聽得有人推門進來，那人高聲問道：「康老爺在嗎？」

康有為忙坐直身子答道：「敝人便是南海康有為。」

那人禮節性地喊道：「翁大人到！」

接著一陣腳步聲，一個慈眉善目、個子高高的白鬍老人邁進屋來。

康有為一時沒反應過來，直到翁同龢站到了炕前，他還揉了揉惺忪的眼皮，仔細再瞧，這才確認面前站著的老人正是自己數度求見未遂的會試副主考官翁同龢大人，慌忙穿衣下炕，恭恭敬敬地施禮謝罪：「學生不知大人駕到，有失禮數，懇望恕罪！」

翁同龢雙手扶起康有爲，歉意地說：「你不必自責，老夫來得唐突，還望不要見怪。」

康有爲十分興奮，急忙讓坐：「大人請上坐！學生三生有幸，今日得見大人，胸中藏著許多話，正要藉此機會向您請教呢！」

落座之後，翁同龢打發昇兒到外面侍候，這才問道：「你也馬上要回廣東老家嗎？」

康有爲恭敬以答：「嗯，準備今天晚上動身。」

翁同龢望著眼前這位思想大膽、見識敏銳、才三十八歲的青年學子，想起由於徐桐的專橫跋扈，使自己推薦康有爲進入廷樞的願望未能實現，不由長嘆一聲，憤然說道：「可惜我枉爲主考官，未能將你這樣的英才薦到合適的位置，眞眞令人抱憾，令老夫愧對世人！」

「大人不必煩惱。學生略知大人難處。今滿朝文武侈談強國而心存高官鉅富，文過飾非。迎上之意，能勝人之口，然未必能服衆人之心。學生固知治安一策難上，但心如磐石，志在報國，江湖之心未滅。」康有爲慷慨陳言，神色坦蕩，精神振奮。

「戊子年第一次上書皇上，深刻、警醒，實在是今日之賈誼『治安策』，但朝中大臣多以爲妖言惑衆，視若洪水猛獸。老夫孤陋寡聞，在朝中勢單力孤，竟未敢呈皇上御覽，今日思之，猶自抱愧。這次你所擬的『公車上書』，極具膽識，實在佩服！」翁同龢說起往事，覺得有些愧對自己的學生。

康有爲謙遜地說：「大人過獎了。其實學生才疏學淺，全仗各省來京士舉鼎力，衹不過欲申我中華正氣罷了。」

翁同龢輕輕捋著銀鬚，沈痛地嘆氣說道：「唉，可惜你上書遲了，和約已經簽訂，再也無法挽回了。」

康有爲何等聰明，早已看出翁大人言不由衷，上書遲不過是他的藉口，光緒深惡痛絕和日本人的和約，還有湖廣總督張之洞等許多實力派大臣的反對，然而和約還是簽了，因爲這是太后的懿旨啊。就是翁同龢本人，在中日黃海海戰之後，也曾奉西太后密旨，於光緒二十年八月二十八日赴津門向李鴻章暗授嘗試向日方議和之意。朝廷內部，后黨和帝黨鬥爭激烈，帝黨明顯處於劣勢，翁大人作爲帝師，理所當然屬於帝黨，他有許多難言之隱啊！康有爲知道自己目前還不能談論這些事情，但又急於表白自己的心志，懇切言道：「大人，國家興亡匹夫有責。學生自幼懷有報國之志，算不知天高地高，要向大人進言，還望大人明鑒！」

「唔，願聞高見。」

康有爲侃侃而談：「大人是不是注意到了，『公車上書』所提四條辦法，前三條不過爲了應急，屬權宜之計，第四條『立國自強之策』才是治本之道。古人云『塞水不自其源，必復流；滅禍不自基，必復亂』。不知大人意下如何？」

翁同龢沈吟稍許，問道：「治本之道是否賈誼之『治安策』？」

「大人誤會了。漢代賈誼固一雄才，治漢有餘，於今則不同。恕學生直言，執古以繩今，是為誣今，執今以律古，是為誣古。本朝開國伊始以地立法，今地不能守，其法何用？」

翁同龢聽入神了，頷首讚許：「嗯，言之有理，請道其詳。」

康有為十分興奮，躊躇滿志地說：「學生在立國自強策中提出了富國、養民和教民的三項對策。今和約已經簽訂，形勢發生了變化，對策也應有所改變。立國自強是佈新，佈新必須除舊；比較而言，除舊更難。如像大理寺與刑部職權重複，詹事府、通政司、光祿寺、鴻臚寺、太常寺、太僕寺全都是沿用舊制，疊床架屋一般，造成機構臃腫，既糜費錢糧，又導致各個衙門之間爭權不休。平庸的皇室成員憑血緣關係可居高位、掌大權，互相勾結，爭權奪利，帶來無窮災難。此謂慶父不去，魯難未已……」

這一通議論，雖切中要害，但太露骨，太操之過急，使翁同龢聽得暗自心驚。他安慰似地說：「你所說的確實有理，也切中了要害，但想法雖好，卻很難辦啊，因為積習已深，其中人事關係盤根錯節，難以理順哪！說白了吧，即使皇上下旨施行，太后也不一定能恩准。祇有從長計議了。依你看，佈新又該怎麼做？」

「工欲善其事，必先利其器。舊不除，就難以佈新。據學生所知，甲午海戰中，我方定遠艦發射第一發炮彈時，未能打中敵人，卻反把年久失修、銹蝕嚴重的艦橋震塌，把提督丁汝昌大人和英國顧問泰樂爾一齊拋向半空，跌在甲板上跌成重傷。因桅檣折斷，無法懸旗指揮，使其他戰艦失去了統帥，被日艦佔了便宜，導致北洋艦隊遭受覆沒之禍。大人也知道吧？」

康有爲擡頭望了望苦笑的翁大人一眼，繼續說道：「依學生一孔之見，佈新首要的是遷都長安，擺脫頑固守舊勢力的絆羈，在全新的環境中推行新政。首先，開懋勤殿建立內閣會議制度，由皇帝與大臣在一起共議國事；其二，向外國借銀六億兩，重建海軍，改良陸軍軍備，多築鐵路；其三，請皇上率先剪掉辮子，穿西服，頒令廢除婦女纏足；其四，興辦京師大學堂，各省也要辦起中小學，以此培育人才；其五，開銀行、辦實業，獎勵發明，推廣科技……」

康有爲足足談了兩個時辰，逐條解釋，有理有據、論證充分。談到動情處，竟至聲淚俱下。

翁同龢心裡很不平靜。他爲康有爲那股子初生牛犢不怕死的精神所震撼，卻又覺得如照康有爲說的那麼辦，阻力眞是太大了。最後，當他得知康有爲回廣東去，要校對即將印刷的《孔子改制考》一書和制訂布新的各項具體實施條陳，感到奇怪，興致盎然地問：「你一心學洋人變法，對賈誼的『治安策』都認爲不適合，怎麼倒去出版研究更古老的孔夫子的書來了？」

康有爲誠懇地回答：「大人明鑒：學生尚屬布衣，布衣改制，事大駭人，故不如托之先王，既不驚人，亦有據可依，自可避禍。」

看不出，康有爲還是一個講究鬥爭藝術的改革家呢！翁同龢撫掌大笑：「你眞是大清中興砥柱、國家棟樑。我雖老朽，欲爲聖朝除弊事，肯將衰朽惜殘年？老夫自會向皇上舉薦。但是，你行事一定要愼之又愼，萬勿操之過急。豈不聞孔子有言：多聞闕疑，愼言其餘，則寡尤；多見闕殆，愼行其餘，則寡悔。切記，切記！」眞摯的關切之心，溢於言表。

康有爲感動不已，長揖以謝：「大人用心良苦，語重心長，學生謹記大人教誨。學生位卑未敢忘憂國。今志不立，意不堅，何以成事以報大人知遇之恩！」

說著說著，眼裡已淚光瑩瑩。

因出門太早，不愼受了風寒，染上了病，翁同龢回去後便病了，四肢無力，頭暈耳鳴。古稀之齡的退職太醫陳老先生爲他號脈後，說是「中氣不暢，脾胃萎縮，宜避風、安神」。畢竟年老體弱，宵旰憂勞，怎經得起寒氣的折騰？翁同龢按陳老太醫的藥方，抓藥熬著吃，又寫了奏摺遞進宮去，請求光緒賜假半月。

這期間，他閉門謝客，躲在家裡讀康有爲的書、文，細細研究其除舊布新的治國謀略。

第二輯　志士風采

被遺忘的辛亥革命重要功臣王憲章

在貴州安龍八景之一的招堤畔，聳立著一座造型別緻、莊重典雅的紀念亭——豹皮亭。亭內樹有讚功碑和紀念標。碑上大書「故江蘇江北討賊軍總司令王憲章君讚功碑」。在亭子兩邊，嵌著一副對聯：「乃祖威名留夾寨，先生大義凜長江。」在辛亥革命諸多功臣中，大多數人都得到了應有的尊敬和讚譽，王憲章恐怕是唯一的身居高位卻被遺忘的高級指揮官。他曾經擔任武昌起義副總指揮，是辛亥革命時武昌起義的主要領導人，在討袁戰爭中任總參謀長、師長、江蘇江北討袁軍總司令。然而，他的革命事蹟已很少爲後輩所知了。

苗族後裔 加入同盟會獻身革命

民國前三十六年，王憲章出生於貴州安龍普坪一個具有強烈反抗精神的苗族家庭，父母共生了他們兄弟姊妹十二人，他排行第十。父母給他取名應賢，字憲章。他的曾祖父王安國與其兄王安蹻，原居住在黃平州清平縣王家牌樓，爲反抗清廷的民族壓迫，曾率苗民起義，自稱大將軍，後王安蹻被清軍殺害，王安國攜家避居南龍（今安龍）府城郊。一八五八年十一月，張凌翔、馬河圖在盤縣發動回民起義。王憲章的父親王發榮也參加了起義，起義失敗後徙於普坪水井塘。幼年時，老人們經常將起義故事作爲給憲章的精神食糧，使他心中從小就萌生了反抗封建統治的意識。

王憲章在興義府新建中學讀書時，閱讀了大量革命書刊，心靈深處幼時播下的革命意識漸趨明確了。民前十一年，王憲章以優異成績考入貴陽警察學堂，畢業後在貴陽市警察局任巡長。初生牛犢不怕虎，他經常當衆大談革命又因爲私下偷看查獲收繳的革命書刊被發覺後受處罰，他與局長大吵一頓，局長氣極，撤了他的職，他回家後，旋即奔赴武昌，當時湖廣總督張之洞推行洋務，籌組新軍，他便進了湖北常備軍第一鎭工程第一營當兵。民前七年，新軍整編，第一鎭統一番號爲全國陸軍第八鎭。同年，王憲章昇任正目（什長）。

民前六年二月，革命團體日知會成立，劉復基、王憲章、孫武、彭楚藩、熊秉坤等人一起加入了該會，利用美國基督教會聖公會的閱報室聯絡同志，開展革命活動。五月，孫中山先生派余誠從東京回到武漢，成立同盟會湖北分會，日知會集體加入了同盟會。所以，王憲章是最早的同盟會員之一。次年一月，江西萍、瀏、醴起義被鎭壓下去，因爲日知會曾經大力響應起義，清政府厲行鎭壓，朱子龍、胡瑛、梁鐘漢、季雨霖、李亞東、張難先、劉靜庵、殷子衡、吳貢三等九名日知會成員被逮捕。日知會被迫解散了。王憲章與蔣翊武一道亡走上海，但毫不氣餒，依舊積極參加革命活動，並介紹了劉化歐等人加入同盟會。

民前四年，王憲章考入湖北講武堂學習軍事。十一月，光緒皇帝、慈禧太后相繼斃命。十二月，王憲章參加了由楊王鵬、鐘崎、章裕崑、李六如等同盟會員組成的激進團體群治學社。王憲章與蔣翊武一同鼓動介紹了講武堂裡不少學生參加了學社。群治學社辦了一家鼓動革命的報紙《商務報》（後改爲《大江報》），由詹大悲、何海鳴、宛思演、溫楚珩等人先後主編，王憲章與他們都保持著良好的友誼。

民前二年四月，著名立憲派代表人物楊度路過漢口，下榻於既濟水電公司，王憲章與劉復基等人商議，決定由劉以湖南同鄉會的名義歡迎楊度，把他騙去湖南會館打一頓，以此警誡立憲派。但楊度狡猾過人，覺得事有蹊蹺，當劉復基等人到他住處時，他打電話知會英租界的巡捕，將劉復基等人逮去班房中關了兩個小時。群治學社被迫停止活動，《商務報》停辦。社員黃申薌聯絡了一些同志準備於四月二十四日起義，響應長沙農民暴動，未成。

九月，蔡濟民、王文錦、陳偉、吳醒漢、王保民、張廷輔、王憲章等十多人組織了將校研究團（又名武學研究所）王憲章被舉爲團長，名義上切磋軍事知識，實際上進行反封建活動。同時，不甘沈默的群治學社也更名爲振武學社，恢復了革命活動。辛亥年正月初一日，文學社在武昌宣告成立，由蔣翊武擔任社長。三月中旬，將校研究團發生分裂，王憲章加入文學社，在第一次社員代表大會上被選爲副社長。蔡濟民、吳醒漢等另外一些將校研究團的骨幹則成了另一大革命組織共進會成員。

辛亥革命由湖北革命軍首先發難

由於文學社和共進會都大量在新軍中發展成員，容易帶來一些不必要的誤會和摩擦。共進會領導人孫武（原名孫葆仁）、居正、陳孝芬等有意與文學社聯合。文學社在長湖堤龔霞初家開會決定是否合併的問題。蔣翊武認爲孫武這種「穿長衫的人難以共事」、「出過洋的人不好惹」，不同意合併，堅持走殊途同歸的道路。但副社長王憲章和劉復基等人堅決認爲合併才有利於革命事業。經過激烈的爭論後，蔣翊武保留意見，同意兩大組織合併。他對孫武的評價，後來的事實證明，被他不幸而言中。這時，爲加強對湖北革命的領導，孫中山先生從同盟會總部派遣譚人鳳到武昌，與蔣翊武、王憲章建立了良好的聯繫。

九月十四日，文學社與共進會在漢口雄楚樓劉復基住宅召開聯席會議，成立了統一的指揮機關——湖北革命軍總指揮部，推選蔣翊武爲總指揮，王憲章爲副總指揮，孫武爲總參謀長，蔡濟民爲總參議，總指揮部設在小朝街八十五號。正在積極籌劃起義的時候，身爲革命軍總指揮的蔣翊武卻接到了開往岳州（今岳陽）的命令。原來，由於四川保路風潮發生，兩湖總督瑞澂奉命派馬隊八標及二十九標、三十一標、四十一標等部隊前往鎮壓。由於這一調動，革命軍力量被分散，原定起義部署被打亂。二十四日，革命軍總指揮部在胭脂巷十一號胡祖舜家中召開緊急會議，派遣居正、楊玉如攜款三千元前往上海購買手槍；電告同盟會總部，請籌備鉅款支持起義；並派專人迎接黃興、宋教仁、譚人鳳到來，主持起義大計；決定中秋節爲起義之期，屆時由南湖砲隊發砲首義；在這期間，有關起義事務由王憲章、劉復基全權處理。

然而，起義尚未發動，砲隊八標的士兵卻發生了騷動，官方有所警覺，宣佈戒嚴，禁止官兵外出。起義計畫受阻。王憲章與劉復基商議後，決定延遲到十月十一日起義。

八日，孫武在俄租界寶善里的革命軍政治籌備處試製炸彈時，不愼發生意外爆炸，孫武的頭、手均受傷，被送到日本人開辦的同仁醫院治傷。爆炸聲引來了俄國巡捕，不僅將起義用的炸藥、旗幟、文告、名冊、印信、佩戴標誌等全部搜去，還將劉復基的太太及兄弟劉同等二十多人捕去，並引渡給了總督瑞澂。

劉同禁受不住毒打，招供了起義機密。瑞澂又驚又怒，下令按名冊捕人。革命軍面臨覆沒的危險。

翌日晨，蔣翊武匆匆從岳州趕來，與王憲章、劉復基商議黃興委託湯和帶來的意見：建議湖北革命軍把起義日期推遲到月底，與其他十一個省一同起義，更容易成功。蔣翊武認爲黃興代表同盟會總部，應該尊重上級，按黃興的指示辦。王、劉二人卻認爲已經到了箭在弦上，不得不發的時刻，必須立即起義。

正在他們爭論的時候，彭楚藩慌慌張張從憲兵營跑來，報告了頭天孫武被炸傷的事情。話剛說畢，鄧玉麟又一頭闖了進來，說了同一件事。眞正到了千鈞一髮之際，再也不能等候了。蔣、王、劉三巨頭達成一致意見，由蔣下令，定於當晚十二點起義。決定由王憲章親自送炸彈到三十標；楊洪勝送炸彈到工兵八營交與熊秉坤；鄧玉麟到砲隊傳達命令，協助砲隊發出起義的信號；蔣、劉二人坐鎭指揮。

衝鋒陷陣卻不居功

但是，由於戒嚴，鄧玉麟未能及時將命令傳達到砲隊，起義未能及時發動。然而，瑞澂在宣布武漢三鎭特別戒嚴的同時，派出大批軍警開始了大搜捕，設在胭脂巷、龍神廟、黃土坡、分水嶺等地的革命機關全被破獲，數十名革命黨人鋃鐺入獄，楊洪勝在送炸彈途中被淸兵攔住，奮勇將炸彈擲向淸兵，自己也受傷被俘。反動軍警將起義軍總指揮部團團圍住，破門而入。劉復基毫不躲避，毅然挺身而出，被執。彭楚藩跳牆逃時，被後門外埋伏的軍警捉住。蔣翊武靈機一動，謊稱是房主的伙夫混了出去。凌晨三點鐘，劉復基、楊洪勝、彭楚藩被槍斃於督署大門前，並被梟首示衆。

這時，三十標的革命黨人張廷輔也被捕了。王憲章看到督署發下來的傳單，知道起義已被破壞，把三十標的事作了交代，便急急趕往總指揮部。半路得知總指揮部被破壞的消息，轉而到胭脂山隱蔽起來，心急如焚地等了一夜，都沒有聽到起義的槍聲。他偷偷翻出城牆，趕到文學社漢口交通處鄭兆蘭家，遇見文學社陽夏支部長胡玉珍，通報過面臨的險情之後，他們一同潛往漢陽，部署起義。

當天早晨，工程八營二排排長陶啓勝發覺下屬金兆龍等人像要起事的樣子，便嚴厲叱責。金兆龍乘機大吼：「同志們動手！」早已虎視眈眈的革命士兵們立刻動起手來，槍聲頓時響成一片。陶啓勝、代理營長阮榮發、司務長張文濤、隊官黃坤榮等被當場打死，其他反動官佐嚇得狼狽逃竄。熊秉坤吹響笛子，集合了四十多起義士兵，打開營內軍械庫得二十四把戰刀，隨之攻佔了楚望臺軍械所，把軍械所所有鎗彈分發給起義士兵。其他營隊紛紛響應，聯合進攻督署，很快將其攻下。瑞澂倉皇乘軍艦逃往漢陽，見王憲章率人在兵工廠外巡視，未敢靠岸。

王憲章於十一日回到武昌，與蔡濟民、吳醒漢等十五人組成謀略處，成爲軍政府成立初期的實際掌權者，決定由諮議局議長湯化龍通電全國，倡導革命。接著，成立了都督府及軍政部、軍令部、政務部等機構，軍政部由孫武任部長，蔣翊武、張振武任副部長。

當天夜裡，王憲章返回漢陽，率領革命新軍於夜裡十二點鐘在龍燈堤發動起義，迅速佔領了兵工廠，漢陽光復了。翌日上午，文學社在漢陽兵工廠開會，推選原清軍隊官宋錫全爲第一協（旅）

統領，而起義最重要的領導者王憲章反而屈居其下任標統（團長）。但王憲章胸襟開闊，並不計較個人名利得失。

組織討袁軍 爲好友設計殺害

辛亥革命勝利，文學社應居首功，然而革命成果被黎元洪等舊軍官剝奪了，文學社員都沒能在軍政府佔據高官顯職。外交部長胡瑛爲首的一些人遂生憤恨之心，決定回湖南老家去另謀發展。十二月底，宋錫全在胡瑛等人嗾使下，率部退往岳陽。孫武、湯化龍請示黎元洪後，電請湖南都督譚延闓將宋逮捕後殺害，其首級被提回漢陽，在兵工廠高懸示衆三天。祝制六等三人被殺害於漢陽門。王憲章、胡玉珍二人幸得蔣翊武去電力保，方免遭殺頭之禍。王回武昌後，被任爲都督府參議，代理過一段時間的第二師師長，不久被解除軍權，做了軍務司副司長。因爲黎元洪痛恨文學社這個組織，所以王憲章一直未被重用。而孫武一心與黎勾結，頗得信任，許多共進會員都因之身居高位。

文學社員潘康時回到漢口，向蔣翊武報告袁世凱欲對宋敎仁下手的事。孫武偵知此事後，報告了黎元洪，以策劃軍隊造反的名義將潘逮捕。在蔣翊武、王憲章的大力營救下，才獲得釋放。共進會與立憲派政客們勾結起來，迎合黎元洪，對文學社成員大開殺戒，文學社骨幹紛紛被殺，蔣翊武、王憲章被逐出軍政府，王亡走上海，蔣去了湖南。

一九一三年三月二十日，袁世凱派遣的特務將宋教仁刺殺於上海車站。孫中山忍無可忍，號召武力討袁。王憲章、季雨霖、詹大悲等人回到漢口，與改進團會合後，佈置武力討袁事宜，未能成功，祇好乘日本輪船岳陽丸號重回滬濱。

當時，黃興對武力討袁很消極，主張採取法律手段逐袁下臺。孫中山生了氣，要親自出馬到南京組織討袁軍。黃興不好再堅持自己的主張，與王憲章一起於七月十四日前往南京組織討袁軍，黃任總司令、王任總參謀長兼第四師師長。戰事極不順利，王憲章身先士卒，率領將士們浴血苦戰。七月二十九日，黃興出走日本。王憲章代行都督事，堅持戰鬥。八月八日，何海鳴自任都督，任王憲章爲師長，再度興兵討袁。他們堅守南京二十四天，重創馮國璋軍，直至彈盡糧絕，南京才於九月一日失陷。第二年初，王憲章、詹大悲東渡扶桑。

二月，孫中山任命王憲章爲江蘇江北討賊軍總司令。王憲章與詹大悲一同回到上海，召集舊部組織鐵血團，自任團長。這時，故友高華廷找上門來。討袁前，高華廷因參加革命活動，被逮捕關押在南京監獄裡，南京宣告獨立時，王憲章親自把他從監獄裡放了出來，二人由此結識並建立了一定的友誼。故人相逢，王憲章十分高興，向他大談特談討袁計畫。高也慇懃表示，願意策反南京城裡的軍隊。王大喜，立即給了他一大筆款子作爲活動經費。

次日，高華廷約王憲章到一品香餐館赴宴。幾杯酒後，王憲章像酒醉一般失去了知覺，高帶人將他擡入餐館外面的汽車裡，直馳南京。原來，高已被馮國璋收買，敬酒時做了手腳，在王憲章酒杯裡放了痲醉藥。五天之後，王憲章英勇不屈，被馮下令鎗殺，年僅二十七歲。烈士遺孀陳蘭卿帶著兩個幼兒，流落南京街頭，慘不忍睹。三月二十五日，故友馮中興收其遺骨於老鴰山側葬之。

辛亥赤子　共和之魂

——辛亥革命河南義軍總司令張鐘端

民國元年春，剛成立不久的中華民國中央政府撥款三千兩銀子，作爲對獻身共和的辛亥革命河南義軍總司令張鐘端家屬的撫恤費，並派革命黨人陳伯昂及烈士胞弟張鐘靈同赴日本，迎接烈士之妻千裝倫子及一對兒子夢梅、兆梅歸國。

張鐘端到底是誰？他憑什麼能夠享受國民政府如此隆重而特殊的待遇？

幼遭不幸　埋下革命種子

張鐘端，字毓厚，一八七七年出生於河南省許昌縣長春莊，張家可算是當地的書香世家，其父張增福是聞名遐邇的中醫。這位老中醫性情耿直，從不肯趨奉官府，有一年冬天許州知州派人來傳他，叫他到府衙去侍候，他以年老體弱而拒絕了。知州坍了面子，尋機將老中醫逮入獄中，拘捕了幾天。老中醫也是一個體面人，無端受此欺辱，憤憤懷恨，鬱鬱生疾，不久病逝。父親去世後，母親楊氏夫人獨自含辛茹苦，勤懇持家，將張鐘端兄弟二人撫養成人，而且送入學堂讀書。張鐘端聰明穎悟，十分用功，所以成績極好，二十來歲時即已學識宏富，胸藏大志，善於演講，在青年學生中極富號召力。由於父親的慘死，他自小即在心底埋下了對滿清政府仇恨的種子，十分憎惡封建社會的黑暗。眼見國事日非，已瀕危亡關頭，憂憤於懷，常與同學談論時局，慷慨激昂地敍及自己那欲創建自由、民主之新中國的理想。

東渡扶桑　辦刊鼓吹革命

一九〇五年，張鐘端以優異成績從河南大學堂畢業，順利地通過了留學考試，被錄取爲官費留學生，東渡扶桑，起初在預備學校學習了一段時間的日語，然後進入東京的中央大學法律系學習。

同年八月，孫中山先生在東京創立了革命組織同盟會，他那偉人的目光掠過中原大地，清楚地意識到位於中原腹地的河南省在今後的革命中將起著十分重要的作用，因而十分注重對河南本土人才的培養，專門派最早的同盟會員張繼負責接待河南留學生。同時，孫先生還在位於東京八番町二十號的自己的住所內親自約見了不少河南留學生，宣傳革命，勉勵他們爲自由民主而奮鬥。

在孫先生的教育啓發下，張鐘端心中往昔那種模糊盲目的反清思想產生了質的飛躍，確立了明確的奮鬥目標。他痛感省內民眾思想落後，決定當務之急是進行啓發民智的工作。次年，鍾端請假回國，去說服河南蔚氏縣開明富孀劉青霞赴日本考察。劉青霞同意了，與兄長一同赴日，廣泛結識革命黨人，加入了同盟會，並捐資二萬圓支持創辦了《河南》雜誌。

《河南》問世後，由張鍾端擔任總經理，劉積學爲總編輯。雜誌特約魯迅（周樹人）以「令飛」筆名發表文章，鍾端自己也常以「鴻飛」筆名刊登政論。他們的文章言辭犀利、論理透徹，抨擊滿人專制統治，鼓吹以暴力奪取政權，對改良主義也做了毫不容情的批判。《河南》大張旗鼓地提出了推翻滿清黑暗統治、建立資產階級民主共和國的主張；不僅從政治上，而且從思想文化領域聲討了清廷的罪惡；它著眼於喚醒民眾，凝聚廣泛而強大的輿論力量，很快便成爲宣傳資產階級民主革命的一處重要陣地。同盟會員馮自由對《河南》雜誌產生的廣泛影響及對民主革命的鉅大促進作用，作了中肯的評價：「河南人士革命思想之開發，此雜誌之力多焉。」

張鍾端爲辦雜誌付出了幾多的心血和汗水，使該雜誌深受喜愛，每期銷量逾萬份，半數銷入本省，這種銷售額在當時是一個令人鼓舞的數字。隨著《河南》走千家、奔萬戶，「令飛」、「鴻飛」同以「二飛」聞名，他們卓爾不群的文章爲世人所矚目。

《河南》雜誌在紳民中廣受歡迎，使清廷十分恐慌，以外交交涉的手段，懇求日本警署勒令《河南》停刊。出刊至第十期時，《河南》雜誌被日本警方查禁，總經理張鍾端遭拘捕，關押幾天後才獲釋放。清政府借機取消了張鍾端的官費留學生學籍。幸得劉青霞等革命同志和同窗好友的資助和支持，才得以自費繼續學習，完成了學業。

訣別妻子　回國參加革命

千裝倫子是日本中央大學醫學系的女學生，正當妙齡，賢淑端莊、溫柔多情，她置不少本國青年的追求於不顧，卻悄悄地愛上了來自異國的張鐘端。是的，張鐘端品貌出眾，才華橫溢，頗具青年領袖的風采，然而他不遺餘力地鼓吹革命，在當時許多人的眼裡是個危險分子。這對異國青年偏偏被愛情牽到了一起，他們結識不久即雙雙墜入愛河，很快結爲伉儷，同住在東京下轂區三輪町一二〇番地一處簡陋的房子裡。

辛亥年夏天，張鐘端從中央大學法律系畢業了，何去何從一下子成爲迫在眉睫的問題。一方面，國內革命形勢發展很快，風起雲湧，同盟會正在籌劃大規模的武裝鬥爭，革命局勢的發展亟需大批張鐘端這樣的革命中堅；另一方面，妻子腹部隆起，正在艱難地懷孕，需要丈夫經常在身邊照料。在此兩難全的情況下，經過一番痛苦的思考，鐘端毅然決定暫時拋棄家小，待國事稍有眉目後再與親愛的妻子團聚，重享天倫之樂。倫子雖然心裡異常難過，但她同情革命黨人的事業，理解、支持丈夫，她哽咽著同意了丈夫的決定。分手時，倫子的眼淚撲簌簌地往下流，但她硬是強忍著沒有說出阻止丈夫行程的話來。如果知道這次離別將成爲永別，或許她會瘋狂一般撲上前去，不許丈夫回國的。

當時，劉青霞的哥哥馬吉樟正在武漢任湖北按察使。張鐘端渡海歸國後，即在其幕府任職。武漢革命形勢高漲，鐘端置身其中，深受鼓舞，往返於武漢、寧、滬之間，從事革命活動。

河南北鄰直隸，南接湖北，東連山東、安徽，西與陝西、山西爲壤，爲「南北關鍵」之衝，如該省能起義獨立，能斷南下清軍的後路，還可拆除京城的屏障，直搗黃龍府。因其特別的地理位置，武昌起義剛剛勝利後，湖北軍政府就頒佈了「檄河南文」，號召豫省人民「與我同心協力，趁此時機……速定大計，共成義舉」。

河南革命黨人感受到了全國人民殷切期望的目光，積極聯絡，準備發動起義。辛亥年十月十三日，由劉純仁主持，同盟會河南支部在省城開封的公立法政學堂召開會議，商量決定由劉純仁前往洛陽勸說北洋軍周符麟部反正，同時策動開封城內駐軍第二十九混成協官兵起義，並擬推舉協統應龍翔爲起義成功後的河南軍政府都督。應龍翔已知民心向背，知道革命乃大勢所趨，對革命持同情態度，但不知時機是否已到，擔心不愼丟了烏紗帽，所以不肯與同盟會合作。河南巡撫寶棻察知以後，誘應龍翔上當，將其囚禁。劉純仁去遊說周符麟時也被殺害。河南省的第一次義舉被扼殺在搖籃中了。

十月二十七日，清廷在百般無奈之中，不得已起用驕橫跋扈、野心勃勃的袁世凱。袁世凱攫取了清廷大權，這才躊躇滿志地帶領北洋軍向武漢撲來，在其強大攻勢下，漢陽、漢口先後失守。

湖北軍政府面臨被顛覆的危險，革命黨人憂心如焚，都督府迭電各省求援，促河南起義。重擔，一下子落在了張鐘端肩上。

南陽撕信　壯士潛回開封

當時，千裝倫子已在東京順利地產下了一對同胞兒子，發電向鐘端報喜，並讓鐘端爲兒子取名。鐘端接電後著實興奮了一陣，欣喜地拍發電報，慰問妻子，爲兩個兒子取名爲夢梅、兆梅。這一陣欣喜沒能持續多久，嚴峻的革命形勢又使他陷入了焦慮之中。他向同盟會總部請命，自願前去河南發動起義。黎元洪利用自己與應龍翔的同僚關係，特地修書一封，要張鐘端帶去面交應龍翔，欲說動應龍翔參加革命。

鐘端懷揣黎大都督的親筆信，逕奔河南。在豫西南的南陽，鐘端遇見了因舉義失敗而退避準備在南陽組織民軍起義的劉積學、孫豪、趙伯階等人，瞭解到應龍翔的猶豫以觀風向釀成了第一次起義計畫的流產，憤而將黎元洪的信撕得粉碎，憤然發出了「事靠自己幹，路靠自己走」的宣言，與劉積學等人告別，昂首大步奔向省城。

古老的開封城牆宛如龍盤蛇走，顯得巍峨莊嚴。站在這座曾經做過幾個封建王朝都城的古城之下，鐘端心裡感到一種沈甸甸的悲哀和充溢著戰馬奔騰前那種亢奮的情緒。別看他祇是一個英俊瀟灑、文質彬彬的書生，但他的家鄉素有習武的習慣，他自幼也拜拳師學藝，有一身武功和會飛簷走壁之技，高大的城牆根本擋不住他。他束緊腰帶，深深地吸一口氣，縱身就要攀越城牆時，突然從蒼茫的暮色中伸過來一雙大手，攔腰一把將他抱住。鐘端心頭一緊，急忙掉過頭來，厲聲逼問：「誰？」

抱他後腰的人趕忙鬆手，激動地答道：「你不認識我了嗎？我是李幹公啊！」李幹公知道張鐘端自幼習武，曾經一口氣登上許昌城東南隅的高達十餘丈的文峰塔頂端，繞塔走了三圈，令人驚訝不已，他擔心萬一誤會了被鐘端擊傷。

鐘端在昏暗的光線中仔細端詳了一會，認出面前的人果然是李錦公的弟弟李幹公，六年前他同李錦公等人參加留學生考試時與幹公認識。他這才放了心，高興地說：「果然是幹公。你還在巡防營當稽察嗎？」

李幹公答道：「是的。今天恰好輪到我巡察，我早就發覺好像是你，又怕認錯了，所以不敢相認。見你要攀牆，才肯定了是你，這才來攔住你。」

由於李幹公那一身稽察服裝，所以二人毫不費力地進了城，找到李錦公開設的位於西大街的大河書社內。李錦公也是一個革命志士，由於他行事謹慎，第一次舉義失敗未曾暴露。他見張鐘端到來，大喜過望：「你來得太好了，開封城裡正需要你這樣一呼百應的人！」

張鐘端更是激情難捺，不顧長途奔波之苦，止住要爲自己設宴接風的李錦公，迫不及待地問起了河南的革命情況。李錦公告訴他，袁世凱爲防後院起火，指使爪牙們在省內組織了「愛國公會」，從宣傳輿論上欺騙麻痹人民，同時調集軍隊，隨時準備撲滅革命烈火。舉義失敗後，王庚先、沈竹白、韓立綸、暴式彬等同盟會員都隱蔽起來，暗中活動，積聚革命力量；蘭封、朱僊鎮一帶的紅鎗會、省城裡的仁義會等民軍組織正日漸發展壯大；巡撫寶棻心慌了，一面稱病卸職，一面調巡防營加強了撫署防務，並在自己住處周圍安裝了鐵絲網，掛上許多銅鈴，以防不測。

張鐘端聽罷，十分欣慰。幾天後，他召集同盟會河南支部成員在法政學堂開會，宣講革命形勢，進行起義發動。會後，大家分頭去幹工作去了。

聯絡各方　集聚革命力量

一天晚上，在中州公學任教的同盟會員王庚先、劉鎭華、韓立綸、暴式彬、李銳五、劉榮棠聚集一起，聽張鐘端傳達同盟會總部的指示，商談起義計畫。在大家充分發言建議、討論之後，張鐘端提出了「五路進軍，光復河南」的方案：北路由暴式彬、韓立綸去聯絡新鄉民軍破壞黃河鐵橋；南路由閆子固、張孟介率淮上軍向北推進；東路由劉榮棠、李銳五聯絡豫東張香妞的民軍西向而進；西路以楊勉齋、劉粹軒去發動豫西大俠王天縱的民軍攻打洛陽；中路由張鐘端、王庚先負責，坐鎭省城，發動城內外軍民起義。

尚在討論，李幹公匆匆到來，說有一個清軍軍官要見張鐘端。鐘端叫眾同志迴避，單獨會見那軍官。那人見了鐘端，立即打拱爲禮，豪爽地叫道：「張先生也太小覷我張照發了，你返開封不止一天了，難道就沒想到我張照發可以效鞍前馬後、扶蹬執鞭之勞麼？」

張鐘端心情激動萬分，上前一步緊緊地擁住了張照發。

回到開封以後，鐘端立刻投入了起義的緊張準備工作之中。在李錦公的掩護下，他連續幾天走訪了城內仁義會首領單鵬彥，正直仗義的遊俠徐振泉、李鴻緒，經商爲業胸懷大志的書店經理王天成和絲綢商崔德聚等人。這些俠客志士，平時深藏不露，一談起革命，個個豪情勃發，鐵骨錚錚，激昂慷慨，勇氣百倍。得知盟友王庚先從蘭封、杞縣回到中州公學任教，他立即趕去與其會晤，詢問那裡的紅鎗會組成情況，談了自己準備去那裡組織民軍的打算。王庚先聽了，極力阻止，他認爲那些農民武裝乃烏合之眾，組織渙散，分爲紅鎗、白鎗等派，思想混亂，要想將他們組織成一支有戰鬥力的革命隊伍，談何容易。鐘端聽了，微笑著開導盟友：「不管怎麼艱難，我們也得去做他們的工作，而且必須做好。如果沒有豫東民軍的支持，起義就不能成功。農民武裝組織渙散、幫派林立、思想混亂，這是因爲沒有正確的領導。如果我們加以正確的引導，多做細緻的工作，一定可以使他們走上革命道路，成爲革命的有生力量。」據他瞭解的情況來看，要想在河南官軍中發動起義，那是難而又難的事情：二十九混成協新任協統張錫元剛蒙提昇，正思感恩圖報，對部屬管得很緊；巡防營官兵思想守舊，贊同革命者甚少。因此，發動民軍參加舉義，就成了必須實行的了。

在武昌起義時，鐘端結識了本省考城籍的李心寬，得知其弟李心昂正在河南武備學堂讀書，是個受到鄉民交口稱讚的青年才子，壯志淩雲，熱心革命事業。鐘端找到李心寬，二人談得十分投機，大有相見恨晚之意。在李心寬的幫助下，鐘端說服了考城北關傅天龍、牛場孔慶先、馬場王夢蘭等豫東地區仁義會、紅鎗會頭目團結一心，組成一支統一的武裝力量，並成立了指揮部，推舉李心昂爲總指揮。

張照發是山東濟寧人，在巡防營中任游擊之職，因恨清廷之沈重壓迫，欲效武昌義舉，可惜官卑力微，無法行動。在與李幹公攏談中，得知張鐘端受同盟會總部委派來省領導起義，興奮異常，立即纏著李幹公領著自己去求見。他向鐘端詳細介紹了巡防營官兵的情況，並說：「俺官卑職微，不能爲舉義做出更多的貢獻。但統領柴得貴可算得上個顯赫人物了，他近來常找我聊天，飲酒之間，露出效法武昌之意。」

柴得貴係山東肥城人氏，幼年拜師學藝，練了一身功夫，但家窮餬不住口，不得已走南闖北，舞鎗弄棒，賣藝爲生，後來進入軍伍，因其聰明靈巧，幾年後便撈著了巡防營統領的官銜。他見武昌起義後，南方諸省紛紛響應，鬧起獨立，知道革命乃大勢所趨，滿清大限已到，所以決定與革命黨人聯絡聯絡。

鐘端沈思了一會，同意與柴得貴見面細談一次。

貴婦奔汴　慨然捐銀助餉

劉青霞接到千裝倫子從東京寄來的信，得知張鐘端已往開封之後，便乘坐自己那輛豪華的高輪轎車直馳開封。她出身於官宦世家，其父馬丕瑤曾任過兩廣總督這樣的大官，次兄馬吉樟也任過湖北臬臺，嫁給山西試用道、號稱「劉半縣」的蔚氏縣大財主劉耀德後不久因丈夫病死而守寡。她熟讀詩書，幼習騎射，文武雙全，大膽潑辣。她十八歲出嫁，可惜紅顏命薄，守寡以後，她不甘做封建節婦，以自己雄厚的家資，幫助公益事業。在張鐘端慫恿下，她隨受朝廷委派出國考察的兄長馬吉樟於一九○七年春赴日本考察，借鑒別國經驗以資創辦中州大學。到東瀛後，她見《河南》雜誌經費困難，慨然助資二萬圓。自此，她與張鐘端結下了深厚的友誼。

在張照發的安排下，張鐘端與柴得貴在開封行宮角張照發家裡聚會了一次。得知鐘端奉命來組織河南起義，他十分坦誠地表示，祇要鐘端通知，他會立即帶領巡防營幾百號人響應起義。鐘端覺得柴得貴過於精明，試探性地問道：「據統領大人看來，我們應該首先佔領什麼地方呀？」

柴得貴毫不遲疑地答道：「當然應該首先佔領藩庫啦，祇要把弟兄們的腰包裝滿了，還怕他們不賣命嗎？」

鐘端聽說，心頭不覺一沈，柴得貴這個人太貪婪自私了，他的思想與孫中山先生倡導的主義格格不入，不可與之深談。他沒有批評這位統領，他想到柴得貴如能率巡防營參加起義，無疑能對官府造成極大的震動，有助於起義的成功。他委婉地告訴柴得貴：「藩庫裡的銀子是國家財產，我們不能隨便佔爲私有，如果我們起義是爲了裝滿起義弟兄的腰包，那老百姓不是會認爲我們起義是爲了自己嗎？那樣我們就會失去廣大民衆的支持了。再者，我們要起義、要打仗，必然會給開封造成一定的破壞，今後我們奪取了政權，需要大量的資金進行建設，恢復城市，創建一個和平安定的環境，使民衆能夠安居樂業。」

柴得貴見話不投機，談了一小會，便悻悻然告辭了。張照發知道了張鐘端的心思，勸慰地說：「柴統領平時就有貪財的毛病，不過他還識時務、知大義，起義時他會率眾參加的。」

兵馬未動，糧草先行，這是用兵之道。張鐘端當然知道這一點，一些同志也向他多次提出籌備糧餉的問題。他與崔德聚商談了幾次，要求崔德聚出頭聯絡省城商界捐資。但由於官府各種稅收太沈重，使店鋪、作坊等獲利甚微，大多數是勉強維持而已，談起捐助革命，都感到心有餘而力不足。

這天，張鐘端正與崔德聚在其南關絲綢店裡商議怎樣籌集糧餉的事，突然間聽到一陣車鈴聲在店前響，接著一個穿戴華麗、氣度雍容華貴的貴婦走進店來。鐘端見了，愣了一瞬，驚喜地叫道：「大姐，什麼仙風把妳給吹來了？」

劉青霞淺淺地笑著回答：「當然是革命的仙風了。」自南京劉公館一別，他們已經幾個月沒見面了，要不是千裝倫子來信告訴，她根本不知鐘端已潛回省城了呢，她怪喜歡眼前這位小弟弟的，見了面當然高興了。

寒暄幾句，劉青霞便關切地問起了起義的進展情況。鐘端毫無保留地向風塵僕僕趕來的巾幗英雄談及了起義的籌備情況，以及面臨的軍餉無著的困境。劉青霞聽後，嗔怪地說：「怎麼不早說呢？對我還客什麼氣？我也是同盟會員，革命也有我的一份職責嘛！明天你先派人去我在本城的桐茂典當鋪，那裡有一千六百兩銀子，先拿來用著吧！隨後我再多籌些款子。」

建立機構　統領怏怏離去

辛亥年陰曆冬月初一夜裡，寒風嗚嗚嘯叫著，在開封古城的大街小巷亂撲亂闖。

柴得貴在張照發的陪同下，一副煞有介事的巡視軍務的樣子，出了營房，朝中州公學那建於偏僻之地的小禮房走去。一路上，祇聽腳步沙沙，柴得貴卻心情複雜。在張鐘端的鼓吹下，他確曾下了起義的決心，並讓自己的手下給城內的仁義會送去了一些鎗枝彈藥。當齊耀琳接替寶棻擔任河南巡撫以後，他懾於齊耀琳強硬的手腕，產生了後悔心理，擔心萬一被姓齊的偵知了自己的動靜，會弄得自己腦袋搬家的。儘管畏縮、害怕，但他又有參加起義之心，他知道，憑自己手中的巡防營，在起義隊伍中要算裝備最好、力量最強的了，在起義的指揮機關中定能撈上最大的官職，革命成功後說不定河南都督都是我的呢，那不是比忠於滿清更有利可圖嘛！

尚未正式開會，小禮堂內氣氛熱烈。可一當柴得貴和張照發來到門口，許多人都吃了一驚，立刻噤若寒蟬。張鐘端剛走上講臺，見了，馬上返身下臺，熱情地把柴、張二人迎上臺去，然後對著驚驚惶惶的眾人介紹道：「巡防營統領柴大人，諸位都認識吧！關於柴大人準備率隊參加起義的事，恐伯就沒幾個人知道了。他已以實際行動表明了起義的決心，派人給仁義會送去了一些鎗枝彈藥。因此，我們應該好好歡迎他。」說罷，帶頭鼓起掌來。

柴得貴的自尊心得到了極大滿足，飄飄然地在臺上踱起步來，一副志得意滿、不可一世的樣子。

會議主要議題是研究、決定成立起義的領導機構，統一指揮起義隊伍。經過一番民主協商、討論，張鐘端任總司令乃眾望所歸，王庚先、周凌卓被選爲副總司令。

柴得貴自我感覺良好，本以爲總司令非他莫屬，誰知他連副總司令也未選上，他感到十分羞愧、氣憤、難堪，臉兒頓時變了顏色。鐘端見了，連忙將他拉到角落上，低聲勸慰道：「柴大人，我意原準備推薦你任起義軍總司令，會前我曾徵求過一些同志的意見，他們都說你的部卒過去常常騷擾百姓，如果由你擔任總司令，恐怕會影響四鄉民軍的情緒，不利於義軍內部的團結。祇要你以實際行動參加起義，革命成功後，一定會給你相當的職位和榮譽的。」

「沒關係，沒關係。」柴得貴強裝笑臉，心裡仍然酸溜溜的，悻悻地告辭了。「我頭有點痛，再說營裡還有一些軍務，我先走了，我先走了。」說完，與張照發一前一後走出去了。

張鐘端早知柴得貴貪欲太重，知他未能在義軍中攫取高位，必定心懷不滿，見他興沖沖而來，卻怏怏然匆匆離去，心裡立刻警惕起來，決定轉移會場，再繼續開會。他私下個別通知了應與會人員，便宣佈散會了。

子時，王天傑、張照發、單鵬彥、李鴻緒、王夢蘭、劉鳳樓、徐振泉、李幹公等與會者絡繹來到山東會館。張鐘端掃視了一下眾人，見祇有張德成未到——張德成是巡撫的近衛，無法脫身來參加會議。他宣佈會議繼續召開，接著以低沈有力的聲音宣佈任命：張照發任革命軍協統，王天傑任敢死隊隊長，張德成任暗殺團團長，劉鳳樓任督隊長，李鴻緒任決死隊隊長，徐振泉任敢死隊先鋒隊隊長；民軍由王夢蘭任總指揮，李幹公任先鋒隊隊長，單鵬彥任敢死隊隊長，崔德聚任總招待。宣佈之後，一一發給委任狀。

剛要宣佈散會時，忽然李錦公送來一封緊急電報，張鐘端接過來看了，見是湖北軍政府發來的，要求開封務必在初五日以前起義。他向與會人員唸了一遍電文，請大家討論。大家一致認爲這日子太倉促了。但鐘端在武昌時就知道一些情況，袁世凱一面派大軍進攻，一面放出和談的氣球。軍政府也分爲兩派，一派主張妥協與袁氏和談，提出了逼清帝遜位、建立共和爲條件；一派主張在全國範圍內更多地起義，以暴力全面推翻滿清，因之要求開封務必在冬月初五前舉行起義，否則從初五開始談判後就不好再發動起義了。大家商議了一會，決定按軍政府的規定，於初四日凌晨二時起義。

張鐘端考慮了一會，對起義行動進行了總體部署：「各位同志，從今天起，山東會館就爲我義軍總司令部。起義從初四凌晨二時起發動，首先由城內兩千軍民發難，以放火鳴鎗爲號，兵分三路進攻撫衙：由王天傑、徐振泉、李鴻緒分別率領。城外民軍也分三路攻城：蘭封、考城一帶民軍由曹門進攻，朱仙鎭紅鎗會攻打大南門，中牟民軍攻打大西門。張德成帶二十名暗殺團成員負責刺殺齊耀琳，張照發注意柴得貴的動向，發現其有異舉，立刻將其刺殺。劉鳳樓、單鵬彥各率二百壯士，拱衛司令部。安排妥當後，他聲音高亢地鞭策道：「各位同志，努力戰鬥吧，成則驅韃虜之命，敗則爲共和之魂。」

一席話說得大家熱血沸騰，激昂慷慨，一個個摩拳擦掌，紛紛表示一定戮力同心，奮力向前，爲共和獻身在所不惜。

各隊頭領離開之後，張鐘端選派了一些辦事幹練、會武功的仁義會弟兄，火速趕往洛陽、南陽、新鄉、淮陽等地，給義軍頭領劉粹軒、劉積學、楊勉齋、韓立綸、暴式彬、閆子固等人送信，通知他們按總司令部的決定同時舉事，聲援省城的起義。

慘遭出賣　十一烈士受戮

初三，入夜不久，街上就行人寥寥。夜漸晚，大街小巷內的燈光逐漸熄滅，變得漆黑一團。寒風更猖狂，像一群從地獄裡冒出來的陰魂，探頭探腦地到處亂竄。與大街上的寂寥形成相反對比的是作爲此次起義心臟的山東會館。義軍將士們進進出出，忙個不停，一派熱火朝天的景象。張鐘端暗中多了個心眼，悄悄把前營門那兒的優級師範作爲後備司令部，義軍的銀兩、銅錢和印刷好了的安民告示、標語等東西全放在那裡。張鐘端也去了那裡，安排起義學生們貼標語去了。

夜裡十點鐘左右，正在山東會館門外擔任警戒的單鵬彥、劉鳳樓見兩個人擡著一箱什麼東西來到了大門外，都兩大步躍了過去，一人扭住一個，兩下子就拖到了燈光下，細看那兩人原來是平素趾高氣昂、作惡多端的巡防營稽察江玉山和張光順，一瞬間以爲他們是來刺探起義軍情，頓時怒從心頭起，揮拳就打。兩個稽察飽嚐了一頓老拳，被打得嗷嗷直叫，邊叫邊嚷：「難道連俺們要革命也不准嗎？俺們可是奉統領大人之命來送手鎗和子彈的啊！」

單、劉二人這才住手，打開木箱一看，祇見裡面躺著二十多枝亮晶晶的手鎗和一匣匣金光閃閃的子彈。二人心頭一陣驚喜，心頭的怒火這才熄了下來。

這時，張鐘端走了進來。單、劉二人稟明原委，鐘端猶豫地盯著那兩個平時就名聲不好的稽察，厲聲質問：「眞是柴統領派你們送鎗彈來的嗎？」兩稽察見不受信任，猛地從身上拔出刀子，往手腕上紮去，他們的胳膊上頓時鮮血直流，二人跪倒在地，對天盟誓：「俺誓死參加革命，驅除韃虜，恢復中華，若有二心，願死在諸位弟兄面前！」

鐘端見了，親自上前將他們扶起來，當即委任他們為革命軍統領，吩咐他們在總司令部效力。他又與單、劉悄悄商量，要求他們選派精幹的隊員監視張光順、江玉山二人。隨後，他命令總司令部立刻轉移到優級師範院內西北角的小禮堂內。

夜漸漸深去。蘭封、考城、朱仙鎮、中牟等地民軍，已分頭向省城挺進；城內仁義會和商、學、軍各界起義力量正悄悄向預定的集合地點會攏；駐守禹王臺的清軍炮兵營中的反正分子正把炮口調整向著巡撫內衙。夜交子時，單鵬彥受命在師範門外堆好乾柴，進行施放信號的準備。

突然，一陣吶喊聲響起，數百清軍手持火把包圍了優級師範。張鐘端急令司令部人員趕快突圍逃走，王庚先、周凌卓等人怎麼也不肯，鐘端厲聲命令他們撤走，由自己斷後，並一把將王庚先推出天窗之外。這時，一直跟在他身邊的張光順、江玉山獰笑著掏出手鎗，將他逼住。周凌卓、沈竹白、單鵬彥、劉鳳樓等人與清軍經過一番搏鬥，力竭被擒。由於總司令部被徹底破壞，原定進攻撫衙的三路義軍同時遭到伏擊，因猝不及防，王天傑、李鴻緒、徐振泉等義軍頭領也被清軍捉去了。張照發、張德成因柴得貴告密，在此之前已遭到拘捕。南關小高地上的炮在發炮之前被突然調離。城外的民軍長時間不見城內發出起義信號，祇得分散隱蔽起來。民軍總指揮王夢蘭翻越城牆，到城裡打聽消息，不幸落入陷阱，被捕。同盟會醞釀的開封第二次起義，至此完全歸於失敗。

早晨八點鐘左右，滿清最後一任河南巡撫齊耀琳在營務處爲作霖、巡警道鄒道沂、開封知府呂耀卿、祥符知縣舒林基陪同下，耀武揚威地審問被捉的義軍頭領。除了知道張鐘端是許昌人、現任起義軍總司令兼參謀長外，他從鐘端口裡一無所獲。其他義軍頭領也堅強不屈。輪到張照發被審時，張照發更是痛心疾首地大叫：「俺自恨有眼無珠，未能看穿叛徒柴得貴的僞裝，使同志受害、起義失敗。俺悔恨不及，祇求速死，以謝同胞！」

周凌卓、沈竹白在北京有權有勢的親戚保釋下出了面，河南諮議局也以「株連過多，不宜穩定局勢」的藉口保釋了十多人，但對張鐘端、張照發、張德成、單鵬彥、劉鳳樓、徐振泉、王夢蘭、李鴻緒、李幹公等十一人，齊耀琳堅決不允講情。

按事前約定，冬月初五南北和談開始後，官府即不得再行殺戮、審訊和關押革命黨人。在袁世凱的授意下，齊耀琳以土匪肇事罪論處十一位革命志士。初五清晨，張鐘端、王天傑、張照發、單鵬彥、徐振泉、劉鳳樓等六人被押赴西關刑場，執行鎗決。在狂暴的朔風中，鐘端高呼起「共和萬歲」、「革命萬歲」的口號，直到一顆罪惡的子彈鑽進他的頭顱，才使他中止了呼喊。不多一會，一場大雪舖天蓋地而來，掩住了烈士們的屍體。

次日，另外五位壯士也在西關刑場被齊耀琳下令鎗斃。齊耀琳並下令不許收屍，使烈士們曝屍野外多日，因屍骨不全，在埋葬他們時祇好採取合葬的辦法，此墓因而稱爲「十一烈士墓」。

張鐘端烈士就義後第三天，一代偉人孫中山從海外歸國，督師北伐。第九天，孫先生在南京宣告中華民國成立，宣誓就任中華民國臨時大總統。鐘端烈士該含笑九泉矣。

民國成立後，張鐘端等十一人被追認爲革命烈士，政府並發給撫恤金，還派人接來了鐘端烈士的妻子千裝倫子和一雙兒子。千裝倫子在許昌住了兩個多月，因水土不服導致身體不適，與人們交際困難，喪夫之痛又時時襲擊著她，她終於決定攜子返回日本。但鐘端之母不肯讓兒子遺下的骨血再漂流異域，在一番痛苦的告別後，千裝倫子獨自踏上了歸程。烈士的遺腹子夢梅、兆梅兄弟二人後來畢業於河南大學，抗戰後與母親失掉了聯繫，竟不知生母後事究竟如何。

民國二十二年，河南省政府爲張鐘端等十一位烈士舉行了隆重的遷葬儀式，並將他們犧牲的日子——十二月二十二日定爲河南辛亥革命紀念日。七十一年，開封市政府專門撥款，把十一烈士墓遷到了風景秀麗的禹王臺公園，供中外遊客瞻仰、憑弔。至於爲張鐘端等烈士所開的紀念會，更是難以計數。

鐘端先生，歷史沒有忘記您，人民沒有忘記您。

歷艱辛，冒風險，慰烈士忠魂

——潘達微安葬七十二烈士紀實

巧設計運送彈藥武器

一九一〇年春，孫中山先生與黃興、趙聲等同盟會領導人集會於南洋檳榔嶼，議決於次年春發動廣州起義，占領廣州後，兵分兩路北上，直搗京畿，推翻滿清的黑暗統治。年底，黃興、趙聲等人積極於香港籌劃起義，大批革命黨人潛入廣州，建立起義領導機構，購買貯藏彈藥武器，製造炸彈，準備工作緊鑼密鼓地進行著。

一九一一年四月八日，革命黨人溫生才在大庭廣衆之下拔槍刺殺了清廷廣州將軍孚琦。吳鏡攜炸藥上岸時被清兵查獲。街巷上流言成風，都說同盟會將在廣州大舉起事。這一來，兩廣總督張鳴岐、水師提督李準等軍政大員大爲恐慌，在省城內加強了巡邏，並從外地調來不少援軍，虎視眈眈，隨時準備撲滅革命烈火。

四月中旬的一天夜裡，起義指揮部派人躲過巡邏的兵勇，來到羊城河南保光里「美術瓷窰」，敲響了瓷窰的大門，給主人潘達微送來了一紙命令，要求潘達微在三天之內將一批彈藥運到城裡一處祕密據點。就這樣，一個滿清武官的兒子，被革命的洪流推到了時代的前沿。

潘達微，出生於廣東番禺縣一個名門望族家庭，因仇恨滿清的腐敗專制和列強對祖國的侵掠奪，背叛了封建家庭，參加了孫中山先生領導的同盟會。他與陳樹人、鄧慕韓聯合創辦了《平民報》，自任主編，竭力鼓吹革命，宣傳孫中山的主張和革命理想，成爲遐邇聞名的一枝筆。同時，他開辦了「美術瓷窰」，聯絡同志，傳遞情報，成爲一處重要的交通點。

接到起義指揮部實行部的命令，潘達微一下子陷入了沈吟之中。因爲這一段時間廣州城裡和城門口盤查十分嚴格，要想順利地將彈藥送到城內的據點是很不容易的，必須擔著生命危險。能否成功，也很難保證。

夫人陳偉莊見他沈思，問他有什麼事。他將起義指揮部實行部的命令給夫人看了，夫人說：「沒什麼大不了的，依我看，老法新用，再來一次喬裝進城。不過，這一次，我再當新娘怕是不行了。我娘家一個遠房伯伯在清軍中當管帶，聽說調防來負責防守南門了。我明天去打聽打聽，如果這消息是眞的，那就沒問題了。」

潘夫人所說的消息果然是眞的。當他們夫妻倆喬裝成男女儐相，在花轎裡藏了彈藥武器闖城門，守城清兵強行要攔下花轎檢查時，潘夫人的遠房伯伯及時出現了，厲聲斥責部屬：「新娘出嫁，不到夫家，不能下花轎，你們連這點風俗都忘了，非要壞人家的好事不可嗎？快點放行。」

假夫妻倆和潘、陳二人扮成的男女儐相順利入城，將武器彈藥送到了指定的地點。見了實行部成員、「炸彈大王」喻培倫，達微問道：「請您關照的讓我加入先鋒隊一事怎麼樣了？」

喻培倫爲難地說：「統籌部作過研究了，沒有同意您的要求。」黃興爲使起義能夠成功，專門從南洋及國內各地的同盟會員中抽調了一部分忠勇強健、鎗法很好的組成先鋒隊——也即是敢死隊。潘達微爲親自向反動統治者開鎗，一遂決戰陣前之夙願，早就拜託喻培倫爲自己說說情。喻培倫事未辦成，祇好安慰他道：「你身體較弱，不適宜於衝鋒陷陣，但你文筆超群，執掌《平民報》，家裡又是革命的祕密機關，身分又沒暴露。萬一這次舉義失敗，您正好充分發揮長處，聯絡同志，呼籲民衆，重聚革命力量，以收最後成功之效。」

達微雖爲無法親自參加起義而遺憾，但也祇好遵命。

四處遊說爲安葬烈士盡心竭力

一九一一年四月二十七日（辛亥年三月二十九日）下午五時半，廣州起義爆發。翌日，起義完全失敗，百餘義勇受戮，橫屍街巷。總督張鳴岐、水師提督李準並下令不許收屍，要讓死難烈士曝屍十天。

得到起義失敗、烈士曝屍街頭的消息，潘達微悲慟難忍，與夫人抱頭痛哭一場，暗自商量決定盡最大努力，無論如何也要讓烈士們死後有個安身之地。他以《平民報》訪員的名義，混入城裡，先後求見了廣仁善堂董事徐樹堂、廣濟善堂董事廖少帆、方便善堂董事胡善波、愛育善堂董事張子謙，藉口衆多市民往訪《平民報》，訴說陳屍街巷阻礙交通，影響衛生，邀約他們一同求見張鳴岐。見了總督，衆人陳述街巷衆屍腫脹不堪，臭氣熏天，引來蚊蟲蒼蠅無數，嚴重影響了城市衛生，有礙交通，請求總督下令早日將死者安埋。

義軍攻打督署時，張鳴岐是挖了牆洞才逃走的，當時狼狽至極，對義軍恨之入骨，再說革命黨人陳屍街頭帶來的衛生和交通秩序問題，他當總督的在深宅衙門可謂毫無關係。因此，怎麼也不同意衆人的請求。

潘達微強捺怒氣，據理力爭，侃侃而言：「總督大人，我等此來，雖是爲民衆所託，其實更是爲大帥著想。」

張鳴岐見面前這個瘦弱的年輕學子出語不凡，祇得虛心相詢，在瞭解了達微之父爲在朝武官，達微長於詩文，擅於繪畫，對時政也所知甚廣之後，遂問：「你的話怎麼講呢？」

達微慷慨進言：「大帥之意，不過殺雞儆猴。但依小民之見，不一定能奏效，且反而有禍。孫文組建革命黨後，多次興兵作亂，先後釀成萍瀏醴之亂、潮洲黃崗之亂、惠州七女湖之亂、欽州防城之亂、鎮南關之亂、欽廉上思之亂、雲南河內之亂和這次廣州之亂，雖完全歸於失敗，然而屢仆屢起，來勢一次比一次兇猛。據說，革命黨組織有暗殺部，專門暗殺他們的死對頭。比如吳樾炸出洋五大臣、徐錫麟刺安徽巡撫恩銘、溫生才之鎗殺孚琦，此種恐怖行動，可謂不勝枚舉，手段殘忍，大人今雖擊敗其亂，但漏網黨徒見其同夥曝屍街頭，長時間不葬，必更銜怨，難免不派出敢死之士前來行刺。明鎗易躲，暗箭難防，大人，到時您就防不勝防了。冤家宜解不宜結呀！」

眞是聽君一席話，勝讀十年書。張鳴岐聽得心驚肉跳，暗想果然如是，遂裝出慈悲爲懷的樣子說：「本督素以民瘼爲念，看在諸位面上，就准了你們所請，不日內下文將亂黨們收屍殮葬算了。」

五月一日，督署下文，決定由善堂出面，殮葬死難的革命黨人。至於殮葬何處，則由番禺、南海兩縣知縣商議後決定。

各善堂得令，便差人前去各街巷，將烈士遺體收集攏來，堆集於諮議局前的空地上。

剛堆放畢，南海、番禺兩縣衙門差人前來告知合議結果，著將烈士遺體葬於東門外臭崗。

潘達微聞知，氣憤不已。臭崗是歷年斬決犯人之所，早年挖了很大一個坑，遇有斬決犯人，即將其推下坑中，浮土虛掩，常年以往，白骨森森，臭味衝天，蠅麋蟲集，行人過此，無不掩鼻。臭崗之名因此而得。將死難烈士與臭坑內雞鳴狗盜、殺人放火之惡徒同葬一穴，豈非烈士之辱？

潘達微連夜去找廣仁善堂董事徐樹堂，要求徐出面請求官府同意另覓營葬之地。徐雖與潘交厚，但怕連累堂裡衆人，推辭不幹。

潘達微又去找江孔殷。江是廣州屈指可數的富戶，又掛著鄉督辦的銜頭，可謂有權有勢。江特別信奉因果報應、轉世輪迴之說，認為此生廣積善德，死後可以早日投胎、重享富貴，所以熱心公益事業，愛做善舉，在官府裡吃得開，在民衆中有聲望。其父與潘父一同在朝為官，二人算是世交子弟。達微毫不客氣，三言兩語說明來意：「……請仁兄出面疏通關節，弟將另設法擇地安葬。仁兄德高望衆，聲威傾城，兩縣令必能俯首聽命。」

「老弟如此熱心，想必也是革命黨中人吧！」江孔殷微笑著，半眞半假地問道。

潘達微不以為然地說：「仁兄眞會開玩笑，愚弟祖上為朝廷效力，而且生性懦弱，聞刀鎗廝殺之聲便心驚肉跳，手足無措，就是想要參加，怕革命黨也不要呢！不過，這次死難諸人，有幾個曾與我同窗共讀，譬如嘉應的饒輔廷、東莞的李文甫、南海的余東雄，大家相聚時曾縱論時勢，商榷詩文，頗為相得。我們是知書識禮的人，交友不能以成敗貴賤或輕或重，實在不忍心讓摯友曝骨揚穢於臭崗，為全朋友之義而已。」

江孔殷深受感動，同意前去說項。很快，潘達微就得到了回音，兩縣令准許了。

痛哭陳說　烈士安然入寢

潘達微向一個熟識的醫生以三百圓的價格買下了位於沙河右側的一塊土地，決定用來作為起義死難烈士的長眠之所。說妥之後，他急急地回家籌措款了。然而，夫人拿出了家中所有積蓄，尚差百餘金。達微遂提出把自己的懷錶賣了，估計能賣百餘圓。

夫人將他攔住了：「不行，懷錶必須留著，與同志們約會時不可無它。不如把我的首飾賣了，反正我也用不大著。」

正在這時，賣地的醫生找上門來，聲言爲防官府陷害，不敢賣那塊地了。末了，他摸出八十金遞過來，慚愧地說：「不是我言而無信，實在是官府無道，萬一我家遭了陷害，一家老小活命都難了。我知道潘先生您資金困難，這八十金是我的一點小意思，請務必收下。」

言畢，急忙告辭走了。

這突然的一幕，使潘達微又遭打擊。他又四處求購土地，雖有幾家願賣，但一得知潘買地是爲了埋葬死難的革命黨人時，都怕受連累，一口回絕了。

潘達微想到自己滿腔熱忱，冒著生命危險，欲爲死難烈士覓一安息之地，卻得不到民衆一點支持，悲憤不已。當他又去廣仁善堂，徐樹堂問他爲何煩惱時，他一下子悲從中來，不由放聲大哭。哭了一陣，這才抽泣著說：「我父也是善堂創始人之一，善堂創辦時曾捐給鉅款，各位善董也是我父知交，不知各位是忘了，還是故做不知？不然，今天小子有難，爲何各位卻忍心袖手旁觀？」

善堂各位董事聽了潘達微的質問，都感到羞慚、難堪。徐樹堂得知他的苦衷，考慮之後，慨然說道：「令尊大人對本堂的大恩大德，我等銘記心田，不敢一日稍忘。本堂在沙河馬路旁有一片地，名紅花崗，送給先生吧。」

達微去看了一下，覺得紅花崗地勢雖不算雄壯，但也還差強人意，遂決定以此地葬之。他趕回善堂後，與徐樹堂商量，決定由他連夜僱土工挖掘墓穴，並請仵工明日上午會聚諮議局前，收屍成殮，棺材由廣仁善堂施捨，由徐樹堂約請各善堂董事，屆時一同到墓地督葬。

五月二日，天空陰雲密佈，細雨霏霏，潘達微很早就穿上長衫——夫人在長衫下襟內新縫了一條白布，以示為烈士們戴孝，來到堆放烈士遺體的地方，祇見烈士們兩三人被鐵索綑做一束，有的胸背洞穿，有的身首異處，屍體內已有許多小蟲出沒，慘不忍睹，臭氣熏鼻。達微心內傷痛異常，暗暗發誓血債血還。他囑咐仵工解掉屍體上的枷鎖，去掉縛索，洗去汙血，將肢體身首合一，然後放入棺中。但仵工們並不願幹，微達又給每人加了二圓酒錢，仵工們才答應了。

不一會，棺材運來了。這些棺材十分脆薄，做工粗糙，達微見了，甚為不滿，表示要到市面上去另買新棺。方便善堂董事見了，將他攔住：「施棺義葬是我善堂本份，不必先生破費，先生義舉，直薄雲天。恰我善堂有一批上好木材做成的新棺，堅固牢實，叫仵工們擡來就是了。」

整合屍體時，達微在旁邊仔細辨認，默記下認識的同志的姓名。因起義同志均穿短衫，以方便行動，因而他見到一具身穿長衫的屍體時，便叫停下不忙，仔細看那人內衣質地甚好，懷揣公牘，估計死者不是革命黨人，將其剔除，拋在一邊。後來查明，該死者果係水師提督李準的刀筆隨從。

下午四時左右，屍體整合完畢，共有七十二具之多，全部放入棺中。達微又親自一個一個地檢視，爲烈士放平頭顱、拉直四肢、整理衣衫。

百多名仵工擡著棺材，喊著號子，行走於泥濘道上。達微跟在最後一具棺材後面，愴然而行，淚水和著雨水，一齊往下流。

仵工們將四排墓穴裡的棺材掩埋完畢，天已快黑了。待仵工們走後，達微拈香鞠躬致哀，禱告亡魂，決心繼承烈士遺志，推翻滿清。

死後還葬黃花崗

埋葬烈士後，潘達微感到墓地如沿襲舊名無甚意義，不如改名以體現烈士風骨。因從南宋遺民鄭思蕭的畫軸「菊」及「畫菊」詩而受到啓發，認爲「紅花」二字輭弱，不如「菊花」二字雄渾，古人又謂菊花爲黃花，因而潘達微決定將紅花崗改名爲黃花崗。

當時，「保皇會」的《國事報》載文指責潘達微，大肆攻擊。使他家裡人大大地捏了一把汗，卻幸而無事。

辛亥革命成功後，廣東宣佈成立軍政府時，一些革命黨人欽佩於潘達微的膽識，提議舉他爲都督。但他固辭，祇擔任了廣州公益局長。在他的倡議下，萬餘人集會黃花崗，公祭七十二烈士。

後來，潘達微因病去了香港，在香港下灣跑馬地有精舍三楹，清修治病。民國十八年七月二十七日病逝於香港，遵其遺囑將遺體運回廣州安葬於黃花崗七十二烈士墓左側。九月二十四日，國民政府行文，對潘達微生前革命義舉明令褒揚。

第二次國共合作時期的周恩來與張衝

周恩來與張衝，一個是共產黨的主要領袖，一個是國民黨的得力大將，分屬於不同的階級營壘，他們之間曾經產生過一些恩恩怨怨。然而，當抗日救亡的鐘聲敲響之後，爲了民族大業，第二次國共合作應運而生，他們走到了一起，合作共事，留下了一段啓人省思的話題，值得今天的人們細細咀嚼。

赴義至勇　少即投身革命

張衝，字淮南，別號御虛，一九〇三年生於浙江省樂清縣茗嶼鄉琯頭村。張衝幼即聰慧，五歲時即能背誦《詩經》中的〈關雎〉等詩。在家鄉小學讀書時即最愛讀王安石、蘇東坡等名家之作，自言「平生最信仰范仲淹」，常大聲誦讀「先天下之憂而憂，後天下之樂而樂」等名句。作文喜引證故事，洋洋灑灑，寄託抱負。他與同學們一起登雁蕩山玉甑峰時，曾寫七絕一首以抒懷抱：

「萬方多難此登高，一覽群山意氣豪。四海生靈尙塗炭，澄清天下敢辭勞。」其抱負之不凡，於此可見。

五四學生運動後不久，張衡考入溫州省立十中。他發起組織了「醒華學會」，出版壁報，宣傳革命，研究新文化，討論新思潮。有時，他還帶著學生隊伍到各輪船碼頭檢查，抵制日貨。少年張衡就這樣以滿腔熱情，積極投入愛國活動。

十一年夏天，張衡考入交通大學北平鐵道管理學院，由於他關心國事，頗有見識，入學不久，十九歲的他就加入了國民黨。十四年，以官費生的資格轉入哈爾濱中俄工業大學，翌年又考入哈爾濱政法大學。在哈市，他因不滿於奉系軍閥大頭目張作霖親日行爲，參加了反張活動，於十六年三月被捕入獄。「皇姑屯事件」發生，張作霖被日本人炸死，張學良接掌東北，宣布易幟，在黨的營救下，他才得以出獄。出獄後與一個白俄少女結婚。十八年，攜妻前往南京，在一個同鄉學友的引見下，得以拜識陳果夫、陳立夫先生。幾經交談，二陳見他見識不凡、談吐風雅，是一個人才，竭力推薦。張衡順利地踏入仕途，先後擔任過國民黨哈爾濱黨部特派員、天津市黨部委員、南京特別市黨部書記長等職。十九年春，昇任中央組織部調查科總幹事，主管情報工作。當時，組織部長由蔣介石先生兼任，副部長是陳果夫。

兩次交手　結下不解之緣

二十年四月下旬，中共中央特科負責人顧順章在將中央重要領導人張國燾送到蘇區後，返回時在漢口被捕，隨即解送南京。顧宣布投誠，供出中共在上海的機關及主要負責人的有關情況。張衡立即帶人前往上海，準備破獲共產黨在上海的機關。誰知，這份情報首先落於時任調査科主任徐恩曾機要祕書的中共黨員錢壯飛之手，錢首先將這一情報告知了中共中央特科另一負責人李克農。李即轉告中共中央軍委書記周恩來，周與陳雲商量後，在陳賡、李克農、聶榮臻、李強等人協助下，迅速佈置轉移、撤離，使後來成爲中共大將的張榮逸等大批共產黨員免遭逮捕。事後，張衡特別遺憾，嘆惜說道：要不是錢壯飛，定能一網打盡，周恩來也難倖免。後來成爲中共元帥的聶榮臻在回憶文章中說：「這兩三天眞是緊張極了，恩來和我們都沒有合眼，終於搶在敵人前面，完成了任務。」

後來，張衡決定採取離間計，在中共黨內製造混亂，瓦解其組織。在他的授意下，二十一年二月中旬，上海《申報》、《時事新報》、《新聞報》、《時報》及國內其他報紙同時刊登了一則〈伍豪等脫離共黨啓事〉。伍豪是當時周恩來所用的化名。

啓事登出之後，確實在中共內部引起了一些人的猜疑。周恩來爲此十分氣憤，以當時所能採取的方法，以曲折的筆法在當月的《申報》上登了一則啓事，予以闢謠。二月四日，又在《申報》上登了〈巴和律師代表周少山緊急啓事〉，藉以澄清眞相。

周、張二人兩番交手，雖未謀面，卻自此結下了不解之緣。恐怕張衝也難以想到，在三十多年後的「文化大革命」時期，「啓事事件」卻發揮了作用，臨上手術臺前，周恩來還在陳伯達、江青等「中央文革小組」領導人督促下在澄清當年「啓事」的有關文件上簽字。

化敵爲友　推進二次合作

二十四年，中共發表〈八一宣言〉，提出了「建立抗日統一戰線」的主張。此後，國內政治氣候有所鬆動，國共兩黨祕密接觸增多，蔣介石又有了與中共合作的念頭。

秉承總裁旨意，張衝在二十五年四月的《申報》上刊登了尋找伍豪的啓事，要求伍豪見報後於五月五日去北四川路新亞酒店與落款者一晤，聲明有要事相商。啓事登出後，張衝便派人晝夜守候在酒店房間裡，等候周恩來。

費了一番功夫，張衝才與周恩來、潘漢年接上了頭。過了幾天，他奉命邀潘、周二人前去南京，與國民黨中央組織部部長陳立夫作了幾次談話，互相交換了看法。六月，在蔣總裁指示下，張衝又與潘、周去了浙江莫幹山，同正在山上休養的蔣先生具體談及了有關合作抗日的一些問題。

在避暑山莊，內戰開始以來國共兩黨第一次最高層次的接觸悄悄地進行了，蔣、陳與周、潘交換對時局的看法，達成了兩黨間的諒解，同時約定以後再進一步交談。

翌日清晨，張衡陪送周、潘下山，在杭州西湖握手道別，他們都感到各自應肩負更大的使命。自此，兩黨漸漸化敵爲友，張衡成爲穿針引線的祕密使者。

「西安事變」發生，張衡因隨行蔣總裁，同被羈押。通過談判，得以和平解決，全國範圍內的抗日民族統一戰線開始形成了。爲免日本人生疑，此時兩黨之間的來往還是採取祕密方式。張衡也更受到蔣介石的信任和重視，成了國民政府與中共和莫斯科聯絡的專使。

二十六年二月九日，國共第一次正式會談在西安舉行，歷時一月。國方代表爲顧祝同、張衡、賀衷寒，共方代表爲周恩來、葉劍英。由於一些頑固派的阻撓，會談未能取得很大進展，但兩黨關係也有了明顯的改善，如美國記者在《西行漫記》中所述：「總司令派赴西安的使者張衡將軍和共方在西安的代表周恩來談判的結果，在四、五、六月裡發生了一些重要變化。經濟封鎖取消了，紅軍和外界建立了貿易關係。更重要的是，雙方悄悄地恢復了交通聯繫。在邊界上，紅星旗和國民黨的青天白日旗象徵性地交叉掛在一起。」

根據總裁的授意，張衡在會下與周恩來接觸頻繁，商討有關問題。有人擔心地對他說：淮南呀，你這樣太冒險了，如果會談成了，也算立功，如果不成，你將成爲千古罪人！張衡毫不畏懼，凜然答道：內戰以來，圍剿節節失利，搞得民不聊生，外有強敵虎視，眼見國將不國。唯願盡我職責，停止內戰，精誠團結，一致對外。至於個人功罪，則在所不計。一席話，顯出了他的錚錚鐵骨和寬闊胸襟，激昂慷慨，擲地有聲。

這次會談後，周恩來一去西湖，二上廬山，再至南京，與蔣介石進行了四次正式會談，在兩個巨人的努力推動下，全國性的抗日民族統一戰線始告正式形成。張衡始終參與了這些活動，做了許多有益的工作。

西湖會談時，蔣介石把一本密碼給了周恩來。張衡回到南京，向總裁匯報後，即親自安排電臺與延安定時聯絡，交流信息。陝北來電時，他親自守著譯電員譯好電文，然後帶去交給總裁。蔣對陝北有什麼電示，由蔣口授要點，再由張衡擬成電文發出。有一次，因身體不適，他將電文交給發報員後就回家休息了。誰知，發報員發了一半，也睡覺了。翌晨，張衡到電臺發現了這一問題，非常氣憤地質問：你們知不知道這關係著抗日救國、民族存亡的大事？趕快發出去！電訊人員心慌了，連忙用多部發報機同時呼叫延安。第三天凌晨，才接到延安回應：「盲電均收，即呈毛主席和周副主席。因機器故障，祇能收報，不能發報，致歉。」張衡這才鬆了一口氣。

相忍相重　奔波聯俄聯共

「然自相識之日始，直至臨終前四日，我與淮南先生往來何止二三百次，有時一日兩三見，有時且於一地共起居，而所談所為輒屬於團結禦侮。堅持國策，至死不移，淮南先生誠五年如一日。」「我與淮南先生初無私交，且隸兩黨，所往來者亦悉屬公事，然由公誼而增友誼，彼此之間輒能推誠相見，絕未以一時惡化，疏其關係，更未見勤於往來，喪失黨格。這種兩黨間相忍相重的精神，淮南先生是保持到最後一口氣的……」（見周恩來〈悼念張淮南先生〉，原載《新華日報》。）

周恩來的上述話，集中地概括了他與張衝交往以來張衝先生的精神風貌，真誠地評價了一個忠實的國民黨員的優良品質。張衝才華出眾，性格堅韌，為人豁達，「平時待人接物，尤極謙和，而青年英俊之氣，亦未稍衰。」周還極力稱讚他「這種動定咸宜的守身之道」。他最初是陳果夫的下屬，後成為陳立夫辦理對蘇外交和對共談判的副手，以後直接與蔣聯繫，成為國共合作的橋樑。由於他精通俄文，對蘇聯的風土人情頗有研究，所以自二十一年起他就開始辦理對蘇外交事宜。二十六年八月，《中蘇互不侵犯條約》簽訂。十一月，他作為「實業考察團」（實為軍事代表團）副團長赴蘇，奉命謁見斯大林，商談蘇聯援華辦法。一向深居簡出、很少接見外人的斯大林不僅單獨約見了他，而且交談了五個小時，具體談及了蘇援華的一些細節。回國後，即被委任為軍委會顧問處中將處長，負責對蘇事務，為爭取蘇聯助援做了大量工作。蔣經國先生能夠回國，他在斯大林面前也是說了情的。

同時，與中共的聯絡也由他主管。由於他的安排，周恩來於二十八年春前往浙江、安徽視察。夏，周由重慶返回延安時，珊瑚壩機場檢查人員堅持要周出示離境證件，否則不許登機。恰在此時，張衝前來送行，見此情景，遂返程找到侍從室主任賀耀祖，二人同去見蔣，求得手令，使周順利地乘飛機返回延安。

張衝辛勤操勞，爲國事奔波，成效卓著，周恩來如此評論他：「在國，國內合作成，出國，國際強援樹，去國勢頓，回國勢轉，先生雖非決最後大計者，然其任事之勇，奔走之勞，已匪異人任了。」

幹將沈光　舉國哀悼斯人

由於國共第二次合作，「五年來國內外風波頻起，淮南先生尤首當其衝，而風波之險，謠諑之多，甚且浸及先生。但淮南先生則處之泰然，絕未以一時『行情』動其心志，變其神態。且困難愈甚，而先生之努力亦愈多，奔走亦愈勤。這種至死不息的衛道精神，淮南先生也是五年如一日。」皖南事變後，國府方面要取消新四軍番號，中共針鋒相對，重建新四軍軍部，矛盾日趨惡化，兩黨裂痕加深。「一月事起，二月報事隨之，三月爲參政會期，四五月有中條山戰役，此中風浪之險，環境之惡，爲五年所創見。先生勞神焦思，力維大局，備極憔悴。」（以上均周恩來語）

由於張衝辦事勤謹，蔣介石對他慰勉有加，將其提昇爲中組部副部長。在一些人竭力要破壞國共合作時，他勉力奔走，欲消弭裂痕，維持來之不易的兩黨合作，因此遭到了一些人的嫉恨。

在一次高級會議上，他提出了應繼續與中共合力抵禦外侮的觀點，某大員竟對他破口大罵，並將茶杯向他擲去，幸未擊中。這使他明白自己成了頑固勢力的衆矢之的，爲此他十分悲哀，曾準備自殺以明心志，他還對親信留下了遺言。

三十年六月，張衝不幸感染了惡性瘧疾。起初他沒當回事，直至病沈，才不得不中止操勞，住院療治。周恩來多次前往醫院探視慰問。最後一面，張忍著病痛，囑周與自己的後繼者、時任軍令部二廳副廳長的鄭介民好好保持聯繫，維護團結，抗日衛國。周感動地連連點頭。

當時，日軍飛機不停地對重慶實施「疲勞轟炸」，氣候也炎熱，難免醫護不夠周到，張衝與病魔爭鬥了兩個月之後，於八月十一日病逝於重慶郊外雲龍旅館山洞內，終年僅三十八歲。

英才早逝，舉國悲痛，國共兩黨主要領導人紛紛致電其家屬表示唁慰。十一月九日，追悼會在重慶新運服務社大禮堂舉行。會場內外，挽聯高懸，哀樂縈迴，冠蓋如雲。蔣介石先生親臨祭奠，致送哀辭：「赴義至勇，秉節有方。斯人不永，幹將沈光。」中共領導人周恩來、董必武、鄧穎超、潘梓年等也參加了追悼會，並致送花圈。毛澤東、董必武、林柏渠、吳玉章、秦邦憲、鄧穎超、陳紹禹聯名致送的挽聯是：「大計賴支持，內聯共，外聯蘇，奔走不辭勞，七載辛勤如一日；斯人獨憔悴，始病寒，繼病瘧，深沈竟莫起，數聲哭泣已千秋。」朱德、彭德懷挽道：「國士無雙，斯人不再；九泉可作，萬里相招。」葉劍英、李克農挽道：「豺狼尙縱橫，大局豈堪重破壞；巴渝多霧障，忠魂何忍早遊離。」錢之光、徐冰、陳家康聯名送挽聯曰：「奔走團結，勞怨不辭，予我人以楷模；堅持抗戰，忠信有加，誠國家之橋樑。」

對張衡的逝去，周恩來尤感悲痛，不僅寫下了「安危誰與共？風雨憶同舟！」的挽聯，而且在追悼會上講演了二十分鐘，講到後來，感情激動，哽咽難言，聽者俱皆動容。他還指示《新華日報》刊出悼念張衡專頁，親自寫了一篇二千多字的文章〈悼念張淮南先生〉作爲代論，高度評價了張衡爲抗戰「勞神焦思」、「奔走壇坫」、「獨持正義」、「力維大局」。

在那樣特殊的歷史年代，作爲一名忠實的國民黨員、國民政府的幹才，要得到國共兩方面一致的尊敬和高度評價，絕非易事，由此也可見張衡爲推進國共第二次合作、聯共聯蘇、抗日救國作出的傑出貢獻。

討逆須用我，桴鼓以代彈琴

——記彝族民主革命先驅、陸軍上將安健

一個彝族大土司的後代，看到滿清政府種種腐敗墮落、喪權辱國的醜惡行徑後，毅然拋棄封建大家庭，投身革命，成爲首批同盟會員，協助孫中山先生進行推翻滿清的工作，歷任討袁軍貴州司令長官、大元帥府參議、川邊宣撫使、大本營諮議、國民革命軍第九軍黨代表等職，是貢獻卓著的國民黨元老，不愧爲我國彝族民主革命的先驅。

背叛土司家庭　踴躍投身革命

宋教仁遇刺後，袁世凱加緊進行復辟帝制的籌備工作。孫中山先生針鋒相對，派出大批革命同志到各地從事革命活動。安健被派往雲南、貴州的少數民族地區，在少數民族民衆中散播革命思想。他的活動，引起了貴州都督唐繼堯、貴州護軍使劉顯世（當時均附袁）的恐慌，唐繼堯在〈復國務院請詳查安匪桂林赴京瀆電〉中說：「安健等特爲匪黨煽惑，動以種族之說，以致赴京

上瀆，所稱騷擾需索各節，膚訴不足深辯。」劉顯世一語中的：「將各該匪逐一研究，謀復孫文即位。」可以看得出來，安健當時發揮了很大的作用。

安健於光緒三年農曆七月二十四日（一八七七年八月二十二日）生於貴州省郎岱廳羊場巡檢司凹鳥底（今六枝特區上官鄉下官寨），字舜卿，又作舜欽，是統治水西地區的彝族大土司的後裔。史載：「其先祖爲水西土司，自蜀漢建興三年，健之遠祖，有從武侯佩三珠虎符徵討南蠻者，得賜土著姓，至今千有餘年。」其族祖奢香夫人，在明朝洪武初年竭力穩定貴州政局，是一個傑出的彝族領袖。

安健幼時，其家即聘教師對他授課，二十歲那年考取秀才。小時，聽到親自參加一八八三年中法戰爭的三哥講述抗法戰爭故事，得知〈中法新約〉的簽訂後憤憤不已。年齡稍長，經常往來於安順、貴陽等城市，結識了張百麟等民主革命先進分子，接觸了大量的西方民主思想和新文化，對黑暗的現實有了更深的認識，心中的愛國思想被激發出來，於是毅然拋棄科舉仕途，致力於尋求救國之道。當時，其父和三哥都已去世，由思想守舊的四哥主持家政，四哥對安健的叛逆之舉惱怒不已，將其囚禁於窗子洞，派家丁晝夜嚴加看守。安健不甘被囚禁，說服了看守自己的家丁，在一個寒冷的冬夜，看守將他放出了窗子洞。

幾經輾轉，安健安全到達貴陽。在貴陽，他與革命分子鐘昌祚、周培藝等結爲密友，多次商討組織革命團體、反抗滿清黑暗統治的問題。他認爲中國社會已到了生死存亡的關頭，不變革就沒有出路。他與王度、朱焯、方策等人發起成立了「友誼會」，宣傳資產階級民主主義，圖謀發動革命運動。

爲尋求革命眞理，一九〇五年，安健前往上海，乘輪東渡日本。當年八月二十日，孫中山先生蒞臨東京，假《淸風報》社召開了中國同盟會成立大會，首批會員千餘名中，安健是西南地區唯一的少數民族會員。入會以後，在孫先生的領導下，他不僅在東京積極投身革命活動，而且經常寫信給省內的朋友，「灌輸革命思想」，認爲應「標榜平民主義與貴族主義相對抗，屹立貴州革命之基礎」。

同時，安健多次受孫先生委派，回國投身武裝鬥爭，先後參加了欽廉之役、河口起義、廣州起義等。雖然這些起義都失敗了，但安健作戰勇敢，每次均能衝鋒在前，曾經負傷，爲此多次受到孫先生和同盟會方面的表彰。

一九〇七年，貴州自治學社成立，這是一個旨在推翻滿淸統治的革命團體。安健受邀加入自治學社，此後便成爲自治學社與同盟會總部之間的聯絡人。一九一〇年，各地革命形勢高漲，孫中山見革命時機日趨成熟，因此指示在東京的同盟會員「各回本省運動革命以壯聲勢」，大批同盟會員返回國內。安健由於負責總部的聯絡工作，未能回國。翌年，各地革命活動風起雲湧，貴州自治學社也在緊鑼密鼓地籌備起義事宜，並洽詢同盟會總部的意圖。安健請示總部後，回函告知：「同盟會在廣州失敗後，將有事於長江。」並敦促自治學社加緊起義的準備工作。此時，他的任務已不限於「傳遞同盟會內外情況，負責報告會務及傳達命令之責」，還具體協助孫先生指導貴州的革命活動。

同時，安健積極撰文，抨擊滿清反動統治，宣傳民主革命，其文章在日本、上海的報刊大量發表，犀利的筆鋒引起很大反響，上海報刊稱「士人安健之文章震驚海內」。爲此，引起了反動統治者的仇視和恐慌，下令予以通緝，並指使郎岱縣統治者，放火燒了安健的家，強迫其家人迫使安健放棄革命。安健予以拒絕後，朝廷又許以官爵，要他爲朝廷效力。安健仍不爲所動。

武昌起義後不久，貴州自治學社與新軍舉行了起義，於十一月四日光復，成立了大漢貴州軍政府，是較早響應武昌起義的幾個省分之一，及時地聲援了武昌起義。這一功績，安健在其中發揮了很大作用，自治學社成員陳蒓齋著文稱：「到了安健下達先生命令，即待命響應起義。當時阻撓革命進行者，爲如下各種惡勢力……但革命力量仍冒死奮鬥，積極發動起義以響應武昌，由安健報告於總部，請向先生轉陳。」

回省指導工作　力阻滇軍入黔

貴州光復後，孫先生派安健回貴州指導工作。到上海後，安健與自治學社社長鐘昌祚、劉榮勳會合，民國元年元月下旬從上海出發，擬繞道雲南回貴州。然而當時，因黔軍主力由都督楊藎誠統率分別援鄂、援川，憲政會於二月二日發動反革命政變，殺死五路巡防統領黃澤霖，樞密院長張百麟被迫外逃躲避。憲政派怕楊藎誠率新軍回省復仇，急忙請求滇軍入黔維持秩序。安健等剛到雲南，獲悉了這一陰謀，立即四處奔波、遊說，力圖阻止，然而終未成功。

唐繼堯率滇軍入黔後，大肆屠殺革命力量，同時軍紀敗壞，燒殺搶掠無所不爲，在貴州製造了一片恐怖，辛亥革命成果完全被顛覆了。安健他們回省後，見此十分痛心，不甘屈服，回郎岱組織革命力量，決心與舊勢力作鬥爭。二月二十三日，安健回到下官寨，當即向族中佃戶宣布「三年不交租」。他深感彝、苗人民文化落後、思想愚昧，因此說服愛妻高蘭珍興辦學校，開啓民智。這在當時婦女從不拋頭露面的情況下，是一件了不起的壯舉。

鐘昌祚、劉榮勳經坡貢、鎮寧，於二月二十四日到達安順。三月六日，管帶張卓清奉護軍使劉顯世之命，將鐘昌祚殺害。劉榮勳流亡。安健聞訊，悲憤不已，離黔赴上海，通過貴州通訊處刊印了〈安健告同胞書〉揭發滇軍與憲政派的種種罪行，並致書總統府。大總統通電雲南都督蔡鍔、新攫取了貴州都督的唐繼堯、貴州省議會，命令滇軍回滇，援鄂黔軍回黔。

追隨孫中山先生　離間龍王部屬

元年八月二十五日，國民黨成立，孫中山當選爲理事長。安健堅決追隨先生，加入了國民黨。

宋教仁被刺一案發生，孫先生怒不可遏，發出討袁命令。張百麟召集了安健、凌霄、席正銘、戴寶輝、王度、王憲章、李元著等黔籍革命人士集會於上海，傳達孫先生密令，商討如何進行反袁鬥爭。會議決定：「方式策略不變，惟綱領改爲：推動時代，開化地方，引導青年，喚起民心，內外相從，共圖貴州的事業。堅決追隨孫中山先生，完成國民革命。」孫先生聽了匯報，很高興地說：「大家從貴州出亡，是逃難，對中央來說，是增強革命力量。應以愉快的心情，努力參加這個運動。將來革命成功，貴州將傳檄而定。你們這個綱領很好，分告同志努力。」

後來，安健受先生之命，多次赴廣大彝族地區開展工作。那時，出自雲南蒙自的彝族人龍濟光任廣東都督，勢力很大，被稱爲「龍王」。安健利用姻親關係，去廣州勸說龍濟光反袁。龍十分感激袁世凱知遇之恩，堅決不肯。安健轉而在其部下活動，說服了龍鳴階、孔陶安二人投靠於孫先生。他在雲貴一帶彝族地區大肆活動，發動水城、威寧地區少數民族群起反抗唐繼堯、劉顯世「以殘殺示威」，安桂林等「率衆抗拒，聲勢洶洶」，「蟻集蜂屯，扼要抗拒」。以致唐、劉不得不向袁世凱訴苦：「該苗民代表與桂林同族近枝」，「安健等特爲匪黨煽惑，動以種族之說，以致赴京上瀆，所稱騷擾需索各節，膚訴不足深辯。」「將各該匪逐一研究……謀復孫文即位。」

三年五月，安健自香港移居日本，在孫先生領導下，從事改組國民黨的工作，親筆書約蓋紅指印表示決心。九月一日，中華革命黨成立。安健被先生視爲黨之重要人員。

任討袁軍貴州司令長官

四年元旦，中華革命黨在東京召開討袁誓師大會，孫總理宣讀〈討袁檄文〉，決心「爰率義旅，誓殄元兇，再奠新邦，期與吾國民更始」。會後，東渡出席大會的貴州革命黨人張百麟、凌霄、楊蓋誠、席正銘等推舉安健負責貴州討袁軍事行動，經總理同意任命爲貴州討袁軍司令長官，總部同時撥款五千元爲活動經費。可見安健在革命黨人中的鉅大聲望。

行使撫邊重任　孫中山去信指導

安健與鐘昌祚從上海繞道雲南回省時，曾聯合致公開信於宋教仁及《民立報》，稱：「某等向來於社會中爲衆生感種種不自由不平等之痛苦，以爲非經社會革命，不足於爲人民謀美滿之幸福，種族，政治革命，特先聲也。」這可以說是安健的政治宣言，他的一生，都在爲民衆謀求自由平等、美滿幸福而奮鬥。

安健就任貴州討袁軍司令長官後，自澳門到達廣州，與朱執信等共同領導西南地區的反袁革命活動，與總部孫總理的聯繫，則主要由陳其美上傳下達。在廣東的各省革命黨人充分協商決定：

「其新組織，即爲以粤人司聯絡國防綠林，滇桂黔人聯絡其本籍之客軍。」爲強化黨的領導，協調行動，安健與廣西、雲南兩省革命黨負責人協議訂立了〈中華革命黨滇、桂、黔三省之協約〉，特別強調：「協約三省，一切行動，應服從本黨總理之命令。」

袁世凱死後，軍閥割據，北洋軍閥政府喪權辱國，政局動盪不寧。安健對此十分失望，不願爲官，於六年初前往上海，與同族人余達父一同創辦了《斯覺報》，鼓吹再度革命，推翻軍閥統治，同年八月下旬，議員南下，在廣州召開非常國會，宣布成立軍政府，推舉孫中山先生爲大元帥。安健高興極了，急奔廣州追隨先生，九月二十九日被任命爲大元帥府中將參議。凡有貴州去的革命志士，先生必爲介紹安健，顯見先生對安健的信任與器重。

爲擴大革命影響，向西陲推展革命事業，孫先生又於當年十一月二十五日任命安健爲「川邊宣撫使」，派駐康定，行使撫邊重任。安健毅然赴任，駐節康定，一去就是六年。他不顧氣候惡劣、道途艱險和沿途強賊出沒、容易遭劫的危險，跋涉千里，深入金沙江畔和大、小涼山的藏、彝族聚居地，遵照大元帥指示，安撫邊民，尊重他們的風俗習慣，團結他們，開發資源，號召他們擁護軍政府，投身革命。

在川邊任職期間，安健曾兩次寫信向孫先生匯報工作。當時，先生已被迫辭去大元帥職務，爲國家、民族的前途日理萬機，忙得焦頭爛額，但他仍十分高興，迅速擠出時間覆信，他在信中說明了川邊在整個革命格局中的重要性，及派安健去那裡任職的理由：「此時長江沿海地域，民性皆甚柔脆。惟邊民堅樸誠摯，剛毅有爲。能團結其心，使爲我國，則雖遭危難，皆可不變，兄於彼方情形知之有素，此次又任勞前往，尚望毅力進行，始終不懈，則所期望於兄者正甚遠也。現在國事未定，欲求澄淸，仍非吾黨力膺艱難，以根本解決爲己任不可。冀兄與諸同志共勉之。川邊交通不便，與滬又相距過遙。兄進行之事，望隨時與川中諸同志商酌辦理，庶較爲便捷。」具體指示道：「川邊地廣產饒，爲西陲屏藩。若能處置得宜，設法展拓，聯絡本地邊民，結之以誠信，示之以惠愛，泯其猜忌之心。然後從事規劃，興辦實業，開發交通，則將開始發展，詎有限量。」語氣親密直率，可見先生的和藹可親，對安健的信賴和重託，與安健眞摯的友情。那時候，先生與黨內直接通信的人並不多，且短期內連覆兩信，還親自揮毫書寫「天下爲公」的橫幅贈給安健，足見先生對安健十分重視。

十二年七月，安健結束「川邊安撫使」任期，返回廣州，被任爲大本營諮議。孫先生改組國民黨後，安健協助國民政府財政部長廖仲愷先生工作，積極籌措和經營革命經費，組織革命武裝。在他掌管財政的那段時間，政府經費十分困難，他不僅於國庫分文未取，反而省吃儉用，將家裡值錢的東西拿去典當以濟急需，以致於一些同事感慨地稱讚他：「人家是幹革命拿錢，安健是拿錢幹革命。」黃埔軍校籌備招生後，安健回到貴州，挑選了百餘名青年送往黃埔，沿途費用幾乎全由他個人掏腰包。

說服黔軍反正北伐　奪取省政失敗

十四年的廣州大佛寺事件後，安健回貴州視察。當時，傅啓運、程毅、梅重光、張華封等國民黨員在貴陽創辦了《國民周刊》，宣傳三民主義。安健勉勵傅等人以雜誌爲基礎籌組黨務。不久，中央根據安健的建議，派遣方策爲國民黨貴州籌備處主任。安健奔走於黔軍高級將領之中，苦苦遊說，勸說忠於吳佩孚的黔軍將領們反正北伐。當時，黔軍經多年戰爭，在援川、援湘戰爭中越戰越強，擁有十萬雄師，是一支實力雄厚的武裝。在安健的屢次勸說之下，黔軍總司令袁祖銘終於同意反正，於十五年秋接受北伐軍總司令蔣中正將軍之任命，就任北伐軍左翼軍總指揮，所部改編爲國民革命軍九軍、十軍、二十五軍，安健任九軍黨代表。後因袁祖銘耽延湘境，遲滯不前，被唐生智派湘軍師長周爛設鴻門宴誘殺。

安健率九軍北伐，屢立戰功。

蔣、汪分裂後，安健見革命又一次受挫，決心實實在在的從家鄉做起，遂於十七年冬離漢轉赴昆明。他是國民黨元老，他的離漢自然引人注目。蔣中正先生兩次電請他赴南京就任交通部或外交部次長。但他不願做京官，兩次電覆推辭。次年初，安健贈余達父對聯曰：「革命未成功，齊家勿忘治國；討逆須用我，桴鼓以代彈琴。」充分表明了安健決心親身實踐、革命到底。

因此，他聯絡了由袁祖銘直轄部隊改編的國民革命軍四十三軍軍長李曉炎，在中央政府和雲南省主席龍雲的支持下，於五月向不服中央、割據稱雄的二十五軍軍長兼貴州省主席周西成發起進攻，周西成負傷落水而死，李曉炎奪得省政，成了省主席。安健被任命爲省政務委員兼民政廳廳長。

不久，李曉炎失敗。安健離任前，召集部屬開會，諄諄告誡：「你們辦事，不是爲了安舜卿，而是爲了民衆，一定要爲百姓辦好事。」由此可窺他不以個人榮辱爲念、心繫民衆、光明磊落的高風亮節。

八月，安健回到昆明後，即開始發起籌組「關係西南方面民族文化的『佉聖會』」，未能成功，卻因積勞成疾，不幸於十月十二日病逝於惠滇醫院，享年僅五十二歲。

中央明令表彰　後事倍極哀榮

安健生前，十分注意民族團結，維護少數民族的權益。他曾在《語言歷史周刊》、《地學雜誌》等報刊上發表不少有關民族方面的文章，並著有《貴州民族概略》、《貴州土司現狀》等專著，是孫中山先生處理少數民族問題的得力助手。

安健逝世後，同族人龍雲倍極關懷，雲南黨部成立了「追悼安舜卿同志籌備會」，自十八年十月二十八日至十一月二十六日，多次電請中央明令表彰，從優撫恤。國民政府追贈安健爲陸軍上將，按從優一等撫恤，並將安健故里上官鄉命名爲舜卿鄉，以示褒揚。

在龍雲資助下，家人扶安健靈櫬返回故鄉。沿途山高水深，路途遙遠，十分艱難。通公路的地方用車運，不通公路的，由當地縣、區、鄉政府負責雇人運送。靈櫬運回家鄉，陰陽先生看中的墓址卻是宋家的「榨垮」(彝語：英雄之地)，——當時，安、宋兩族正爲地盤打官司。安健遺孀高蘭珍出面講和。宋氏首領宋選珍曾在軍隊中當過團長，他對安健十分敬佩，當即爽快地答應了。

發喪那天，剛進入宋家地盤，宋選珍的部隊三、四百人就開始鳴槍，每人三槍，一直將安健先生送到墓址。墓建於青龍山半腰，宛如一隻坐椅正中；遠眺，無數渾圓的山頭彷彿羅漢向寶座拱手、作揖朝拜；四週松柏環繞，綠意盎然；兩側後皆有清澈透明的涼水井，好似明亮的龍眼；兩條清溪潺潺湲湲地流著，有如青龍吐鬚，眞正虎踞龍盤之地。七十四年，貴州省撥專款將安健墓修繕過了，並批准爲省級文物保護單位。墓高一點六米，用青石砌成；石碑高過墳頭，「安健墓」三個顏體大字由貴州著名書法家王蕚華書寫，渾然有力；旁邊嵌刻著六盤水市政府的贈聯：懷壯志拯神州隨孫革命華夏風流千古傳頌；挽狂瀾砥中流討袁鎭惡彝家英傑萬衆欽崇。

安健先生，泉下可以安息矣。

流給祖國的鮮血 依舊滾燙灼人

——東征軍敢死隊隊長蔡光舉事略

序

有的人因爲一次壯舉便垂名青史、留芳百世。有的先烈，爲革命事業付出了生命的代價，但由於種種原因，他們的姓名卻漸被歲月的河流沖淡，被後人的大腦遺忘。不幸，黃埔軍第一次東征時期的敢死隊隊長，深受廖仲愷先生和蔣中正先生器重的蔡光舉君便是其中被歷史淡忘的一位。

爲紀念黃埔軍校成立及第一期學生畢業八十周年，哀悼爲國死難的黃埔師生，茲將被譽爲「黃埔之英、民族之雄」的蔡光舉先生爲國死難的故事整理出來，以饗廣大讀者，誠盼今人牢記志士鮮血，感悟今日之共和、民主來之不易。於願足矣。

幼即聰穎　嚮往革命

蔡光舉是貴州省遵義縣人，生於光緒二十八年（一九〇三），自幼即稟賦聰明。五歲發蒙到離家較近的一家私塾開始讀書。在他家鄰近，有一所新式學堂，堂長由留日學生、同盟會員、貴州「自治學社」成員張圖芝擔任。小光舉經常去學堂玩耍，從張堂長那裡聽來了許多孫中山先生的革命故事，自幼心目中便樹立了孫先生偉大的觀念。

民國八年，五四運動在北京發生，青年學生們遭到了北洋政府的殘酷鎮壓，遵義市幾百學生齊集於陳公祠集會，然後舉著小旗遊行，高喊「還我青島」、「打倒賣國賊」的口號，聲援北京。當時，蔡光舉正在遵義四年制舊制中學讀書，他心情激動地參加了這次遊行。

民國十年，北京大學畢業生陳公亮被聘任遵義四年制舊制中學校長。陳校長在北大接受了許多新思想，決心從事教學改革，他針對學校現狀，提出了一些改革措施，提倡學生讀新書，寫白話文。由於陳公亮的措施不利於思想守舊的老師們，所以這些守舊的老師聯合起來反對，指使十多個學生在課堂上起哄胡鬧，直鬧得學校被迫停課。

年方十八歲的蔡光舉那時就表現出了超人的膽識和出色的組織才能，他聯絡了幾個同學到陳校長寢室裡，安慰受挫的校長，表示決心：「決意棄舊從新，從這裡退學，跟校長一同到其他地方去！」

陳公亮很受感動，十分賞識蔡光舉，專門寫信保薦他去貴陽模範中學繼續學業。

在省城讀書期間，蔡光舉耳聞目睹了更多的社會陰暗面，對軍閥混戰、兵荒馬亂、民不聊生的現實生活更加深了認識。過去，他認爲國弱民貧的原因在於教育落後，一度決定從事一輩子教育。現實，粉碎了他教育救國的幻夢。他轉而決心興辦實業，富民強國。

民國十二年，蔡光舉以優異成績考入福建廈門大學理科學習。

在這些日子裡，北洋政府越來越腐敗，加緊出賣國家利益。因此，全國人民掀起了反日討曹（錕）的風潮。由此，光舉認識到：不打倒帝國主義列強，不廢除不平等條約，不打倒各地軍閥，不統一中國，不刷新吏治，中國的民族要想發展根本不可能；要挽救危亡中的祖國，祇有革命。他在寫給一個家鄉同學的信中說：「我之入學，不過暫作充實耳，一俟有眞正革命組織召喚，決當棄文就武，以實際行動報效祖國。」

入軍校學習　擔任黨代表

國民黨第一次代表大會於民國十三年一月二十——三十日在廣州召開，會議通過了孫中山先生提出的成立「陸軍軍官學校」的設想。

一月二十四日，孫總理宣布了陸軍軍官學校籌備委員會名單，有蔣中正、廖仲愷、鄧演達、王柏齡、葉劍英等七人，蔣中正被指定為委員長。

蔡光舉聽到軍校招生的消息，興高采烈地說：「革命不成功，國家不強盛，百姓不能安居樂業，吾輩學子，徒坐寒窗，有奚益哉！」

隨後，光舉意氣風發地乘輪前往廣州，報名參加陸軍軍官學校的招生考試。他是循序漸進讀到正規大學的，在報名者中算是文化較高的知識分子了，所以輕而易舉就通過了考試。

六月十六日清晨七點四十分鐘，孫中山先生偕夫人宋慶齡乘坐「江固」艦從廣州抵達黃埔島，黃埔師生列隊熱烈歡迎。九點半鐘，開學典禮在操場正式舉行，孫中山先生雖體質較弱，但興致很高，發表演說足足講了一個多小時。

對總理的訓示，光舉記得最牢的是：「我們要把革命做成功，便要從今天起立一個志願，一生一世，都不存升官發財的心理，祇知道做救國救民的事業。」總理的訓示，成了蔡光舉追求的人生奮鬥目標，並以生命實現了這個目標。

蔡光舉被編入第一期第三隊學習。軍校課程繁多，時間很緊，訓練很苦。光舉雖然才剛投筆從戎，但因他樹立了為國為民當好革命軍的決心，有堅強的毅力和刻苦努力的精神，所以他操課優異，成績突出，多次受到蔣校長的表揚。黨代表廖仲愷也誇獎他：「蔡同學自入校以來，異常勤奮。」

當年十月三日，蔣中正先生發布校長令，宣布軍校教導團成立和軍官任命名單：

團長何應欽，黨代表王登雲；

一營營長潘應時，黨代表胡公；

二營營長陳繼承（不久由劉峙繼任），黨代表茅延楨；

三營營長王俊，黨代表蔡光舉。

蔡光舉作爲一個尚未畢業的學生，驟然被委任爲營黨代表，可見校方對他的賞識和重用。

十一月九日，黃埔軍校第一期學生畢業。

十二月，教導二團成立後，黨代表們因行動受同級軍事首長限制，非常不滿，由茅延楨牽頭，準備乘船去廣州找軍校黨代表廖仲愷告狀、訴苦，被蔣校長攔阻下來，要求他們有困難可以直接向校長訴說，把這伙年輕人批評了一通。

蔡光舉是一個忠實的國民黨員和三民主義信徒，組織紀律性很強，他意識到錯了以後，誠懇地敬禮認錯：「報告校長，我們下次再不敢了，請校長原諒；這次是初犯，以後一切聽校長的。」

之後，蔡光舉被調任第一總隊政治部祕書見習及在本校及北校場分校從事政治工作，有一個多月時間。在教官的推薦和校長批准下，他獲得了去蘇聯留學深造的資格。

撲攻淡水　爲國捐軀

即將赴俄留學之際，反動軍閥陳炯明卻野心勃勃準備進攻廣州，國民政府立即決定東征。蔡光舉見爲黨國效力的機會到了，決定放棄留學，堅決請戰。

光舉的請戰要求得到了批准。適逢教導二團第三營黨代表他調，遂調光舉充任。

民國十四年二月一日，東征軍分三路東進，開始了第一次東征。右路軍爲黃埔學生軍和粵軍兩個師，由廣九路出淡水、平山、海陸豐，逕攻潮汕；左路軍爲楊希閔所部滇軍，從河源、老隆進攻五華、興寧；中路軍是劉震寰所率領的桂軍，就近直攻陳逆老窩惠州。滇、桂軍統帥都怕損害實力，所以打硬仗、攻堅的任務就主要落在了黃埔軍肩上。

二月十四日，黃埔軍與粵軍進攻淡水城，在城外與守敵激戰半天，俘敵旅長一名、擊斃團長一名和數百名敵軍官兵。敵人力不能支，退入城中。黃埔軍和粵軍將士士氣高昂，奮力攻城。天黑時，敵人不斷從城上往下拋火球竹筒，形成一道火牆，東征軍無法靠近，祇好在距城牆腳三百米外構築工事，另謀攻誠之計。

在此情況下，黃埔軍官兵踴躍報名，司令部連夜挑選組織了十名軍官和一百名士兵組成「奮勇隊」。這十名軍官是：蔡光舉、冷欣、劉疇西、彭幹臣、張際春、遊步仁、李奇中、張隱韜、鄭洞國，蔡任隊長。

十五日傍晚六點鐘，蔣校長親自在炮兵陣地上指揮督戰，奮勇隊分成六路，擡著六架雲梯迅速向城牆衝去。守敵見了，拚命開鎗狙擊，頓時彈如飛蝗，奮勇隊被籠罩在密集的火力網中。

離城牆腳祇有幾十米了，再鼓一把勁，就可衝到城牆腳了。突然，一陣密集的鎗聲中，蔡光舉身中數彈，倒了下去。片刻，他又爬了起來，一手捂著傷口，另一隻手揮舞著指揮隊員們爬城衝鋒。學友蔣先榮見了，忙去扶他。他忍痛大聲說道：「先榮，趕快爲我醫治，逆賊正待我去痛殺！」

在隊長英勇無畏精神的鼓舞下，隊員們更加勇猛，冒死登城作戰，大隊人馬隨後猛攻。晚上八時，淡水城被攻克了。奮勇隊付出了傷亡過半的沈重代價。

蔡光舉被扶下戰場後，立即進行裹傷，然後由黃埔二期第五隊一些學生護送到醫院醫治。因耽延了十多個小時，失血過多，傷口腐敗，醫治無效。死時，蔡君年僅二十二歲。

廖仲愷先生聽說蔡光舉犧牲的消息，立即趕赴前線，親自派人採購棺木，盛殮蔡光舉。他對著黃埔官兵們沈痛地說：「我要把蔡同學的遺體帶回廣州去，埋葬在黃埔島上！」

翌日，十六名黃埔同學將蔡光舉的靈柩擡到江邊，運回黃埔島安葬。擡運靈柩時，沿途所有官兵都自動向烈士敬禮，傷員們也掙扎著站起身來，恭恭敬敬地敬禮。

自此以後，黃埔軍就形成了這樣的傳統習慣：凡遇見運送陣亡或負傷官兵時，都自動敬禮表達敬意，無形中加強了黃埔軍的凝聚力和戰鬥力。

烈士犧牲後，《建國粵軍》月刊當年第三期以「蔡光舉殉黨詳情及其事略」爲題撰文介紹了烈士的事蹟及生平，茲摘錄於後：

黨立陸軍軍官學校教導團第三營黨代表蔡光舉君，因撲攻淡水，受傷身死。茲據廖仲愷君口述蔡光舉事略，及當日撲攻淡水受傷情形，特誌如下：蔡同志爲貴州遵義縣人，現年二十二歲，畢業於貴州省立中學，後即升學廈門大學，在理科一年級修業。其入大學之目的在實現實業救國之志願，……其後默察吾國情勢，因了然吾國受不平等條約所束縛，經濟狀況，固難發展，國際地位，亦自衰落，即外人管理關稅一端，已爲倡言實業救國者之致命傷。同時國內軍閥割地爭雄，與帝國主義因緣爲患，馴至內政不修，遍地土匪，又令倡言實業救國者灰心。故認定欲救中國，非賴一般熱血青年致力革命，無以解放軍閥及帝國主義之二重壓迫……因決心轉學陸軍軍官學校。入校以來異常勤奮，旋修業期滿，爲第一期畢業生，曾任第一總隊政治部秘書見習，迭在本校及北校場分校從事政治工作，爲時月餘。後以教導團第二團第三營黨代表他調，即以之調充。就任之日，即出發前方。……由石龍沿鐵路而上龍岡，而淡水。……查先軍校學生圍攻淡水者，有第二師，經圍攻二日未下。及蔣校長至，決用強攻方法，並限時攻克，因挑選敢死隊攻城。蔡同志以黨代表率領隊員，爬城先登，計十五日下午七時開始攻擊，八時乃下，不過歷二小時，可知軍校學生之勇敢矣。不幸蔡同志於佔領淡水時，流彈穿過腸臟，傷勢甚重。……據醫生言，負傷部分經過十六小時，內部腐敗，……即決定割治，無奈傷勢過重，割治無效，旋於是夕一時去世。

蔡光舉的姓名，於今人來說十分陌生了。然而，重溫其爲國捐軀的故事，彷彿他那一腔流給祖國的鮮血，依舊那麼滾燙灼人。

辛亥勳勩後事淒涼

——記辛亥起義貴州都督、總統府中將顧問楊藎誠。

序

「辛亥起義，響應武昌，建設共和，厥功甚偉，著宣付國史館立傳，以彰勳勩。」這是當時的中央政府對辛亥起義時貴州都督、後調任總統府中將顧問的革命志士楊藎誠的考評語。這麼一個辛亥勳勩，墓碑被毀，家產被抄，連相片也在「文化大革命」中被作爲「四舊」燒得一張不剩，其兒媳、孫子雙雙在「大躍進」時「盡義務」參加無償勞動而致殘，後事淒涼，令人不忍提及。

而且，他的名字已幾乎不見於報章典籍，他那鞠躬盡瘁、死而後已的革命精神有被歷史遺忘的危險。爲彰揚革命精神和功臣勳勩，筆者覺得有寫本文之必要。

家道中落　教書受辱

在川黔兩省交界的四川省秀山縣境內，有一座層層疊疊像寶塔似的山，名「高秀山」，秀山縣因此山而得名。山上，有著「司城」廢墟，那是古代楊姓土家族土司所築的城池。清初的「改土歸流」政策剝奪了土司對這一帶的世襲統治權，但土司的後代此後仍然過著富裕的生活，山腳有一個名叫客寨村的小村，住戶大都是與古代土司血緣較近的楊姓人。

光緒六年（一八八〇），在客寨村楊氏土司的直系後裔楊通熹家裡，第二個兒子降生了。飽讀詩書的父親為次子取名藎誠，學名光淮，字柏舟，乳名吉雲，鄉親們遂呼之曰「老吉」。藎誠祖輩，豪勇好武，出了很多武舉人、武秀才，還有的考中了武進士，其中有一個楊芳封果勇侯。藎誠幼時，即被送入學堂讀書。不幸，在他九歲那年，父親去世，家道漸趨貧寒，他不得不一邊學著幹農活，一邊讀書。

十八歲那年，光緒皇帝任用了一批主張實施新政的官員，實行「戊戌變法」，廢除科舉，絕了一心苦讀的楊藎誠的仕進之路。藎誠無奈，便受聘到學堂教書。學生中有一個叫洪朋光的，仗著其家有權有勢，不僅不好好唸書，反而調皮搗蛋。有一回，藎誠叫他背書，他根本無法背誦，頓時傻眼了。藎誠也是年輕力盛，便由著性子說了那紈袴子弟一頓，使洪朋光羞得無地自容。洪朋光回家，在一貫嬌寵自己的父親面前搬弄是非，謊稱楊老師打了他。蠻不講理的洪老頭對心肝寶貝兒心疼死了，哪裡容得別人打罵，立即一股風似地跑到學堂，破口大罵楊蓋誠。蓋誠因家道衰微，不敢與之相爭，忍氣吞聲讓洪老頭痛罵了一頓。

東渡扶桑　學成歸國

但楊蓋誠自此寒透了心，暗下決心要窮畢生之精力，鏟除封建餘孽，創造一個自由平等的民主社會。一氣之下，他辭了教職，孤身一人徒步跑到貴州省城貴陽，後來假稱是貴州省松桃縣學生，報考貴州武備學堂，得以順利進入該校讀書。讀書期間，尊敬教師，勤奮好學，努力練習，操課優異，很受老師們賞識，特別是日本教員巖原大山、高山青公的喜愛和看重。光緒三十一年（一八〇五）畢業後，得當局推薦，以第一名的優秀成績考取公費赴日留學生。到京師複試時，受到清廷親王蔭昌器重。同年東渡日本，進入振武學校學習。畢業後，又考入士官學校，又以優等成績獲得畢業。

在日留學六年期間，楊蓋誠加入了國父孫中山先生創建的中國同盟會，在國父領導之下，積極從事反滿興漢的革命活動。他曾與尹昌衡、唐繼堯、劉存厚、王綺昌、王思輔等同學組織革命團體。後來又與唐之道、宋邦翰、黃郛、張文通、胡瑛、仇亮、劉炎基、唐愈麓、彭廷衡、田宗楨、殷承瓛等屢次集會於東京市西國橋，商討革命大計。

宣統二年（一九一○），楊藎誠學成歸國，參加部試，因操課皆優，得授武舉出身。隨即受貴州巡撫龐鴻書之調，回到貴陽充任貴州新軍第一標教練官，不久因受巡撫賞識，令其兼任講武堂堂長。當時，清廷在貴州的武裝力量近七仟人，新軍是實行「新政」後的產物，原計畫設一鎮（相當於師），因貴州財政困難，只募集了一個標（相當於團），共有一五九二人，是貴州軍隊中戰鬥力最強的一支隊伍。新軍中標統、管帶、隊官、排官等軍官絕大部分是從湖北常備軍調過來的，標統袁義保原是湖北新軍的一個管帶（相當於營長）。

指揮起義　當選都督

宣統三年（一九一一）春，龐鴻書調走另赴他任，沈瑜慶接任貴州巡撫，他是滿清在貴州的最後一任巡撫，手段陰狠毒辣，極端仇視革命。

這時，貴州也同鄂、湘、滇等省一樣，正在暗中籌劃起義事宜。自治學社負責人張百麟決定黃澤霖為五路巡防營統領，以哥老會成員為基礎組織革命武裝。新軍官兵也推隊官趙德全為首，準備起義。同時，貴州陸軍小學中的革命者也躍躍欲試。革命的烈火正在暗地裡熊熊燃燒。

十月十日，革命黨人發動了武昌起義，通電各省，要求響應。繼而有湖南、陝西、江西、雲南四省起而響應。黔撫沈瑜慶見革命形勢發展迅速，內心十分恐慌，下令將陸軍小學的子彈收歸彈藥庫，並採取隔日閱兵的方法控制新軍，還授意反動團體憲政預備會組織自保會，發給槍械裝備他們的保安營，欲藉此將貴州辛亥革命扼殺於搖籃之中。

沈瑜慶欲緩和日趨緊張的局勢，以和平手段粉碎即將到來的起義，因此於十一月二日邀請自治學社領導人張百麟、憲政預備會領導人任可澄會談。張百麟請沈作半獨立表示，沈不予答應，他自以爲自己能夠做到巡撫這樣的封疆大吏，實乃滿清王朝的深恩厚澤，萬萬不可辜負皇恩，堅決地拒絕了張的建議。

張百麟見沈瑜慶對革命深惡痛絕，毫無與革命黨人妥協之意，更堅定了革命的決心。與自治學社骨幹商量過後，他們決定於十一月四日凌晨舉行起義。

三日夜裡，起義計畫傳到陸軍小學，一群學生摩拳擦掌，興致勃勃地商量奪取武器的辦法時，不意被值星學長毛鳳崗竊聽到這一消息。毛鳳崗拍桌大罵，嚴厲申斥陸小學生不該叛逆造反，然後飛跑去報告總辦（校長）姜文丞。學生們見事機危急，決定提前行動，他們群情激憤，當機立斷，立即蜂擁撲向軍械庫，強行打開庫門，取出鎗彈，武裝自己，隨即拘押了總辦姜文丞和隊長阮德炳，並派人出城去約同新軍第一標共同起義。在十分倉猝的情況下，貴州辛亥起義未照事前計畫突然發動了，與武昌起義簡直有異曲同工之妙。當時，正是夜裡八點鐘。

早在此前，張百麟爲確保起義順利成功，就已委派與楊藎誠在講武堂和日本有同學之誼的哥老會員、安龍人郭潤生拉攏蓋誠（張、郭不知楊乃同盟會員），連絡起義。夜裡九點鐘，陸小派來連絡的江務滋來到城外南廠（今貴州省軍區駐地）新軍營地，報告陸小學生已經首先發動起義的消息，要求第一標立即響應。趙德全、楊樹清等迅即召集士兵集合。楊蓋誠見時機已到，義不容辭，上前宣布自己是同盟會員，受孫中山先生之命伺機革命。趙德全認爲「蓋誠學識資望出己上」，首先倡議由蓋誠任起義軍總指揮，得廣大新軍官兵響應。於是，楊蓋誠被推舉爲起義負責人，肩起了重負。

標統袁義保見部下聚眾造反，急忙跑來阻止，不許起義。楊樹清見狀，不耐煩了，擡手一鎗，嚇得袁標統急急鼠竄而去。

與此同時，巡撫沈瑜慶得到陸小學生起義的消息，迅速派遣巡防營前去包圍陸軍小學，鎮壓起義。起義學生與巡防營一場混戰，從西南方向突圍出去，徒步從新橋過河，直奔南廠，去與新軍會合。

楊蓋誠將起義隊伍編排妥當，開拔到南岳山，部署作戰。

沈瑜慶不甘拱手投降，嚴令衛隊加強戒備，欲負隅頑抗。可是衛隊士兵大多臂纏白布，表明要參加起義。沈撫臺差點氣個半死，再去檢查院內大砲，但見鎗栓全被拆去，心裡頓時涼透了，祇好派人與張百麟、楊蓋誠談判，同意交出政權。

四日清晨，起義隊伍整隊入城。城內，懸掛了二百多年的龍旗被扯了下來，「漢」字大旗迎風飄揚，佈滿了臂纏白紗的起義軍人，家家門口都掛著燈籠表示慶賀，「貴州反正」、「貴州獨立」的口號響遍全城。當天，革命黨人召集各界人士召開會議，討論成立軍政府的有關問題，指定由同盟會員平剛負責擬定軍政府的組織大綱。

五日，「大漢貴州軍政府」宣告成立，楊藎誠被擁戴爲都督，趙德全爲副都督，負責軍事；周培藝被任爲行政總理，主管民政；張百麟、任可澄分別出任正、副樞密院長，贊劃軍事，指導民政。

貴州成爲第五個響應武昌起義的省分，一個月之內，全省所有府、廳、州、縣全部宣告獨立，擁護新成立的軍政府。

滇軍入黔　藎誠赴京

武昌起義成功後，袁世凱一面拋出和談的幌子，一面加緊了對武漢三鎭的進攻；同時，四川重慶、瀘洲兩處宣告獨立的軍政府也受到了忠於滿清的軍隊的頑強攻擊，向貴州求援。

軍政府內，楊藎城雖爲都督，但實權掌握在老資格的地方實力派張百麟、任可澄手裡。張百麟不僅否決了楊藎誠招募新軍的建議，反而另建勁旅，欲架空楊氏。藎誠大權旁落，感到將陷入難堪的內耗之中，十分傷感，在派出葉佔標率新軍一標入蜀援助革命軍後，自己又以都督之尊，率兩個標組成的一個混成協（混成旅）響應鄂軍都督府呼籲，入湘援鄂。

這樣一來，省城裡的革命武裝就很薄弱了。但張百麟這個軍政府內事實上的最高領導人仍不以爲然，一心發展自己的嫡系武裝，否定了將陸小改爲軍官學堂的提議，強行要求陸小學生回鄉探親，從而解散了具有良好革命傳統的陸小這支可靠的革命隊伍。他的一意孤行，給革命帶來了無可彌補的損失。

憲政預備會、耆老會等反動勢力趁省城空虛，開始了對革命的進攻。民國元年二月二日，二十多名士兵荷鎗實彈闖入五路巡防營統領黃澤霖家，詭言押解匪徒來見。黃澤霖正欲開口問話，他們齊刷刷放了一陣排鎗，將他打死。

同一時刻，另一隊士兵衝進張家，打死張的衛隊管帶。張百麟因剛入廁，驟聞變故，僥倖躲過，在一些忠實部屬的掩護下，逃出貴陽，從安順方向退往貞豐縣境。他曾打算招集舊部反攻，但力量不足，祇好放棄，從廣西轉避上海去了。

反動勢力向雲南發電，危言聳聽地說，貴州「公口林立，竟成了匪國」，懇請滇方發兵「代定黔亂」。因爲他們怕楊藎誠回師討伐，亟欲以滇軍爲靠山。雲南都督蔡鍔不明眞相，迅即派唐繼堯帶兵入黔。在強大的滇軍進攻下，留守南廠兵營的少數貴州新軍潰敗，副都督趙德全躲到住在修文縣紮佐的岳父家中，也被抓回殺害。僅僅存在了三個多月，大漢貴州軍政府就被聯合起來的省內外反動勢力顚覆了。

楊藎誠自元年一月率師離筑後，二月到湖南武陵，這時南北和談成功，他駐軍常德、武陵一帶，輕騎逕赴武漢，拜會副總統黎元洪，晤談甚歡。藎誠隨即順江而下，謁見大總統。孫先生慰勉有加，並發表命令實授藎誠爲貴州都督。四月，藎誠回到軍中時，民國締造者孫中山先生已經遜位，袁世凱篡奪了革命果實。

藎誠率黔軍欲回省執政，但唐繼堯早已發了當都督的癮，絕不肯退讓，反而調遣重兵防守湘黔邊境，不許黔軍回鄉。袁世凱新上臺，爲籠絡唐氏，竟任命唐繼堯署理貴州都督，而把孫先生任命的正式都督晾在一邊。黔軍將士異常憤怒，摩拳擦掌，想要打回省去。

眼見戰事一觸即發，局勢又將靡爛，黎元洪急忙出面調解，在湖南洪江主持召開「洪江會議」，達成了「滇軍回滇，黔軍回黔」、黔軍承認唐氏爲貴州都督等六條協議。楊藎誠以大局爲重，同意放棄都督職位，入京另外任職。會後，藎誠即入京拜謁袁氏，被任爲總統府軍事顧問，贈中將軍銜。那時候，將軍銜可不像後來那樣氾濫和多如牛毛，能夠做到中將，就已經是很了不起的了。

唐繼堯背棄了協議，不僅不使自己的部隊回雲南，反而派人在黔軍中挑撥離間，試圖瓦解黔軍。黔軍將士忍無可忍，擁八十三團團長席正銘（當時駐湘黔軍已改編爲陸軍第八十三、八十四兩個團）爲司令，進行武力驅唐。起初，黔軍取得了一些勝利，十一月，被滇軍優勢兵力打敗。席正銘後來追隨孫中山先生，曾任大元帥府參軍和貴州討賊軍總司令部參謀長，對革命做出了較大的貢獻。

楊蓋誠任職總統府後，曾經多次回鄉，並運回幾箱在當時的山區還比較時髦的薄玻璃安裝在家中的木屋窗上。由於客寨不通公路，每次他回家省親都是騎馬，但一到村口就下馬步行，見到熟人很熱情地打招呼。鄉親們知道他在外面做了大官，叫他「楊都督」、「楊將軍」，他都笑著說：「不要這樣子喊，還是喊老吉好了。是老輩子的，我還得恭恭敬敬喊老輩子。」一點不擺官架子。

蓋誠還帶內弟程登舟到北京去玩過，臨別把自己留學東京時戴過的一副眼鏡和一箱玻璃送給登舟。至今，程家屋裡的窗上，仍有幾塊蓋誠致送的玻璃。

忠於國事　英年早逝

三年，楊蓋誠回鄉，接夫人程玉葉到北京。誰知，在濟南火車站由於程氏不慎，被火車壓死。蓋誠灑淚痛哭一場，親自扶櫬回客寨。將夫人入土爲安後，他在家裡祇住了幾天，傷心北上。後來娶了張作霖將軍部下于學忠將軍（現爲民革中央委員）之妹于氏爲續弦夫人，並生了兩個兒子。

袁世凱漸漸野心暴露，公然於五年改元洪憲，準備要當皇帝。楊蓋誠見其公然背叛民國，十分憤恨，不肯諂媚擁戴，潛赴上海，謁見國父及王芝祥先生，計畫向日本政府商借鎗彈，率一支軍隊從河南進軍。還沒達成協議，袁皇帝卻自行病死，黎元洪繼任爲大總統，原定計畫因此作罷。

由於護國軍興，四川擁滿了川、滇、黔省護國軍和北洋軍隊。蔡鍔因病重離任四川督軍一職後，爲爭督軍交椅，軍閥們大打出手，導致川局混亂。楊蓋誠受命赴川，主持各軍閥之間的和談。

恰在此時，張勳率辮子軍進入皇宮，重拜溥儀，實行復辟。蓋誠聞知，氣憤塡膺，立即從重慶趕往成都，勸說留日同學、川軍第二師師長劉存厚起兵討伐，恢復民國。正整頓部隊之時，京中傳來段祺瑞已將張勳削平的消息，討伐事這才作罷。隨後，蓋誠即作爲四川代表赴京，在兢兢業業做好本職工作的同時，經常與旅京四川同鄉商討、贊劃本省局勢的發展及其對策。

由於夜以繼日的操勞，潛伏在身體裡的病情漸漸惡化，但楊蓋誠仍然不肯放下工作，住進醫院治療。十年冬天，奉中央之命，捧著中央對他母親黃氏老夫人的旌誥回鄉。從此一病不起，家人曾將他遷到半山腰上一幢清幽的小屋裡養病。這時候，他已經病入膏肓，養病半年多，不見好轉，反而日益惡化。十一年七月，病逝於那幢小屋裡，年僅四十二歲。

中央聞知楊蓋誠逝世的消息，專門派員並發唁電表示悼念，追贈陸軍中將，撥款二仟元銀洋辦理喪事。中央並決定：「辛亥革命，響應武昌，建設共和，厥功甚偉，著宣付國史館立傳，以彰勳勩。」

楊蓋誠潔身自好，清廉正直，雖當了十來年大官，除了買回幾箱薄玻璃安窗外，幾乎未給後人留下什麽財產。公務之暇，喜讀《史記》，慇慇以史爲鑑，也喜歡研究日本軍事，曾翻譯《日本參謀要務》二冊出版。

可憐楊蓋誠這麼一個功勞赫赫的辛亥勳臣，不僅在寂寞中死去，而且後事淒涼，令人不忍提及。

後事淒涼　子孫窮困

由於楊蓋誠患的是肺病（當時稱為癆病），在當時的醫療條件下，無法治好，反而傳染了家族中的一些人。自他之後，家族中死了好多人。埋葬蓋誠時，場面十分熱鬧，墳墓也修葺得很氣派，周圍用大塊方石砌就，墓前有三級拜臺，墓碑有兩丈多高，鐫刻的墓誌銘是中央對他的考語，極表讚揚。由於家族中死了不少人，在那文化落後的時代，後輩們不明白是病菌傳染所致，反而迷信地認為是蓋誠的墓碑衝撞了神靈，帶來了煞星。但懾於蓋誠生前赫赫的威名，沒人敢去墳前鬧事。後來楊家終於出了一個膽大的後生，有天夜裡趁黑前去毀掉了墓碑。

蓋誠後妻于氏，自北京遷居客寨村，從大城市到了小山村，環境反差太大，她無法習慣，終日裡躲在家中唸經吃齋，絕少出門。由於心情煩悶，鬱鬱不樂，于氏在抗戰時去世了。幾年之後，她的二兒子楊昌潭也死了。

蓋誠長子楊昌濂成年後在學校當音樂教師，娶妻劉妹元，生子楊勝厚。楊蓋誠離家出走時，家裡有三十挑穀子的田，到他去世時，家中仍然是那三十挑穀子的田，他一畝田產也未置。可是，共產黨統治四川後，在土改時，有不懷好心的人說：「一個省能有幾個都督？都督家都不是地主的話，哪家還是地主！」楊昌濂家因此被劃了個地主成分，在其後唯成分論的年代裡受盡屈辱。他家被抄，未搜出什麼金銀元寶，衹有蓋誠的兩大箱書，一些證件、字畫，一把指揮刀和蓋誠讀書、當官時穿著軍裝的幾十幀照片，被土改幹部楊萬開囊括而去。這些東西，在「文化大革命」時被作爲「四舊」一把火燒掉了。他家還被勒令搬出舊居，遷到五里外的塘坳鄉興幫橋的山坡上去住。

四十七年，劉妹元、楊勝厚母子倆被強令「盡義務」修建公社食堂，正在施工時，房了倒塌，母子倆均被砸傷，劉氏雙腳俱殘，再也站不起來，楊勝厚左腳和手都留下了終身殘障。

四十九年，爲人師表的楊昌濂在大陸那令人談虎色變的「糧食關」中因吃野菜中毒，周身浮腫死去。其子楊勝厚身材又矮又小，斗大的字認不了半升，加上因房子倒塌導致的殘障，以及令人不敢接近的家庭成分，使他的婚事一直無著，年近半百尚未婚配。直到七十九年，一個名叫嚴建娥的二十五歲的年輕媳婦，因不堪苗族丈夫的虐待，從貴州印江跑到興幫橋，在一些好心人的說合下，嫁給了四十八歲的楊勝厚，翌年生了一個男孩。多少算是對黃泉之下的楊蓋誠的一點點安慰吧！

祖父功勳卓著，名聲赫赫，孫子卻是一個文盲、殘障者，生活極端困窘。楊蓋誠如果泉下有知，恐怕也會禁不住潸然淚下的。現在情況稍有好轉，秀山縣民政局已將劉妹元列爲優撫對象，自八十年八月起每月定額補助生活費二十圓；貴州省政協、社會科學院、博物館也正在設法，試圖爭取專項撥款修繕楊藎誠的墓，安排楊勝厚為半脫產工人，負責守墓。

勾結日寇　叛將被除

——三十九集團軍總司令石友三的結局

在民國軍閥歷史上，石友三是一個反覆無常的小人，而在國民革命軍高級將領中，石友三又是一個毫無民族骨氣的無恥東西。他曾經幾方串聯，數度與中央對抗；當日軍大舉入侵，侵占了北方許多地方後，他又誤以爲日軍勝利已成定局，急不可耐地向日本人獻媚，日方步步緊逼地加緊了對他的誘惑和拉攏……

引誘高樹勳未果

民國二十八年秋，三十九集團軍總司令石友三帶領該集團軍新八軍、六十九軍兩個軍開拔到山東邊界駐紮下來。新八軍軍部設在濮陽的柳下屯，軍長高樹勳；六十九軍軍部紮在濮縣翟莊，軍長由石友三自兼。

抗戰開始不久，石友三便產生了悲觀絕望的心理，以爲抗戰必無前途，心中已存了投降日寇的打算。日寇也加緊對他實行誘惑和拉攏。一來二去，石友三與駐在開封城裡的日軍司令官佐佐木將軍建立了聯繫，並訂立了一份密約，內容主要有三個要點：一、兩軍互不侵犯；二、兩軍互通情報；三、兩軍互相協助。

一個抗日集團軍的總司令，竟然與侵略軍簽訂了如此親密合作的條約，他還怎麼抗日！如果他將自己控制的六十九軍拉過去，是費不了多少力的，可是他為了在日人面前擡高身價，增加自己的本錢，好實現獨霸華北的計畫，他決心把新八軍一塊帶去。為此，他派出一個能言善辯的程姓幕僚前去遊說高樹勳。

姓程的對高樹勳說：「姓蔣的算什麼東西！我們在前方拚死賣命，保不定他哪一天也會像對待韓向方（原山東省主席韓復榘字）那樣，把我們也給宰了。與其坐等姓蔣的動手，勿寧我們另作打算。」

高軍長知道韓復榘的死因乃是通敵賣國，他已耳聞石友三與日人簽訂密約的事，但沒有眞憑實據，自己又是其部下，祇得暫時隱忍。石友三與韓復榘曾經共謀倒蔣，是患難之交，兔死狐悲，是極自然的事。他假意問程應該怎麼辦。

姓程的便提議先和日本人妥協，然後強行將石老總架到太行山，另豎大旗打天下。高軍長知道程氏的意思其實是投降日寇當漢奸，將其厲聲斥責一頓，然後嚴令送客。

後來，石友三連續派了幾撥人來勸說高樹勳。石不好直接說出降日主張，半遮半掩。高樹勳正好藉此指斥，堅決拒絕了。石友三因此而惱恨，產生了除掉高的念頭。高也怕石暗算，所以時刻防備，再也不到集團軍總部去。

拉攏李席儒失敗

高樹勳爲與石友三周旋，特派李席儒前去總部探聽虛實。

李席儒原就讀於西北軍軍官學校。在第一次國共合作高潮的影響下，馮玉祥將軍從西北軍軍官學校學生中選送了三十多人去蘇聯留學，郝鵬舉、石友信、李席儒、劉汝珍等人也在其中。那時，李席儒後臺很硬，曾擔任第六路軍總指揮兼安徽省主席的方振武（原名方運策）是他的外祖父方運震的胞弟，他稱方爲「三姥爺」。民國十八年，李席儒畢業回國，因「赤化」嫌疑被抓起來。馮先生出面保釋了他，送到山西汾陽，在西北軍軍事學校當軍事教官。二十二年，他參加了方振武的「抗日救國軍」，北上抗日；沒多久，在察哈爾參與組建「抗日同盟軍」，任騎兵師師長；事敗之後，投入河北省保安處，在高樹勳手下任上校督察員；保安部隊擴編後，他被委任爲旅參謀長，現任新八軍參議。從他的履歷和社會關係，不難看出高樹勳選他作代表的苦心。

石友三以豐盛的晚餐招待李席儒，並叫來自己的弟弟石友信相陪。席間，弟兄二人頻頻勸酒，並提出讓高樹勳下臺、以李代之，企圖以軍長高位誘惑之。

李席儒卻辯解道：「高軍長是總司令的忠實部下，跟隨您二十年了，怎麼能這樣呢？爲了打日本鬼子，您指到哪我們打到哪，不會退縮半步！」

此後，他們又談了幾次，李席儒不爲所動，假裝糊塗，拒絕了石友三的誘惑拉攏。石便不再見李，祇派祕書林慰君小姐出面招待。李、林二人都是爲了周旋應付，心照不宣。

與日寇訂立祕密協定

二十九年秋天，石友三突然宣佈與林慰君訂婚，並將舉行戰地婚禮。不久，李席儒又一次來到三十九集團軍總部，原先接待他的林小姐沒有露面，另由一名副官接待。李用金條和票子買通了這個副官和總部的一個參議，才得知林慰君到天津買結婚用品，回來路過濟南時被日本軍方截住，讓同去的女佣回來傳話，要石友三親自去接林慰君回來。石友三知道自己的遲疑猶豫已經引起了日方的不快，日方急於使自己就範。他身爲集團軍總司令，當然不便於親自去向日本人投降，便派了總參議畢澄宇去。

畢一到濟南，日方就提出了要求。畢有石的授意，很快便與日人簽訂了三條祕密協定：

一、三十九集團軍迅速向大名方向靠攏，同時通電支持僞「華北政務委員會」。

二、石友三接受僞河北省省長兼治安軍總司令的職務。

三、部隊抵達指定地點後，即由「華北政務委員會」發放一個月全餉。

李席儒探知這一消息，心急如焚，帶著衛士連忙馳回了柳下屯，向高軍長詳細彙報了有關情況。

高樹勳見石鐵了心投靠日本人，便著手準備最後解決的行動。

魯西行營主任兼游擊總指揮孫良誠接到高樹勳的電話，力邀老上級出面消除自己與石總司令之間發生的一些誤會。孫是石、高的老上司，樂得做人情，出面約石，石毫不猶豫就答應了。二十九年十二月一日，孫帶著衛士、石帶了一個騎兵連，來到新八軍軍部。

高將孫、石迎進客廳，慇懃招待。與此同時，他的手鎗團團長馬金標帶人包圍了石的騎兵連，順利地將其解除了武裝。

高陪孫、石坐了一會，推說有事告辭出來，到手鎗團團部聽取了馬金標的彙報，然後命令李席儒負責警戒全屯，衛隊長高金蘭帶人去逮捕石友三。

高金蘭帶了一班手鎗兵闖進客廳，把正在練字的石友三五花大綁起來。

孫良誠明白過來，憤然罵道，「高猴子，你竟敢騙我！都是西北軍的老弟兄，犯得著嗎？」罵過之後，聲言要見高樹勳。把守客廳的高部士兵卻說高軍長到馬師長那兒檢查工作去了。孫無奈，悻悻然離開了柳下屯。

石友三被捕後，關押在柳下屯南部邊沿一個單獨的灰色磚瓦的四合院裡。

葬身荒野

李席儒查崗時，被石友三叫住問話，李顧左右而言他，卻不直接回答石的問話。石祇好要李找回自己被綁時弄丟的皮大衣，並給自己拿來筆墨紙硯，要給高樹勳寫信。過了一會，高給他拿來了一件士兵穿的棉大衣和筆墨紙硯，說是皮大衣沒找著。人在屋簷下，不得不低頭，石忍氣吞聲地披上了棉大衣，然後研墨揮毫，給高寫信。共寫了七頁紙，大意是以韓復榘爲殷鑒，挑撥高與中央的關係，並信誓旦旦地表示如高放了他，他將不再在軍界幹事，而去天津寓所隱居，所部六十九軍交高指揮。

高看一頁，燒一頁。這時部下來報，說是石友信已從北平趕回鞏莊，和日軍取得聯絡，將大舉進攻新八軍。高和部下兩個師長商議之後，決定不和六十九軍弟兄們開戰，馬上將部隊向東明轉移；當夜處決石友三。

夜深之後，高金蘭帶一班手鎗兵來到關押石友三的四合院前。讓手鎗兵們在大門兩邊埋伏好，高金蘭提著馬燈進了院子，在房門前大聲喊叫，說是高樹勳請石友三去有要事相商。

石不疑其他，穿好衣服，隨高金蘭之後走出院來。在跨過院子門檻時，高高聲提醒：「總司令，慢一點。」

其實，高的話是暗號。待石雙腳邁過門檻時，突然一根麻繩從後面勒住了他的脖子，接著一個士兵將他反揹起來就跑。這一招名曰「揹白狼」，石不知其中奧妙，雙腳拚命亂蹬，繩子越套越緊，片刻時間，他就嗚呼哀哉了。

石友三被揹了一里多地，進入一處小樹林，林中早有幾個士兵挖好了一個土坑等著。石被扔進土坑，草草塡上土埋了了事。

可憐石友三身爲堂堂集團軍總司令，征戰數十年的沙場老將，卻落得如此悲慘下場，雖是其罪有應得，卻也堪悲堪憐。

高樹勳後來曾任十一戰區副司令長官，因情報不準，誤以爲被共軍全面包圍，從而投靠了共產黨。

第三輯　他山之石

光大蘇繡三女傑

蘇繡之所以能與蜀繡、湘繡、粵繡一同躋身於中國「四大名繡」之列，歷經數千年而不衰，訣竅在於在各個時期都出現了不少有心人，創作了大量有創意的蘇繡精品，在近代史上，更有三個傑出的女性為蘇繡藝術的發展做出了重大的貢獻，創造性地發揚光大了蘇繡藝術。

沈壽開創「美術繡」

光緒三十年（一九〇四），慈禧太后七十壽誕之際，江蘇省大員為討老佛爺喜歡，專程到蘇州範莊前舉人余覺家裡，購買了一幅由余覺繪畫、其夫人沈雲芝精工刺繡的「壽星佛像」進獻太后。太后看後，非常滿意，傳旨嘉獎蘇省官員。同年十月，在余覺的請託下，其好友單束生將沈雲芝與其胞姐沈立精精心合作的一堂八幅通景掛屏「八仙上壽圖」帶入皇宮，呈獻給慈禧。太后十分喜歡這一堂圖畫精美、做工考究的蘇繡製品，頒旨農工商部，下令授予余覺夫婦四等勳章，賜名

「福」、「壽」，並揮毫親書這兩個字賜給他們。在那個等級森嚴、皇宮與民間隔膜深深的封建時代，布衣繡士驟然獲此殊榮，實爲不易矣。余覺夫婦得蒙老佛爺賜名和頒給勳章的事，一下子在蘇州傳爲街談巷議的美談。

沈雲芝字雪君，號雪宧，同治十三年（一八七四）生於蘇州喬司空巷一戶古董商人家裡。蒙太后賜名後，雲芝就改稱沈壽了。家裡豐富的古董收藏，使她從小就受到了中國古代藝術的薰陶。斯時，蘇州繡風大盛，正是「家家架繡棚，閨中女人人習針巧」的年代。因此，雲芝七歲便開始學習刺繡。由於她心靈手巧，善於鑽研、摸索，逐漸掌握了精緻的刺繡技藝，薄有才名。

二十歲那年，雲芝嫁往余舉人家。余覺素有才名，工詩善畫，也十分支持夫人鑽研刺繡藝術，他創作了許多美妙的畫作作爲夫人刺繡的底稿，刺繡之時，沈壽注意把繪畫的一些技法融入其中，繼承創新，技藝日見精進。

光緒三十三年，清政府在農工商部增設繡工科，余覺被委以總理之職，沈壽任總教習，夫婦倆共同執掌繡工科，培訓刺繡人才。該年十一月，朝廷委派他們赴日本考察。在扶桑島國的那段時間裡，沈壽普遍涉獵，對東洋和西洋的繪畫和攝影技藝進行了深入的研究，巧妙地將其陰陽層次、色彩的構成方法引入刺繡之中，開創了「美術繡」法。「美術繡」法突破了蘇繡的傳統格局，使蘇繡工藝的藝術性大大加強，更具觀賞價值，使蘇繡藝術進入了更廣闊的天地。

沈壽在蘇繡藝術上的革新和創造，聲譽日隆，名重一時。張謇在南通辦實業時就曾專門派學生去北京農工商部繡工科學習。民國三年，在北洋政府任實業部部長的張謇，禮聘沈壽夫婦到南通任職，沈壽先後擔任過南通女子師範學校附設的女工傳習所所長、南通織繡局局長等職，爲蘇繡藝術的教學、領導工作花費了很多心血。業餘時間，她還親自操針，繡製了大量作品，其中不乏精美動人之作。剛交中年，沈壽即不幸疾病纏身，但她對蘇繡藝術的研究，一直沒有停止。在病榻上，她對自己畢生的刺繡實踐和心得進行了全面的總結，對「一事一物、一針一線」也不放過，「審思詳語，口講指畫」。張謇根據她的講述，整理成《雪宧繡譜》一書。該書是一部全面、詳細的蘇繡理論工具書，價值很高。

民國十年，沈壽不幸病逝，享年僅四十八歲。她的早逝，無疑是蘇繡藝術界的重大損失。死後，沈壽的墓建於南通市黃泥山麓，張謇懷著敬慕的心情，親筆爲其書寫碑名：「世界美術家吳縣沈雪宧女士之墓」。

沈壽的一生並不長，但她不僅在刺繡理論和培養後起之秀方面做出了相當大的貢獻，而且繡製了大量精品，引入東、西洋繪畫和攝影技巧，把刺繡藝術提高到了一個高境界。她的作品，不僅在國內享有盛譽，而且飄洋過海，數度引起轟動效應。光緒三十五年，沈壽的美術繡作品「義大利皇后愛麗娜像」，朝廷鄭重地將其作爲國禮贈送給義大利皇室，義國皇室很喜歡，回贈該國最高級的聖利寶星一枚給清廷，並將一枚皇家金質徽章和一隻鑲嵌著鑽石的金錶贈予作者沈壽。她對著美國電影女明星蓓克的照片繡了一幅作品，在美國展出時，蓓克見了，愛不釋手，提出用重金收買。

民國四年，巴拿馬運河順利通航，爲慶祝這一舉世聞名的工程，在舊金山舉行了巴拿馬萬國博覽會。沈壽的繡品「耶穌像」一鳴驚人，一舉奪取一等獎，引起各國人士的普遍注目和好評，使中國刺繡藝術在國際上產生了鉅大的影響。這件繡品高二十一英吋寬十五英吋，裝在一隻高貴而顯得質樸的橢圓形紅木框子裡。該繡品臨外國油畫耶穌受難像而作，使用了一百多種色線，運用羼針按照人面部肌肉的紋理轉折絲理，唯妙唯肖地將耶穌受難時的神情及那種爲道義而大義凜然、視死如歸的精神表現出來了，確實是一件不可多得的藝術珍品。

楊守玉和亂針繡

民國四十一年，劉海粟大師在致郭沫若的一封信中，談到一位女性「早年學繪畫，能以畫法摻入刺繡，首創繡法數種：如浮繡能使圖像有立體感；如疊圓繡即機針繡，畫意盎然；如結子繡有繪畫點染光暗之妙；如正則繡係用亂針法，以針代筆，以色絲爲丹青，使繪畫與繡工融會一體自成品格。……」

這位爲海粟先生讚賞不已、極力推崇的女性，就是少時即有「才女」之稱的蘇繡名人楊守玉。楊守玉原名韞，字瘦玉，光緒二十一年出生於江蘇武進縣。她自幼習繡，同時對書畫、金石之學也有濃厚的興趣，專心致志地學習，表現出與眾不同的才華。

十九歲那年，守玉剛從常州女子師範學校圖工班畢業，著名畫家、藝術教育家呂鳳子即將她延聘到丹陽正則女子中學任教。她在該校任職共三十多年，先後擔任過繡課教師、繡科主任、繪繡專科主任。抗戰時期，她隨學校遷往重慶，並被重慶國立藝術專科學校聘爲兼職副教授。回到故鄉以後，她還曾在蘇州刺繡學校任教職，後來又應聘擔任了常州市工藝美術研究所刺繡藝術顧問。一九八一年二月，楊守玉女士因病逝世於常州，終年八十六歲。

在數十年的教學實踐中，楊守玉對繪畫和刺繡藝術進行了認眞深入的研究。她很推崇蘇繡藝術大師沈壽開創的美術繡，認爲這極大地豐富了蘇繡的表現手段，拓寬了繡品的審美領域。然而她又不願滿足於前人的成績之上，決心探索創新，發展刺繡藝術。

三十年代，她在靈感引導下，借鑒西洋畫素描和鋼筆畫筆戳的方法，對傳統擻和針的技巧進行改革，嘗試以線條長短交叉、分層加色的手法刺繡。她以水彩畫爲繡稿製作的嘗試之作「老頭像」、「小女孩」等，一問世便引起轟動，全校師生爭著一睹其貌。校長呂鳳子十分賞識，迅即將這種繡法命名爲「楊繡」。楊守玉謙虛地推辭，態度堅決。呂鳳子無奈，祇好將其隨校名改名爲「正則繡」。因爲這種繡法看起來針刺很亂，這樣製作的繡品近看如一團亂草，所以又被稱爲「亂針繡」、「繽紋繡」。

亂針繡法，不再使用傳統的針刺線條組織，改用不規則的長短針線，錯綜交叉，藉此體現形像和畫面。其次是不受針法、色彩的限制，可以在製作時隨意增線添色。針法自由、靈活，供繡工發揮想像的餘地比較大。雖然帶有一定程度的隨意性，然而運針也有一定規律，亂中求變，亂中求統一，追求以色調美和線條美體現生動的形象。因此，亂針鏽製作的繡品，近看雖似一團亂草，遠看則形象逼眞生動，故有專家認爲「與油畫相比，有異曲同工之功」。因其色彩豐富、表現力強、極富創意，使蘇繡藝術又邁入了一個新的天地。

除了把大部分精力投入教學和研究之外，楊守玉還製作了大量繡品。十五歲時她根據芥子園畫册上的畫稿製作了一幅「八哥」，受到鄰里好評，初露才氣。民國二十四年她製作的一幅「美女與鵝」，繡的是在清幽的樹林裡站著一位體態婀娜的少女，一隻鵝靜靜地倚偎在少女身旁，透出一股嫺雅溫馨的氣息，人們都給予較高評價。戰時，她的「美女與骷髏」在重慶舉辦的全國工藝美術展覽會上獲獎；「羅斯福像」、「觀音」等繡品曾被政府選中，作爲國禮贈送給美國政府，其中「羅斯福像」高二呎，寬一點五呎，珍藏於美國國家美術館。戰後的繡品，「少女」珍藏於蘇州大學，中共領袖「毛主席像」藏於蘇州刺繡研究所，「朱德像」藏於常州市工藝美術研究所。一九七一年，柬埔寨西哈努克親王到蘇州刺繡研究所參觀時，十分欣賞亂針繡人物像。回國不久，他就收到了該所工藝師用亂針繡法繡製的他的肖像，生動自然，風味獨特，親王十分高興地表示感謝。

金靜芬「桃李滿天下」

在沈壽的徒弟當中，金靜芬是最突出的一個，也是培育後繼人才最辛勤的一個。

金靜芬家也是開古董店的，其祖上從浙江嘉興遷來蘇州後，便在護龍街（今人民路）開了一爿古董店，藉此營生。金靜芬出生於光緒十一年（一八八五），原名彩仙，乳名杏寶。由於其父整日與一些市井無賴廝混，遊手好閒，不善經營，導致家道中衰。因此，金靜芬的少女時代是十分艱難的。

九歲，靜芬就被父母送到吉由巷一個姓范的繡工家裡當學徒，嚐盡了呵責、訓斥。三年後滿師出來，十二歲的小姑娘便開始在「大同」、「裕泰成」等繡莊立了戶頭，在繡莊領活回家去做，賺取微薄的工錢養家餬口。她一雙纖纖細手靈巧異常，心眼又活，做工針腳整齊、配色又好，深受人們看重，繡莊老闆也經常誇獎。親戚鄰居常有人請她爲鞋面、枕套等東西繡花，她也從不推辭，盡力爲別人繡好。因此，小小年紀便獲得了「金家姑娘好針線」的讚譽。

光緒二十九年，金靜芬因緣得以投在蘇繡大師沈壽門下爲徒。由於投了明師，一顆蘇繡明星才沒有被靠做工餬口的普通繡活所埋沒，發出了眩目的光彩。沈壽繡花，常以鮮花插於棚架上，邊看邊繡，繡成後，色彩的濃淡變化和枝葉的陰陽向背都能夠很好地體現出來，富有層次感和眞實感。繡人物時，沈壽時而對畫冥思苦想，時而顧鏡揣試，一針一線都極見功底。老師這種認眞細緻、精益求精的創作態度在金靜芬心中留下了深刻的印象。她留神觀察，默默記住運針、設色的方法，反覆練習，用心琢磨，半年功夫就掌握了製作具有觀賞價值的繡品的全部訣竅。初繡仕女圖，臉部微笑的表情常表達不好，她亦學老師顧鏡自揣，自作笑容，琢磨出了在仕女紅唇兩邊，須用深色線加繡兩針極細的線，方能使笑容微展，更嫵媚動人。翌年，她的「觀音大士像」等繡品，已形神皆備，古風習習。

在眾多學生中，沈壽尤爲器重金靜芬的刻苦鑽研精神和出色的刺繡才能。沈壽赴北京任農工商部女子繡工科總教習後，立即敦聘金靜芬去當教習。金靜芬經常去萬牲園（今動物園）觀察，完成的一幅「錦雞圖」受到沈壽高度讚揚，專門爲其開了觀摩會。

金靜芬經常深入生活，實地觀察瞭解，積累素材，創作了不少生活氣息濃郁的繡品，形成了自己獨特的風格。宣統二年，她的立軸繡品「水墨蒼松」、「貓戲圖」在清廷舉辦的「南洋勸業會」上獲優等獎；民國四年，在巴拿馬萬國博覽會上，她的「拿破崙像」、「家禽圖」、「仕女花園」、「雙狗圖」共四幅繡品參展，榮獲青銅獎章和獎狀；她精工繡製的「德國公主像」、「聖母瑪利亞像」等作品被別人拿去美國市場上高價售出。她在沈壽發明的「肌肉針」的原理上大膽發揮，盤旋刺繡，製作了「屈原」繡品，栩栩如生地再現了偉大愛國詩人憂國憂民、堅毅不屈的精神風貌。八十歲時，她還親自去東山學習採茶姿勢和手指的各種動作，製作了「東山採茶」這樣一幅傳神地表現採茶姑娘青春風姿的繡品。

繡工科解散後，金靜芬曾先後在蘇州武陵女子學校、上海城東女子中學、上海創聖女子學校、南通女工傳習所、蘇州女子職業學校、江蘇省立女子中學和蘇州新聞小學就職，專門傳授刺繡技藝。花甲之後，金靜芬竟一度落魄無依，淪爲寄人籬下的保姆，屈辱度日。後來，她擔任了蘇州刺繡生產合作社主任、蘇州市工藝美術研究室主任、蘇州刺繡研究所副所長的職務，並曾當選蘇州市文聯常務委員、江蘇省政協委員、中華全國手工業合作總社第二屆委員會委員、第三屆全國人民代表大會代表。

金靜芬任教多年，耐心細緻，認眞負責，先後培養出三千多名蘇繡人才，其中不少均成爲蘇繡界的骨幹力量，可謂「桃李滿天下」，爲培育蘇繡人才做出了傑出的貢獻，她的許多繡品也已成爲珍品。

一九七〇年，八十六歲高齡的蘇繡藝術家金靜芬在蘇州去世。

將星自情場殞落

——毛澤東親自下令鎗決的紅軍將軍

一九三七年十月五日，黯淡的天色控制了傍晚的延安。

吃過晚飯，肚子裡已經飽滿，身上已經增加了一些熱量，但黃克功渾然不覺，他祇覺得很煩很悶很想發火。他在窟洞裡轉了兩圈，右手有些痲木地伸向炕上，抓起那枝勃朗寧小手鎗，緩緩地揣進衣袋裡。然後，正了正軍帽，把棉襖的下襟拉了幾下，兩隻腳僵硬地邁了出去。

警衛員默默地看著首長那萎靡不振的樣子，不敢跟著出去，也不敢問話，怕首長不高興，嫌自己多事，白捱一頓訓。

走出窟洞，風颯颯而起，吹得地上蕭瑟的野草簌簌地響，祇聽見延河的波浪也嘩嘩地發出聲來。

抗日軍政大學訓練部的幹部黃克勇正在窟洞外蹓躂，見了黃克功，點點頭，招呼了一聲：「吃過了嗎？」

黃克功卻一把拉住他：「走，跟我走一趟。」也不管人家是否願意，拉著便走。

黃克勇本也無事，無可無不可地隨著黃克功走去。

黃克功像急行軍似的，邁開快步，眼睛像被冰凍了一般，又僵又直，臉也板得很緊，像青黑的巖石，用斧頭也難以砍透。他祇顧走路，再也不說話。很快，他們就走到了陝北公學院前，祇見一群女學員在河畔沙灘上嬉戲。劉茜也在裡面。

女學員中大部分是從抗日軍政大學第四隊轉過來的，見了以前的隊長，嬉笑聲嘎然而止，都忙著向隊長招呼。

「大家好。」黃克功臉上努力扭動了幾下，勉強擠出幾分笑意，向學員們問了好，然後看著劉茜，「咱們走一走，談一談，好嗎？」

劉茜似乎早有心理準備，毫不慌亂，臉上的笑容也未消褪，點頭答應了。

女學員們笑著告辭了。

黃克勇見機，也知趣地藉故走開了。

黃、劉二人默默不言地走著，祇聽見兩雙腳在河灘上嚓嚓地響著。

彷彿一把刀子插入黃克功的心裡，疼得他說又說不出，忍又忍不住。「七七事變」的炮聲一響，好似一個晴天霹靂，炸響在無數華夏青年的心頭，悚然一驚的同時，被刺疼的良心發出了痛苦的呼喚，紛紛掙脫束縛，奔赴抗日前線。數以萬計的愛國青年集聚到陝北，給貧窮、偏僻的陝北注入了一股新鮮的強勁的青春血液和新穎的生活方式。

還不到十六歲的劉茜出生於一個中產家庭，是父母的寵女，但她全然不顧父母的勸阻，毅然隨著那股熱潮來到了延安。她年齡雖小，但生理發育已趨成熟，明眸皓齒，身材窈窕，天生麗質，再加上能歌善舞，動人的舞姿和優美的歌聲給她的女性美更增添了幾分魅力。從國統區來的女青年，對參加過長征的紅軍軍官們懷著近乎崇拜的敬仰心情，一有空時便纏著他們講戰鬥故事，總是聽得如癡如醉。劉茜也不例外，那時她在抗大四隊學習。很快，她就在那種崇拜與敬愛摻雜的感情裡迷上了自己的隊長，她從隊長那不時火辣辣地盯著自己的眼神裡讀出了鼓勵，情竇初開的她，正處於敢愛敢恨、敢說敢幹的年齡，立刻給他寫了一封信，向他拋出了一個少女初戀的繡球。

四隊隊長黃克功，年方二十六歲，曾經參加過井崗山的鬥爭和二萬五千里長征，陝北曾師時身任旅長，身居高位，戰功顯赫。當時，陝北的未婚軍人多如牛毛，爲此，中共中央特別制訂了一條特殊的「軍規」：軍官結婚必須符合「二五八團」的條件，即年齡二十五歲、八年黨齡、團職幹部以上。黃克功符合這些條件。他身經百戰，多少次死裡逃生，此時突然置身於和平、自由的環境之中，往昔那被緊張的戰鬥生活壓抑和遺忘了的男人的本能一下子被釋放出來，青春激情在他那健壯的軀體裡不安地騷動。因爲他的條件符合中共中央的規定，所以他可以毫不顧忌地追求自己喜歡的姑娘。當接收到劉茜發出的信息後，他立即對她展開了激烈的攻勢。

那時，女學生們都喜歡走「長征路線」，即找長征過來的紅軍軍官結婚。雖然黃克功符合劉茜心目中「長徵路線」的婚姻理想，但她不久就發覺他並不適合於自己。起初聽他講話，對他那「老子當年……」的口頭禪，也能分享一點自豪與驕傲，聽的次數一多，便覺得他太粗俗了。他從來不漱口刷牙，她從自己的家庭帶來的良好衛生習慣使她對此不能忍受，幾次勸他，他不但不改，反而嘲笑那是小資產階級的生活方式。他的話題總是血雨腥風中那些殘酷的拚搏，幾乎從來不調情，不懂得戀人之間應該進行細膩溫馨的感情交流。

劉茜苦惱、失望、怨悵，據說轉到公學院後又交上了一個能討女孩子歡心的男子。兩天前她託人捎了一封信給他，提出中止戀愛關係。誰知這一決定，卻把她唱成了一首悽戚哀婉的信天遊。

夜色十分放肆地加緊了對天光的侵佔。風也隨之緊張起來，「唿唿」地發出嘯聲。延河水也害怕夜色似的，嘩嘩地流得更響。

黃克功心頭不快，說話也不委婉，直率地問：「妳眞的要和我掰？」

「是的。」劉茜回答得很簡單，很堅決。

羊倌趕羊回家的聲音越來越急促，漸漸緊峭起來的風，颳得沙灘上塵土飛揚。

黃克功心裡煩躁極了。「媽的！老子出生入死，在戰場上沒有失敗過，難道要在這個小姑娘身上遭到失敗？」他心頭悻悻然，強硬地說：「不行，妳不能破壞婚約，妳必須和我結婚！老子不容許妳要弄我，不容許別人奪走應該屬於我的女人！」

劉茜覺得身上有些冷，搖搖頭，誠懇地說：「不行，我在信裡已經說了，你和我沒有愛情基礎，不能結合在一起。如果勉強湊合，是不會幸福的。你我之間根本沒有婚約，我怎麼必須嫁給你？告訴你，我不是因爲有了心上人，才要和你分手的！」

她的話隱約透出她已另有所愛，黃克功因此更氣憤了，便緊追不捨：「這麼說，妳還是另外找了男人吧！媽的！妳給我的信不是婚約是什麼？妳水性楊花，見異思遷，汙辱我們革命軍人！」

對他的怒罵，劉茜不屑一顧，冷冷地哼了一聲。

這樣輕視、淡漠的態度更激怒了黃克功，他心頭鬼火直冒，一下子抽出手鎗，抵著劉茜肋下，最後通牒似地問：「媽的！妳幹不幹？」

劉茜想不到一個身居高位的紅軍將軍，爲使別人答應婚事，竟會以武力脅迫，更看不起他了，諒他不敢開鎗，憤憤地揮起白嫩的巴掌，抽了他一記耳光。

黃克功以爲在黑森森的鎗口之下，她會瑟瑟發抖地答應自己的，誰知她如此不以爲然，一耳光將他心頭的怒火搧得更旺，血氣方剛的他完全喪失了理智，一下子扣動了扳機。

劉茜身子趔趄了一下。她簡直想像不出面前這個戰場上的猛將在情場上會惱羞成怒地開鎗殺人，怒不可遏地瞪著他，眼裡不僅一點沒有害怕和乞求的意思，反而像長出了兩條有力的手臂，還狠狠地在他臉上抽打似的。

黃克功性格剛強，見劉茜受了傷還如此強硬地藐視自己，更氣了，舉鎗對著她的腦門又放了一鎗。

劉茜恨恨地倒了下去。

延河水祇管流著，對發生在她身邊的這一幕悲劇熟視無睹。夜色更濃了，大地上，祇殘餘了那麼一點點微弱的光亮。風呦呦地捲向遠方，將先後兩聲鎗響呑沒了。

血，從劉茜身上冒出來。看著剛才還姣好俏媚的姑娘躺在血泊中，滿臉鮮血淋漓，好不猙獰。黃克功獃獃地看著她的屍體，在戰場上不知有多少人死在他的手下，見慣了流血死亡的他，對此情景並不感到害怕。

他覺得周身的力氣全沒了，身子不由自主地往下墜，感覺麻木地坐在沙灘上。塵土們被風吹起來，直往他身上撲。頸子再也無力支撐沈重的頭顱，緩緩地垂下去，擱在兩個膝蓋上面。

當他回到自己的窟洞的時候，夜已經深了。警衛員見他獃滯、神情沮喪，急忙慇懃地給他端來洗腳水。他腳也不洗，揮手叫警衛員端開了。他笨拙地脫衣睡覺，但翻來覆去，總也睡不著，腦海裡總浮現出沙灘上那具熟悉的屍體，心裡愴然，也漸漸有些恐懼了。

天剛亮，公學院的一位女學員就找上門來，問黃克功知道不知道劉茜昨夜在哪裡。他已經知道了後果的嚴重性，有些慌亂地對女學員說不知道。女學員一走，他卻急忙站到牆邊，伸長脖子朝河邊望。

不一會，公學院的學生在河灘上找到了劉茜的屍體。當天，保衛處關於追查殺人犯的通報就印發到各單位了。

看到通報，警衛員驀地想起早晨給首長擦鎗時見鎗留有射擊過的印痕，首長昨夜脫下換掉的棉襖上也有血跡，再聯想到首長昨夜和今晨的反常情態，便覺得首長可疑。雖然他十分敬重自己的首長，但他更敬重紀律，便向中共中央保衛部門負責人、抗大副校長羅瑞卿將軍做了彙報。

羅將軍立即找黃克功談話。

這時，黃克功已經冷靜下來了。他來了個竹筒倒豆子。一五一十地坦白了殺人經過。

想不到警衛員的懷疑成了事實，羅瑞卿吃驚不已，他喜愛眼前這個作戰勇敢的部下，然而一個堂堂的紅軍將軍卻做下了這麼一樁在延安從未發生過的惡案，心裡又十分痛惜。他沈重地拿起電話，向毛澤東彙報了有關情況。

遵照中共中央及軍委指示，決定將黃克功交給人民公審。因此，陝甘寧高等法院將黃克功收入監裡。在獄中，他給毛澤東寫了信，爲自己的罪行表示懺悔，希望毛澤東允許自己戴罪立功，將功贖罪。

十月十日早晨，公審大會在陝北公學院裡舉行。

審判臺上擺著十多張桌子，陝甘寧高等法院刑庭庭長雷經天擔任審判長，坐在正中，審判員、人民陪審員，中共中央代表金鐵群、吉漢傑等坐在兩側。從各機關、學校、部隊前來參加旁聽的逾萬人，座無虛席，站著的也不少。

當時無風無雲，天色明朗。人們都看到張聞天（洛甫）和毛澤東在河對岸不安地走動，關切地朝這邊望。即將開庭時，他們才離開了。

審判長憐惜淪爲階下囚的紅軍猛將，有意問他：「你參加過什麼戰鬥？掛過多少次彩？」顯然，審判長想以他的戰功喚起陪審員的同情，使之能夠免除死刑。黃克功領會了這意思，歷數了他參加過的戰鬥和每次掛彩的情況，撕開上衣露出纍纍傷痕。果然引起一陣嗡嗡議論，大家都爲之惋惜。

「這麼英俊的小伙子，又身居高位，那個姑娘憑啥不喜歡他呢？」

「他是革命功臣，殺了可惜，不如讓他到戰場上去，將功折罪！」年紀大的持此看法。

「他自以爲功高，擅自開鎗殺人，不殺他不足以平民憤！」年輕人們幾乎都這樣說。

審判長問殺人犯的申訴理由時，黃克功機械地回答：劉茜撕毀婚約是對革命軍人的汙辱。他誠懇地請求：「我恨自己一時失去理智，犯下了死罪。如果死刑必須執行，我不願意死在戰友的鎗口下，我希望能節約一顆子彈去打日本鬼子。我請求法庭給我一次機會，讓我到戰場上去死，給我一挺機關鎗，由執法隊督陣，我要去殺日本鬼子，然後死在他們手下，如果我的請求不合法律，那就當我沒說。」

黃克功眞摯的請求和悽愴的話語感動了審判席和旁聽席上的所有人，一時間，會場默然無語。然而，法律是無情的。過了一會兒，審判長嚴肅地宣判對黃克功處以極刑，立即執行。

黃克功突然喊起了口號：「中國共產黨萬歲！中華民族解放萬歲！打倒日本帝國主義！」這樣的場合喊口號，眞有點不倫不類。旁邊的法警拉了他一下，叫他別喊。

他悶悶地說：「怎麼連口號也不准喊呢？」乖乖地隨著法警，朝東北面的刑場走去。剛出會場，就看見一匹快馬跑來，馬上的人下馬後，走上審判臺交給審判長一封信。瞬間，「毛澤東的信」的消息就盡人皆知了。

黃克功聽說送來了毛澤東的信，懷著僥倖的希望站住了。法警沒有推他走，也停下了步子。片刻之後，審判長就開始大聲宣讀毛澤東的信：

雷經天同志：

你的及黃克功的信均收閱。黃克功過去鬥爭歷史是光榮的，今天處以極刑，我及黨中央的同志都是爲之惋惜的。但他犯了不容赦免的大罪，以一個共產黨員紅軍幹部而有如此卑鄙的、殘忍的、失掉黨的立場的、失掉革命立場的、失掉人的立場的行爲，如果赦免，便無以教育黨，無以教育紅軍，無以教育革命者，並無以教育一個普通人，因此，中央與軍委便不得不根據他的罪惡行爲，根據黨員與紅軍的紀律，處他以極刑。正因爲黃克功不同於一個普通人，正因爲他是一個多年的共產黨員，是一個多年的紅軍，所以不能不這樣辦。共產黨與紅軍對於自己的黨員和紅軍成員，不能不執行比較一般平民更加嚴格的紀律，當此國家危急革命緊張之時，黃克功卑鄙無恥殘忍自私至如此程度，他之被處死，是他自己行爲決定的。一切紅軍指揮員，一切革命分子，都要以黃克功爲前車之鑑。請你在公審會上，當著黃克功及到會群眾，除宣布法庭判決外，並宣佈我這封信。對劉茜同志之家屬，應予安慰與撫恤。

毛澤東
一九三七年十月十日

聽罷，黃克功又高呼了三聲口號，羞愧的淚水湧了出來，默默地跟著執法隊向刑場走去，這時突然有風吹來，將他的眼淚吹落在地……

陳獨秀和他的三位親人

自幼失去父親

在一篇自傳性文章中，陳獨秀曾經說：「我記得家中有一個嚴厲的祖父，一個能幹而慈愛的母親，一個阿彌陀佛的大哥。」他的父親呢？陳獨秀爲什麼不提及呢？

作爲中共主要創始人的陳獨秀，民國十年時正在爲建立自己的政黨而八方奔走。有一次在廣東，陳炯明誤聽馬路傳言，不滿地問：「聽說你組織了一個什麼討父團，是怎麼回事？」陳獨秀答道：「沒有這回事，也許我的兒子可以組織討父團。我連資格也沒有，因爲我自幼便失去了父親。」

陳獨秀兩歲的時候，他的父親便病逝於蘇州，享年僅三十四歲。於是，對幼年陳獨秀的哺育和管教的責任落到了祖父、母親和大哥身上，他們對童年和少年陳獨秀施加了深刻的影響，幫助他完成了自我的性格。

「白鬍子爹爹」

在陳氏家族，「白鬍子爹爹」是一個性情古怪、令人害怕的角色。如果遇上小孩子們哭鬧，祇要吼一聲：「白鬍子爹爹來了！」立竿見影，孩子們馬上停止哭鬧了。不但小孩，就是族裡的大人也怕他三分。

這個令家族裡大人小孩感到害怕的「白鬍子爹爹」，就是陳獨秀的祖父陳章旭。他生於一八一九年，卒於一八八九年，他熱中科舉，曾經被授予官職，一輩子頂著「以鹽提舉銜候補知縣」的空頭官銜，終生大半時間在外地當幕僚和教書。

從六歲到九歲這幾年，陳獨秀都由祖父親自執教。見孫子很有天份，聰明過人，陳章旭期望甚高，望孫成龍，所以督責嚴厲，陳獨秀稍有差錯，便實行打罵。然而，陳獨秀性格倔強，被打罵之後從不討饒，也不哭鬧。氣得祖父怒罵：「眞是家門不幸，出了這麼個不成材的東西，今後長大必定是個殺人不眨眼的強盜！」

對祖父憤怒而武斷的結論，陳獨秀一直抱著深深的敵意。二十六年八月，他被釋放出獄後，拒絕出任國民黨中央勞動部長，也拒絕參加國防參議會。他在武昌華中大學、武漢大學等地大肆演講，發表了〈抗日戰爭之意義〉、〈怎樣才能發動群衆〉等文章，鼓吹抗日。同時，他撰文表示對祖父給自己所下那個結論的厭惡：「祖父對我的預料，顯然不符合，我後來並沒有做強盜，並且最厭惡殺人。我以爲現代時代還不免的戰爭，即令是革命戰爭中的殺人，也是殘忍的野蠻的事。然而戰爭還有進步的作用，其餘的殺人，如政治的暗殺，法律的宣告死刑，祇有助長人們的殘忍與野蠻性，沒有一點好影響，別的殺人更不用說了。」

「女丈夫」

和許多人家的母親一樣，人稱「女丈夫」的陳查氏同樣希望自己的兒子讀書用功，勤習八股，將來考取功名，光宗耀祖。然而，陳獨秀讀書並不專心，使查氏爲此很傷心，雖然她與公公懷著同樣的希望兒子出人頭地的願望，但她卻從不肯粗暴對待不聽話的孩子，而是好言相勸，以女人家最厲害的武器——眼淚，作爲教育小兒子的工具。有一次，陳獨秀又被祖父毒打了一頓，她摟著兒子痛哭一場，告訴他：「小兒，你務必好好用心讀書，將來書讀好了，中個舉人替父親爭口氣，你的父親讀書一生，未曾考中舉人，是他生前一樁恨事。」想起寡婦度日的艱難，她越哭越傷心。這一來，搞得陳獨秀也痛哭一場。查氏止住淚又勸兒子：「你這孩子眞淘氣，爺爺那樣打你，你不哭，現在倒無端的哭了。」對此，陳獨秀記憶很深，他說：「母親的眼淚比祖父的板子，著實有權威，一直到現在，我還是不怕打，不怕殺，祇怕人對我哭，尤其婦人哭。母親的眼淚，是叫我用功讀書之強有力的命令。」

查氏生於一八五二年，卒於一八九九年，大約是過分操勞吧，使她中年早逝。對母親，陳獨秀一直懷著美好的依戀之情。他回憶道：「母親之爲人，很能幹而疏財仗義，好打抱不平，親戚本家都稱她爲女丈夫，其實她本質還是個老好人，往往優容奸惡，缺乏嚴肅堅決的態度。」從陳獨秀在那段動亂歲月裡的政治活動來看，他身上其實疊印著母親的影子。不管他如何熱愛母親，但他終於沒能如母親期望的那樣「中個舉人」。

寬容的大哥

陳獨秀十二、三歲時，基本上是由大哥陳慶元負責傳授學業。這個大哥生性忠厚，淡泊名利，無所欲求。他不但耐心細緻地教導小弟弟，而且盡量滿足小弟弟的興趣，使之感到一種寬鬆的氣氛。後來，在安慶參加考試時，陳獨秀洋洋灑灑，做出一篇長文，被主考官看中，點爲秀才第一名。這使母親和大哥著實感到安慰，很高興了一陣子。

可惜，這個清靜寡欲、阿彌陀佛的大哥竟也壽命不長，英年早逝。民國四年五月，陳獨秀在《甲寅》雜誌上發表了一首題爲「述哀」的詩，表達對大哥的悼念之情。

第四輯　歷代掌故

古代藏書樓取名探源

自古以來，在我國士大夫、知識分子家庭，歷來有建民間藏書樓的傳統。大量的民間藏書，爲傳播民族傳統文化做出了鉅大的貢獻。而藏書樓的取名，往往紛紜複雜、美不勝收。

本文擬根據一些著名藏書家的藏書樓名的寓意，探索藏書樓的取名之源。

寄託思念　表達崇拜

註韓居　清代藏書家鄭傑的藏書樓。因他對韓愈詩文愛不釋手，曾與人合註《昌黎文集》，故此而名。

思茗齋　清代藏書家宋咸熙的藏書樓。其父號茗香，咸熙追思先父哺育、教導之恩，因以名之。

玉海樓　清代藏書家孫衣言的藏書樓。衣言非常崇拜宋代學者王應麟，尤喜其二百卷鉅著《玉海》，以此書名名之藏書樓。

以字、號名藏書樓

曲肱軒　北宋藏書家魏衍的藏書樓。因魏衍自號曲肱居士，遂以號名之。

靜思齋　明代藏書家袁忠澈的藏書樓。靜思爲忠澈字。

春暉堂　清代藏書家陳邦彥的藏書樓。春暉乃邦彥之號。

越縵堂　清代藏書家李慈銘的藏書樓。慈銘晚年自號越縵老人，以號爲藏書樓名。

因詩文而得名

書巢　南宋大詩人陸游的藏書樓。他對樓名的解釋是：「吾室之內，或棲於櫝，或陳於前，或枕藉於床，俯仰四顧無非書者。吾飲食起居，疾病呻吟，悲憂憤嘆，未嘗不與書俱。賓客不至，妻子不覿而風雨雷雹之變有不知也。閒有意欲起，而亂書圍之，如積槁枝，或至不得行，則輒自笑曰：此非吾所謂巢者邪！乃引客就觀之，客始不能入，既入又不能出，乃亦大笑曰：信乎其似巢也！」

紬書閣　南宋藏書家葉夢德的藏書樓。樓名取太史公「金匱石室」之意，收藏公衆用書，列藏書目錄於左，略具今日之公共圖書館的性質。

脈望館　明代藏書家趙綺美的藏書樓。寓著「蠹魚所化之物，遇之可以成仙」的意思。

蕭竹堂　明代藏書家葉盛的藏書樓，因《詩・衛風・淇澳》中「學問自修」之義而取名「蕭竹」。

天一閣　明代藏書家范欽的藏書樓。是古代一座典範性的藏書樓建築，四面臨水，上迺六間爲一，中以書橱相隔，下分六間，取「天一生水，地六成之」以水滅火之意。

絳雲樓　明朝名臣錢謙益的藏書樓。樓名含「眞誥絳雲仙姥下降」之意。

清遠樓　明代藏書家柳僉的藏書樓，取自「遠離紅塵，清靜自逸」一句。

知不足齋　清代藏書家鮑廷博的藏書樓，暗含「學然後知不足」之意。

傳是樓　清代學者徐乾學的藏書樓。他教訓兒子說：「吾何以傳汝曹哉？所傳者唯是矣。」而以「傳是」名藏書樓。

冷齋　清代藏書家錢泰吉的藏書樓。因仇山村「官冷身閒好讀書」一句得名。

海源閣　清代藏書家楊以增的藏書樓。取自「涉海而以得所歸者」一句。

鑒止水齋　清代藏書家許宗彥的藏書樓。他認爲：「讀書人第一須使此光明正大，澄清如止水，無絲毫苟且私曲不可對人處。」藏書樓也因此而得名「鑒止水齋」。

共讀樓　清代藏書家國英的藏書樓。他說自己的藏書「子孫未必能讀，即使能讀，亦何妨與人共讀」。故以「共讀」名樓。

惜陰軒　清代藏書家李錫齡的藏書樓。寓含「珍惜光陰」的意思。

四當齋　近代藏書家章鈺的藏書樓。取自宋代尤袤以書籍「餓當肉，寒當裘，孤寂當友朋，幽憂當金石琴瑟」之語。

樓名與所藏之物關聯

詒晉齋　滿清皇子永理的藏書樓。因藏有晉朝陸機眞跡〈平復帖〉而得名。

稽瑞樓　清代藏書家陳揆的藏書樓。因藏有唐代劉賡的《稽瑞》一書，遂將原名「梂虎閣」改爲「稽瑞樓」。

寶蘇齋　清代藏書家翁方綱的藏書樓。因藏蘇東坡手跡〈嵩陽帖〉、宋槧〈施註蘇詩〉而取「寶蘇齋」一名。

大吉樓　清代藏書家杜煦的藏書樓。因藏有漢建初六年所刻《大吉買山記》而得名。

鐵琴銅劍樓　清代藏書家瞿紹基的藏書樓。因樓內藏著古代鐵琴和銅劍而得名。

泰華樓　清末藏書家李文田的藏書樓。因藏有秦代泰山石刻和漢朝華嶽廟碑而取名。

群碧樓　近代藏書家鄧邦述的藏書樓。藏有宋本《群玉詩集》、《碧雲集》兩種唐人集字，上有文徵明、徐乾學、金俊明、季振宜、黃丕烈等人藏書印記，十分難得，故名。

郊寒島瘦　近代藏書家鄧邦述因藏有孟郊、賈島兩人集子的明刻本，遂將「群碧樓」更名爲「郊寒島瘦」。

雙鑒樓　近代藏書家傅增湘的藏書樓。因藏著宋、元刻本《資治通鑒》各一部而得名。

玉海堂　近代藏書家劉世珩的藏書樓。藏有兩部宋代刻本《玉海》，故而得名。

孫中山與重傷員

民國十三年，軍閥孫傳芳集結重兵從北江進攻廣州革命政府。孫中山先生當機立斷，派出朱培德軍的朱世貴師前去迎戰。這場戰役打得十分艱苦，雙方展開了激烈的拚搏，戰鬥結束後，朱世貴師僅剩下二〇〇多人了。大總統孫中山不避鋒鏑，親自蒞臨前線視察，慰問將士們。當時的陣地上，硝煙尚未散盡，屍橫遍地，血流成潺潺的小溪，到處都亂擺著殘肢斷軀，其狀慘然，睹之令人黯然神傷。

衛士連祇有士兵潘海清一人倖存，他參加了搶救傷員的工作。他發現一個傷員中了十多鎗，但身體尚有熱氣，滿身滿臉的血汙，幾乎看不出本來面目了，經仔細端詳，才認出是衛士連的司務長顧合浦。孫中山視察來到了這裡，見狀，急忙吩咐潘海清：「小鬼，你護送傷員，坐我的車，立刻趕往老埔醫院進行搶救！」

潘海清遵命，護送顧合浦乘總統座車馳往二〇〇多里外的廣州老埔醫院。幸好趕得及時，顧合浦留下了一條命，但雙腿、雙手都被鋸掉了。

過了幾天，孫中山來老浦醫院慰問傷員後，從樓上往下走。恰好此時潘海清從樓下往上走。二人在樓梯上相遇。潘海清是個大老粗，沒有和大人物打交道的經驗，不知道如何打招呼，侷促地隨口說道：「噫，您來了！」孫中山日理萬機，哪裡還記得潘海清，但他微笑著問：「你是誰呀？」「喲，您不認得我了？您不是把顧合浦交給我護理嗎？」孫中山這才想了起來，又問：「他在哪裡？」「您來看！來看！」潘海清說著，也不顧禮節，帶頭上樓。孫中山隨之返身去了顧合浦的病房。

孫中山見顧合浦成了殘廢人，心中惻然，和潘、顧談了一陣，安慰了顧合浦幾句，鼓勵他好好生活下去。臨別時，他對顧合浦說：「老顧，等你傷癒出院後，叫這個潘小鬼護送你來總統府找我，我給你安排今後的生活。」

一段時間後，顧合浦傷癒出院了。他對潘海清說：「找孫大炮去！」潘便護送他到了總統府。孫中山聽說，立即放下手頭的工作，接見了他們，熱情地叫他們喝牛奶、汽水等，並決定由國家把顧合浦長期供養起來，叫下屬找來了兩個婦女，專門護理他，安排照顧他的日常起居生活。

甄宇牽瘦羊

東漢時某年年底，皇帝來到太學宣讀詔書，恩賜博士們每人一頭羊，讓他們歡歡喜喜地過春節。可是，羊群趕來以後，一下子難住了這些學識豐碩的博士們，因爲羊子大小、肥瘦不一，誰牽大的、誰牽小的、誰牽肥的、誰牽瘦的，成了一個很現實的很難解決的問題。有人主張將羊全部殺了平均搭配，有人主張採取「投鈎」（類似於今日之拈鬮）的辦法。議論紛紜，卻沒有議定一個可行的辦法。這時，一直沈默不語的甄宇大聲說道：「我說既不用殺，也不用投鈎，還是一人牽一頭吧！」說罷，便向羊群走去，要自己牽羊。他的舉動，使眾人都不安了：萬一甄宇把最大最肥那隻羊牽走了怎麼辦？可是，甄宇卻把最小最瘦的那隻羊牽起就走。這一來，眾人再也不好意思挑肥揀瘦了，大家互相謙讓，和和氣氣地各牽了一隻羊。故事傳開後，人們給甄宇取了一個「瘦羊博士」的綽號。

秦檜忠聞三則

秦檜是一個遺臭萬年的大奸相，他專權誤國，殘害忠良，歷代爲人所不恥。然而，據史書記載，在靖康年間，他卻數度有忠良之舉呢！公之於眾，可聊增茶餘飯後之談資。

堅決反對割地求和

《宋史・奸臣傳三》載：靖康元年，金兵攻汴京，遣使求三鎮，檜上兵機四事：一言金人要請無厭，乞止許燕山一路；二言金人狙詐，守禦不可緩；三乞集百官詳議，擇其當者載之誓書；四乞館金使於外，不可令入門及引上殿。隨後，宋欽宗傳旨要秦檜隨張邦昌前往金國，與金議和。但秦檜卻說：「是行專爲割地，與臣初議矛盾，失臣本心。」三上奏章，堅辭不去。十一月，金人強硬要求要得到三鎮之地，攻勢更急，欽宗憂懼不已，集百官於延和殿商議此事。范宗尹等七十員大臣屈辱求和，要求把三鎮割與金人。秦檜堅決反對，與另三十五位大臣力陳不可與之。從這件事，可以看出秦檜當時正義感強、有骨氣，乃敢抗顏犯上，全力維護國家領土及主權完整。這與他後來對金奴顏婢膝、出賣國家利益的權奸行徑大相逕庭，這種轉變必有一個曲折而複雜的過程。

保全趙宋宗室

金兵攻占汴京後，金兵統帥提出消滅全部皇室宗親，召集宋朝被俘官員開會，要他們獻計獻策。莫儔諂媚地笑著建議：「這個不難，祇消把藏於宗正寺的皇室族譜找到，就可以按圖索驥，一個不剩地全部抓起來宰了。」秦檜聽了，大爲不滿，立即站起來反對：「不可，皇室宗親雖多，但有親疏遠近之分。又疏又遠的，平時形同路人，很少得什麼好處，如今災難來了，卻要他們共同承擔。如此，情理不合吧？」金兵元帥聽了，覺得有理，遂採納了秦檜的主張。

兩遞議狀　乞存趙氏

南宋人王明清著《揮麈錄》，記錄了秦檜忠於趙宋的另一件事。汴京失守，徽、欽二帝被擄之後，莫儔、吳行從金營回來後，立即傳達了金國皇帝的旨意：立一個非趙姓皇帝，統治金占宋地。

汴京留守王時雍聽罷，立即召集留城眾官商議，決定立張邦昌爲帝。秦檜贊成御史馬伸之議，不同意立張邦昌爲皇帝，兩次向金兵元帥呈遞「議狀」，「乞存趙氏」，堅決要求立趙宋宗氏爲皇帝。此事，也反映出秦檜對皇室的耿耿忠心。

〈醉花蔭〉的輕喜劇

宋代女詞人李清照酷愛文學、歷史，尤擅於作詞；其夫趙明誠是金石學家，但也時常賦詩填詞。閒時，夫婦倆在家總是擺棋對弈，每輸一局罰當場填詞一闋，以此爲樂。

某年重陽節，夫婦倆飲酒賞菊後，又在棋盤上開戰了，李清照輸了一局，認罰，她略一沈吟，便揮筆直書，寫下了膾炙人口的〈醉花蔭〉詞。

李清照丟筆一會，墨尚未乾，一夥文友推門而入，見了案邊那幅墨跡猶濕的詞，大家都知趙明誠素非夫人之敵，便哄笑著問：「趙兄近來有多少佳作問世？可否一併拿出來讓我們領教領教？」

明誠取出近段時間創作的幾十闋詞，同時把清照的那幅〈醉花蔭〉夾雜其中，謙遜地說：「不成樣子，請諸君不吝賜教！」

眾人傳閱著，交口稱讚不已。其中一人說道：「趙兄寫詞長進甚速，可與嫂夫人媲美了。今後不如少玩金石，多寫好詞，以流傳千古。」陸德夫更十分興奮，拍案叫絕：「其中一闋可謂千古絕唱矣！」

明誠受到誇獎，十分得意地問：「哪一闕蒙兄看重？」

「〈醉花蔭〉哪！」陸德夫搖頭晃腦，唸誦著詞的末尾三句，「『莫道不消魂，簾捲西風，人比黃花瘦。』如此結尾，妙極了！」

明誠雖然有些失望，但還是爲夫人高興：「慚愧得很，惟獨那闕爲夫人所作。」

大家聽了，都哈哈大笑起來。有人當場吟了一首打油詩，以增笑料：「明誠不誠實，祇會玩金石；寫詞拜夫人，叩頭稱老師。」

蔡鍔改學陸軍

蔡鍔赴東瀛留學時，是全班同學中年齡最小、體質最弱的小秀才。然而看到祖國貧弱、被列強侮辱的現狀，不禁怒火中燒，決心投筆從戎，走富國強兵之路。他去找梁啓超，請先生爲他想法改學陸軍，爲表示自己從軍的決心，他還毅然將名改爲「鍔」，以示自己將成爲利刃。梁啓超開玩笑地說：「像你這麼文弱，怎麼能夠學陸軍呢？」蔡鍔急切地答道：「我怎麼不可以學陸軍？先生，祇要您幫忙讓我改學陸軍，我一定要做一個合格的將軍，不辜負先生的栽培！」後來的事實證明蔡鍔決非狂言，他領導雲南新軍成功地舉行了雲南辛亥起義，民國四年又發動和指揮護國戰爭，他爲民國的成立和再造共和立下殊勳，彪炳史册，也證明了蔡鍔確實是一個傑出的將才。

孫中山親爲黄興撰挽聯

民國元勳黄興，是個意志堅強的民主鬥士，屢仆屢起，爲共和流盡了最後一滴血。他四十二歲即病逝於上海。孫中山先生聞訊，萬分悲痛，親撰挽聯以誌哀悼。其聯曰：

常恨隨陸無武，絳灌無文，縱九等論交到古人，此才不易；

試向夷惠誰賢，彭殤誰壽，祇十載同盟有今日，後死何堪。

天知，神知，我知，子知

東漢時候，陝西華陰有一個人叫楊震，字伯起。楊震小時候苦心攻讀，博覽群書，學識豐富，可惜多年明珠土埋，未能發出應有的光彩。五十歲時，幸而被大將軍鄧騭所識，先舉爲秀才，後遷荊州刺史，東萊太守。他前往東萊赴任時，經過山東昌邑縣，因縣令王密是他在荊州當刺史時所舉之秀才，二人友誼深厚，遂宿於此。

王密感楊震識拔之恩，夜裡偷偷在懷裡揣著金子，去拜訪楊震，饋金致謝。

楊震不收，反而遺憾地說：「老朋友知君，君不知老朋友，這是爲何？」

王密小心地說：「不要緊的，深更半夜，沒有人會知道。」

楊震義正辭嚴地說：「天知，神知，我知，子知，怎說無人知道！」

王密羞愧地低下了頭，不好意思地把金子重新揣入懷中，快快離去了。

提親的風波

元代戲劇家關漢卿自稱是「蒸不爛、煮不熟、捶不扁、炒不爆、響鐺鐺一粒銅豌豆」，而近代著名書畫家、篆刻家鄧散木自詡爲「我就是打不爛、捶不扁、燒不化、折不斷，硬梆梆一塊鈍鐵」，以「鈍鐵」爲號，言行怪誕，一生頗多奇事。

早年，一豪紳之女與鄧散木相愛，豪紳不許，認爲門不當戶不對，譏罵散木是癩蛤蟆想吃天鵝肉。散木聞知，心甚忿忿，親自上門提親，遭到拒絕後，不屑地告訴豪紳：「不是我非要娶貴府千金不可，而是你的女兒看上了我的才華，願與我結爲秦晉之好。卻不知你如此勢利，看不起有才華之人。殊不知在我眼裡，金錢有如糞土！你有什麼了不起！」

豪紳感到受了汙辱，到官府告狀，要求鄧散木賠禮道歉。鄧散木不但不道歉，反而寫了一首打油詩把豪紳罵了一頓，事情幾乎鬧得不可收拾。有些人擔心鄧散木吃虧，勸他低頭認錯算了。誰知，鄧散木不肯，反把和事佬們冷嘲熱諷了一番。

把錢踩在腳底下

鄧鈍鐵書畫造詣很高，收入不錯，但他不善理財，揮金如土，常常是錢一到手就用完了。人們知道他蔑視金錢，慷慨大方，見他有錢時，朋友們紛紛拜訪，有的向他求貸，有的約他飲宴。他從不拒絕，有求必應。

一次，一個好友千里迢迢來訪。鈍鐵非常高興，忙叫家人備酒接風。可是，家裡沒錢，怎麼辦酒菜？他二話不說，脫下狐皮大衣送入當舖，換了錢好好招呼了好友一頓。很快，天氣轉冷，鈍鐵無禦寒之衣，無法出門，天天躲在家裡。有時連手腳都凍僵了，祇好原地跑步，藉此取暖。

人人都喜歡誇富，鈍鐵卻不然，他將許多當舖的質券貼在牆壁上，作爲點綴品。

有一回，剛好他又得了一大筆錢時，一個朋友約他下館子，二人狠狠地美餐了一頓。結賬時，他從鞋子裡抽出幾張面額很大的紙幣，遞給跑堂。跑堂驚奇地說：「先生，用不了這麼多啊！」他毫不在乎地說：「剩下的給你家裡買米吧！」跑堂千恩萬謝，高興不已。

出了館子，旁人問鈍鐵爲什麼把錢踩在鞋裡。鈍鐵回答道：「錢不是好東西，專會欺負窮人，我把它踩在腳底下，讓它也嚐嚐受欺負的滋味。」

毛澤東與大食堂

一九五八年，中共領袖毛澤東誤以為在他和他的政黨領導下，大陸農民已經十分富裕，可以提前進入所謂共產主義社會了，於是乎頒佈政令，掀起了「大躍進」運動。農民上山伐木、砸鍋煉鐵，大食堂應運而生，浮誇風迎風而起。

很快，食堂的糧食吃空了，農民呑糠嚥菜，飢餓難忍。然而，浮誇風愈演愈烈，糧食產量在紙面上不斷增加。一九五八年八月，廣西環江縣紅旗人民公社「發射」了一顆畝產十三萬多斤的「中稻高產衛星」，並吹噓為人類文明史上的「第八大奇蹟」。八月初，毛澤東到河北徐水縣視察。縣委書記張國忠彙報時說全縣夏、秋兩季一共可收十二億斤糧食。毛澤東問全縣三十一萬多人對這麼多糧食怎麼辦。張國忠回答說吃不完的糧食可以拿去換機器、造酒精，他的回答未得要領。毛澤東樂呵呵地說：「其實糧食多了還是好！多了，國家不要，誰也不要，農民社員們自己多吃嘛，一天吃五頓也行嘛！」當時的實情是不要說一天吃五頓，大多數農民連糠都吃不上了。

第二年，毛澤東對浮誇風已有所察覺，專門為此到農村視察，在接連不斷放出高產衛星的河南省，事先得到通知的村莊給主席做出來的仍然是烤麵包和紅燒肉，並謊稱是大食堂的伙食。毛澤東仍然無法瞭解農民生活的眞相。年底，他身邊的幾個警衛回鄉探親時，受命調查農民生活情況。當他們回到中南海將已經捂餿的糠菜窩頭交給毛澤東時，毛澤東心情沈痛地接過窩頭，顫抖著掰開窩頭分發給身邊的工作人員，自己拿起一個完整的，示範著邊吃邊說：「吃，這是農民的口糧，我們每個人都要吃……」吃著吃著，他的眼圈紅了，大顆大顆的淚珠滾出眼眶。

之後，他將身邊的其他工作人員分派到各省調查人民公社和大食堂的情況。回饋的信息使他認識到自己在工作中犯了嚴重的錯誤。半年後，中共中央下令取消了大食堂制度。

袁世凱爲什麼不回項城老家？

清末，袁世凱攫取滿清王朝的軍政大權，一時權傾朝野，引起了皇室成員的恐慌，那些有見識的便想方設法要削弱袁世凱的權力。袁世凱見形勢於自己不利，便謊稱自己足上有疾，提出辭官「回籍養痾」。得到批准後，他便帶著家中僮僕等人到河南彰德洹上村隱居起來了。袁世凱本是河南項城縣袁寨人，世稱「袁項城」，他「回籍」爲什麼不去項城卻去了彰德（今河南安陽）呢？當他復辟帝制失敗，一命嗚呼之後，他的屍骨也沒運回項城，而是安葬到了彰德。他爲什麼有生之年不肯回鄉，連死了也不回到項城老家呢？

原來，袁世凱兄弟姊妹共九個，除了大哥袁世敦是嫡母所生外，其餘的均爲庶出。袁世凱當直隸總督時，其母劉氏在他的天津任所逝世。袁世凱扶柩回袁寨，準備將生母安葬於祖墳正塋之中。但大哥袁世敦認爲劉氏乃其父小妾，地位卑賤，不能與自己的生母同日而語，因此不能葬入祖墳。按封建禮儀、等級觀念，袁世敦的話無可非議，然而袁世凱不肯。兄弟間爭吵多次，袁世敦非常固執，絕不通融。袁世凱沒辦法，祇好另擇墳地，安葬了生母。自此，兄弟鬩牆，反目成仇，袁世凱從此除了迫不得已回鄉祭祀祖宗外，再也不回項城老家了。

無奈詩詞寫無奈心事

宋欽宗即位不久，侍御史孫覿等人接連上疏，堅決要求貶竄蔡京，說他多年當權誤國，不貶不足以平民憤，不利於收拾內憂外患的困難局面。宋欽宗便下旨貶蔡京爲崇信、慶遠軍節度副使，衡州安置，很快又轉徙韶、儋二州。蔡京帶著姬妾僕從等奉命南行，卻接到聖旨，說金國皇帝指名要他的慕容邢武等三名寵妾，勒令立即交出。蔡京想不到淪落到這一地步，眼淚汪汪，十分傷心，賦詩以表戀戀不捨之心意：

爲愛桃花三樹紅，年年歲歲惹東風。
如今去逐他人手，誰復尊前唸老翁。

南行途中，每逢到飯店或食攤上買東西吃，賣主一聽說是給蔡京買的，便執意不賣，還大聲呵斥，聚起人群，擡著咒罵。如此多次，幸得護送人員驅趕，才使風波平息。目睹此情此景，蔡京終於明白一生罪惡是多麼深厚啊，十分懊悔地長嘆一口氣，感慨道：「京失人心，一至於此。」

到達潭州（今湖南長沙）後，蔡京寫了一首詞，懺悔自己一生的罪過：

八十一年住世，四千里外無家。如今流落向天涯，夢到瑤池闕下。玉殿五回命相，彤管幾

度宣麻，止因貪此戀榮華，便有如今事也。

人之將死，其言也善。在寫下此詞幾天以後，一代權相蔡京便昇天了。

聽從家庭教師之勸

蔡京晚年的時候，十分重視對後輩的教育，專門叮囑一個侄子爲小孩們找家庭教師，要求受聘的家庭教師一定是品學皆優的。侄子費了不少勁，找來一個人品學問都很不錯的新科進士，叫張觷。蔡京親自約見張觷，交談之後，覺得十分滿意，拍板聘用了張觷。

張觷做了蔡府的家庭教師之後，並不教小孩們怎樣唸書做學問，卻每天教孩子們練習跑步。蔡京得知了，十分不解。孩子們也不知所以，便向先生發問。張觷十分嚴肅地對小孩們說：「你們家的老太師專權誤國，弄得天下大亂，眼看好景不長了，現在你們唸書做學問沒多大用處了，不如練好腿腳，今後逃生時派得上用場。」

小孩們將先生的話「原版」說給老太師聽了。蔡京聽後，一言不發，思來想去，覺得張觷的話說中了利害，也不發怒，反而設宴宴請張觷，誠懇地說：「先生說的話我都知道了，老夫也深深後悔，過去憑意氣用事，害國害民，眞不應該。但事情已經到了這一步，後悔也來不及了。不知有什麼補救辦法？請先生教我。」張觷見蔡京態度尙好，也眞誠地進言：「事情到了今天這步田地，要想挽回局勢，是很難的了。不過也可以做一些亡羊補牢的工作：一是從現在起少聽些壞主意，二是選拔賢才、任用能人志士，或許能起一些作用。」蔡京聽罷，深以爲然，長長地嘆了一會兒氣，爲自己過去的所作所爲愧悔不已。

此後，蔡京果然擢用了李綱、楊時、劉安世、吳敏、李光等賢能之士，挽回了一些物議。張鬻呢，也得到蔡京的器重，出京做了幾任地方官，政聲頗佳。

這一段趣聞，乃南宋人王明清所著《揮麈錄》所載，與《宋史·奸臣傳二》記載略有出入。

如水之交

——弘一大師交友軼事數則

南社巨子李叔同（一八八〇—一九四二），早年留學日本專習繪畫，並組織劇社，演出《茶花女》、《黑奴籲天錄》等話劇，加入了同盟會，名噪一時。回國後任上海《太平洋報》主筆，文名鵲起。民國七年回到杭州虎跑寺剃度出家，法名演音，字弘一，他精修佛學，撰著了《四分律比丘戒相表記》、《華嚴經疏論纂要》、《南山道祖略譜》等十多種佛學經典，是明清以來最有學問的一代高僧。他身入空門，和文藝界朋友來往密切，但毫無世俗的利害關係，完全達到了君子之交淡如水的境界。現摘錄數則弘一大師交友軼事，以供鑑賞。

僧道合璧

民國初年，弘一在上海主編《太平洋報》的不定期增刊《太平洋畫報》，主要發表繪畫、詩詞等文藝作品。不久，該刊連載了蘇曼殊的自傳小說《斷鴻零雁記》。蘇曼殊也是南社成員，南社社員中出家爲僧者不少，以蘇、李二人名聲最高。蘇曼殊在廣東惠州披剃，後來離寺出走，遊歷了泰國、印度、斯里蘭卡等南亞國家，通曉英、法、日、梵等文字，自號爲「畸零人」。他將自己的漂泊經歷寫成文字。弘一將小說發表後，特地請筆名「朽道人」的大畫家陳師曾爲文章插圖，一度在滬杭知識界大爲風行，被視爲僧道合璧的精美藝術品。

贈詩明志

弘一大師出家後，南社社長柳亞子非常理解，認爲大師是在以另一種方式爲拯救苦難人類所作的奮鬥與犧牲。二十九年，弘一六十大壽時，柳亞子特地贈詩爲賀：

君禮釋迦佛，我拜馬克思。
大雄大無畏，蹟異心豈殊。

當時正值抗日戰爭十分激烈，因此柳亞子另贈一詩，希望大師禮佛勿忘救國：

閉關謝塵網，吾意嫌消極。

願持鐵禪杖，打殺賣國賊。

大師深知其良苦用心，事後和詩一首，以堅毅的決心，表示了自己以身殉教的勇氣，著實令人感動：

亭亭菊一枝，高標矗勁節。
雲何色殷紅，殉教應流血。

佛經渡東瀛

二十年初春，由於夏丏尊的引見，弘一大師與在上海辦書店的日本人內山完造在北京路功德林素餐館第一次聚會。沒過多的禮節，他們用日語交談了一會，夏丏尊就提出了請內山完造將大師所著佛經帶回日本分發。內山完造沒有猶豫，立即答應了，並詢問弘一大師這些書應贈哪些單位和個人。大師表示完全遵從內山的意願。之後，內山完造將三十冊《四分律比丘戒相表記》分別掛號郵寄給東京大學、西京大學、大穀大學、龍穀大學、大正大學等高等學府的圖書館。兩年後，又將新出版的《華嚴經疏論纂要》十二冊釘了箱子裝好，托人帶回日本分別贈送給帝國大學、東洋大學和京都東福寺、大和法隆寺、黃檗山萬福寺、比叡山延歷寺等高等學府和佛刹。大師的這兩部佛學著作在日本引起了轟動，共認是稀世經典之作。許多學府、廟宇和個人因未得這兩部書，紛紛致信內山完造，要求購買。弘一大師以自己的嘔心瀝血之作，征服了日本佛學界。

晚晴山房的來歷

太師早年即對佛學著迷，精心研究。他在浙江兩級師範學校任教時，與同事夏丏尊相識並結為摯友，無所不談。五年的一天，二人交談時，夏丏尊提起在一本日本雜誌上讀到的一篇專門談斷食的文章，文章說斷食能夠使人身心更新，產生出迥異尋常的精神力量，列舉了釋迦佛、耶穌等中外先知都曾斷食為證。弘一大師聽罷，即心有所動，翌年初便去杭州虎跑大慈寺進行斷食試驗，第一周逐漸減食，第二周僅喝清水，第三周由粥湯而趨正常。在這期間，每天均臨寫魏碑不輟。這一嘗試，更堅強了他皈依佛門的信念，開始吃素，念珠，讀經，拜佛。七年夏，他終於拋棄紅塵，到虎跑大慈寺剃髮為僧了。

後來，弘一大師認為是夏丏尊那一席話促成了自己出家的因緣，得以實現多年之夙願，對夏十分感激。夏丏尊認為自己做了錯事，對此愧疚難當，特地在自己的故鄉上虞白馬湖畔修建了一間庵居，因弘一大師出家前別號晚晴老人，遂將庵居命名爲「晚晴山房」，供大師居住。三十一年九月，大師在福建泉州溫陵養老院圓寂時，特遺一偈給夏丏尊：

君子之交，其淡如水。
執象而求，咫尺千里。
問余何適，廓爾亡言。
華枝春滿，天心月圓。

慰人亦是自慰，表示自己對畢生之追求無怨無悔。

豐子愷的《護生圖》

大師出家後，他在浙江兩級師範任教時的學生豐子愷因敬師愛師，隨大師出家。十七年，大師快五十大壽時，豐子愷懷著十分崇敬的心情，繪成了一套五十幅《護生圖》，出版發行。這一集圖畫，所繪之人草蟲獸，體現的都是護生愛生的主題。三年後，又繪成第二集《護生圖》六十幅流佈，以紀念大師六十大壽，同時與大師商定，以後每隔十年續繪一集，直至大師百歲大壽方止。

大師圓寂後，豐子愷痛失良師，悲痛之中，暗暗發誓一定要完成原定創作計畫。一九五〇年，在大師的另一名學生廣洽法師的贊助下，《護生圖》第三集七十幅得以順利刊行。此後，豐子愷廢寢忘食地從事繪畫，在一九六〇至一九六五年的短短五年時間裡，完成了第四集、第五集《護生圖》共一百七十幅。「文化大革命」中，豐氏處境極端困難，但他仍不肯丟下畫筆，偷偷地繪成了《護生圖》第五集一百幅。在他去世四年以後，廣洽法師經一番周折，終於在一九七九年大師百歲冥壽之際，將豐氏第五集《護生圖》交由香港時代圖書有限公司刊布問世了。對於身在天國的弘一大師來說，當然是一份值得安慰的厚禮了。

大革命時期各軍祇有副黨代表

大革命時期，爲完成東征北伐、統一全國的歷史使命，組建了國民革命軍，並仿照蘇聯紅軍的建軍方式，在軍隊中設立黨代表一職，負責部隊的政治工作。但各軍祇設副黨代表，而不設正職。如北伐時出師的八個軍，二軍李富春，六軍林祖涵等，都稱副黨代表。

設立黨代表一職，最初是從廖仲愷先生開始的：黃埔軍校成立，孫中山先生爲總理，將中正先生爲校長，廖仲愷爲黨代表。黨代表一詞始見於中國軍隊中。不久，廖先生的黨代表權限更擴充至歸附廣州國民政府的其他各軍所辦的軍校，稱爲各軍校黨代表，亦稱各軍黨代表。廖遇刺後，汪精衛繼任。十五年初，改稱爲總黨代表。在總黨代表下，各軍又說黨代表，但均爲副職。爲什麼設副職而不設正職呢？十六年六月二十二日，汪精衛在國民黨中執委政治委員會第三十一次會議上如此解釋：「因爲當時幾個軍長，如第二軍組庵（譚延闓），第三軍朱益之（朱培德）同志，都是資格很老的，而黨代表則多半是後進，所以各軍一律稱爲副黨代表。」北伐戰爭開始後，國民革命軍擴編了很多軍，所編各軍的黨代表仍爲副職。如：十五年九月四日，國民黨中執委常務委員會任命安健爲第九軍副黨代表，熊式輝爲第十四軍副黨代表，十月二日，又任命孫祥夫爲第十七軍副黨代表，他們都是副職。

北伐中後期，國民革命軍已發展到幾十個軍，有的黨代表並不稱爲副的。爲統一稱謂，中執委政治委員會第三十一次會議上專門研究了這一問題。鄧演達在會上提出「任命郭沫若同志爲第四集團軍第二方面軍黨代表」。譚延闓隨即說道：「現在從第八軍以下的各軍，都稱爲黨代表而不曰副黨代表的，所以都稱爲副黨代表。」不解地問道：「然則現在是用黨代表還是用副黨代表？」吳玉章認爲：「還是用副黨代表。」最後，會議通過了吳玉章的提議，並決定以後各軍黨代表「同軍長會銜出佈告或行公文的時候，也直接用副黨代表的名義」。據此看來，那時國民革命軍各軍黨代表一律都是副的，而現在許多書都籠而統之稱爲黨代表，不確切，也容易混淆歷史眞貌。

「宛西自治」的始作俑者別廷芳

西峽口雲霧沈沈，別司令賽過朝廷；
文武官一層一層，腳踏著窮苦百姓。

這首民謠，曾一度流行於宛西地區，深刻地揭示了「宛西自治」的始作俑者、宛屬十三縣聯防主任別廷芳對宛西地區的黑暗統治。

別廷芳字香齋，一八八三年生於河南省西峽縣別營村。生性頑劣，不肯用心讀書，常常因背不出課文受到老師責打，受責之後又總以手擊打牆壁，以致磨起厚厚的老繭。其心性妄躁、桀驁不馴，於此可見端倪。天生一張利嘴，善於在同學中挑撥是非、拉幫結派，引起鬥爭。雖學業很差，但老師卻看出他「有膽有識，如走上社會，必成大事。」年過二十，才輟學務農。農閒時，常偕其他村民上山打獵，練得一手好槍法。因當時盜匪蜂起，地方不靖，當地人遂推舉別廷芳為治安頭目。

清末民初，回車股匪頭領楊保三經常率部到別營一帶劫掠財物，姦淫良家婦女。鄉人無法抗衡，祇得出面請求別廷芳保護。別氏膽豪氣壯地說：「大家都跟我來，回車人拉走你們一個老婆，我們去拉回他一個閨女；拉走你們一頭牛，我們去牽回他們一匹馬。」別遂率領鄉人扛起刀矛、土槍等武器上了村北老虎寨，擔任寨主，其反動軍事生涯從此開始。

在老虎寨內，別廷芳督率寨勇，進行軍事訓練，構築堅固工事，竭力籠絡手下士卒。他下令寨內農戶都必須養狗馴狗，每到夜裡，這些狗便臥於寨牆根下的狗窩內，每遇風吹草動，便群起狂吠，從而喚醒寨勇，從容應戰。因防範嚴密，儘管土匪數次來攻，但該寨從未被攻破。別廷芳因此名聲大振，劉顧三、袁江令等地痞流氓紛紛前來投效。他又照曾國藩辦團練的方法，派款購槍，充實自己的武裝力量。

別廷芳羽毛漸豐，率隊消滅了鄰近的敵人，勢力更加壯大，遂私設公堂、自訂法律，處理糾紛、判決案件，以打、殺、罰爲執法手段，橫行鄉里。鄉紳不堪其暴，多次聯名控告，使別「爲此而受訟累，歷時五載」。但他手下死士劉顧三甘願爲其效命，自告奮勇代別坐牢。民國八年，劉出牢後更受別氏重用，他們設立了造槍廠，不僅能造步槍、機關槍、連重機槍、迫擊炮都能造，造槍廠全盛時擁有二百多工人。

內鄉縣民團總辦張和宣看準別廷芳是這亂世中不可多得的人才，呈准縣府，於十一年春委任別氏爲西二區分團總。從此，別氏名正言順，更加有恃無恐，勢力益發膨脹。但他並不感激張和宣的薦擢之恩，反而以怨報德，先後火併消滅了張和宣和內鄉縣長的力量，將內鄉軍政大權攬於己手。

十九年九月，別廷芳聯絡鄧縣寧西古、淅川陳重華與鄉建派首領彭禹廷等在內鄉召開了聯防會議，共推別氏爲宛西四縣聯防司令，他朝權力巔峰的路上又邁進了一大步。

這之後，別廷芳大力抓內鄉的教育，加強社會治安，著力恢復和發展工農業生產。他十分重視地方建設，先後創辦了水電、絲綢、玻璃、造紙、鑄鍋、釀酒工廠和農具製造所。他積極推動農業發展，以行政手段強令農民植樹造林、治沙改地，修建水利設施，引進優良品種，改進耕作技術，並以自己的名義編輯出版了不少指導農業生產的書籍，由他監造的「別公堰」，至今仍在灌溉農田，是他留下的一筆珍貴的遺產。他的這些作爲，爲地方造了福，「不數年間，聲譽震全國。」

別廷芳野心很大，努力推行「地方自治」，與中央國民政府相對抗，和河南省主席劉峙將軍發生了矛盾，但他不肯臣服；同時，他又堅決反共，槍殺了一些中共黨員。也因此，他的勢力得以相對獨立地保存下來。

日寇大舉侵華後，別廷芳趁此機會，勾結南陽專員朱玖瑩，擔任了宛屬十三縣聯防主任，加快了割據自治的步驟，其勢力範圍「東達桐泌，西至商洛，南抵均光，北入嵩盧」，發展成鄂豫陝邊區一支舉足輕重的地方武裝。二十七年，蔣中正先生在武漢召見別廷芳，撫慰有加，希望別以民族大義爲重，顧全大局，維護中央。但別廷芳虛與委蛇，不受蔣先生所委官職，依然我行我素，夜郎自大，並對手下說：「蔣介石外寬內忌，我們同他終有一戰。」

中共充分利用了這一矛盾，主動拉攏別氏，由彭雪楓與他聯繫，「將別的一團兵力，開赴竹溝附近，爲保衛竹溝起到了一定作用。」客觀上，別氏爲中共鞏固其延安根據地提供了不少幫助。

由於別廷芳始終堅持與中央對抗的立場，因此，二十九年二月，衛立煌將軍以「商辦要公」的名義，將別氏誘到洛陽，欲加扣留，未果。離開洛陽時，湯恩伯將軍故意拍著別氏肩膀說：「你問他別香齋活埋我多少人？」回到內鄉之後，別廷芳深感受到羞辱，羞憤交加，從此一病不起，三月十四日，嘔血而死，年僅五十八歲。

別廷芳死去幾十年了，但他倡導推行的「宛西自治」至今仍是一個頗有爭議的話題。

後記

已是深秋，天氣漸漸冷了下來。一個文友近日來信向我提醒，希望我注意防寒，保重身體。心領神會之際，還未覺得寒意。

莊稼早已收割乾淨，田野上一片空曠，一副未老先衰的頹敗樣子。曾經擁有的飽滿、金亮被農民們扛進家門，藏進倉裡。偶爾，可見曬著的稻穀，黃澄澄的，燦爛亮麗，那裡有土地的回憶。風慢慢地走過，歧視被拋棄的土地。

然而，我卻正在收割，滿心都是歡喜。這是對拙著《古傑英風》最後一校時的感覺。

書稿在案頭放了不少日子，封好了的，一直不敢寄出去。終於，視死如歸般寄出了，直至韓秀女士來信，謂已轉交東大圖書公司，仍很頹唐，以爲必是一次失敗的記錄。

五月九日，驀然接到東大圖書公司編輯部大札，信中說：「知道您在艱困的環境中猶然孜孜不倦的創作，謹此獻上最誠摯的敬意。」我愧不敢當，卻又感到十分溫馨。他說拙著雖然「銷路不易打開」，但「在致力於出版好書與市場的雙重考量下」，決定出版《古傑英風》一書。我好感動。《中央日報》編輯張堂錡博士得知，對我說：「很高興知道您的書稿將在臺北出版的消息，可喜可賀。東大圖書公司是家水準高的出版社，您的書能由其出版，我也感到與有榮焉。」

驚喜和欣慰的感覺，稍減了人生的灰色，但我沒有得意忘形。拙著能夠順利出版，編輯部內我所知道與不知道姓名的先生、女士們，為此付出了艱辛的勞動。心裡有許多話，提起筆來，卻什麼也寫不出。校完全書，我唯一想起該說的話就是：謝謝他們！

萬登學

一九九五年十月十二日深夜於黃魚江

滄海叢刊書目(二)

國學類

先秦諸子繫年	錢　穆　著
朱子學提綱	錢　穆　著
莊子纂箋	錢　穆　著
論語新解	錢　穆　著
周官之成書及其反映的文化與時代新考	金春峯　著
尚書學術(上)、(下)	李振興　著
周易縱橫談	黃慶萱　著
考證與反思——從《周官》到魯迅	陳勝長　著

哲學類

哲學十大問題	鄔昆如　著
哲學淺論	張　康　譯
哲學智慧的尋求	何秀煌　著
哲學的智慧與歷史的聰明	何秀煌　著
文化、哲學與方法	何秀煌　著
人性記號與文明—語言・邏輯與記號世界	何秀煌　著
邏輯與設基法	劉福增　著
知識・邏輯・科學哲學	林正弘　著
現代藝術哲學	孫　旗　譯
現代美學及其他	趙天儀　著
中國現代化的哲學省思—「傳統」與「現代」理性結合	成中英　著
不以規矩不能成方圓	劉君燦　著
恕道與大同	張起鈞　著
現代存在思想家	項退結　著
中國思想通俗講話	錢　穆　著
中國哲學史話	吳怡、張起鈞　著
中國百位哲學家	黎建球　著
中國人的路	項退結　著
中國哲學之路	項退結　著
中國人性論	臺大哲學系主編
中國管理哲學	曾仕强　著

孔子學說探微	林義正 著
心學的現代詮釋	姜允明 著
中庸誠的哲學	吳　怡 著
中庸形上思想	高柏園 著
儒學的常與變	蔡仁厚 著
智慧的老子	張起鈞 著
老子的哲學	王邦雄 著
當代西方哲學與方法論	臺大哲學系主編
人性尊嚴的存在背景	項退結編著
理解的命運	殷　鼎 著
馬克斯·謝勒三論	阿弗德·休慈原著、江日新 譯
懷海德哲學	楊士毅 著
洛克悟性哲學	蔡信安 著
伽利略·波柏·科學說明	林正弘 著
儒家與現代中國	韋政通 著
思想的貧困	韋政通 著
近代思想史散論	龔鵬程 著
魏晋清談	唐翼明 著
中國哲學的生命和方法	吳　怡 著
孟學的現代意義	王支洪 著
孟學思想史論(卷一)	黃俊傑 著
莊老通辨	錢　穆 著
墨家哲學	蔡仁厚 著
柏拉圖三論	程石泉 著
倫理學釋論	陳　特 著
儒道論集	吳　光 著
新一元論	呂佛庭 著

宗教類

佛教思想發展史論	楊惠南 著
圓滿生命的實現（布施波羅密）	陳柏達 著
薝蔔林·外集	陳慧劍 著
維摩詰經今譯	陳慧劍譯註
龍樹與中觀哲學	楊惠南 著
公案禪語	吳　怡 著
禪學講話	芝峯法師 譯

禪骨詩心集	巴壺天　著
中國禪宗史	關世謙　著
魏晉南北朝時期的道教	湯一介　著
佛學論著	周中一　著
當代佛教思想展望	楊惠南　著
臺灣佛教文化的新動向	江燦騰　著
釋迦牟尼與原始佛教	于凌波　著
唯識學綱要	于凌波　著
中印佛學泛論——傅偉勳六十大壽祝壽論文	藍吉富主編
禪史與禪思	楊惠南　著

社會科學類

中華文化十二講	錢　穆　著
民族與文化	錢　穆　著
楚文化研究	文崇一　著
中國古文化	文崇一　著
社會、文化和知識分子	葉啓政　著
儒學傳統與文化創新	黃俊傑　著
歷史轉捩點上的反思	韋政通　著
中國人的價值觀	文崇一　著
紅樓夢與中國舊家庭	薩孟武　著
社會學與中國研究	蔡文輝　著
比較社會學	蔡文輝　著
我國社會的變遷與發展	朱岑樓主編
三十年來我國人文社會科學之回顧與展望	賴澤涵　編
社會學的滋味	蕭新煌　著
臺灣的社區權力結構	文崇一　著
臺灣居民的休閒生活	文崇一　著
臺灣的工業化與社會變遷	文崇一　著
臺灣社會的變遷與秩序(政治篇)(社會文化篇)	文崇一　著
鄉村發展的理論與實際	蔡宏進　著
臺灣的社會發展	席汝楫　著
透視大陸	政治大學新聞研究所主編
憲法論衡	荊知仁　著
周禮的政治思想	周世輔、周文湘　著

儒家政論衍義	薩孟武 著
制度化的社會邏輯	葉啓政 著
臺灣社會的人文迷思	葉啓政 著
臺灣與美國的社會問題	蔡文輝、蕭新煌主編
自由憲政與民主轉型	周陽山 著
蘇東巨變與兩岸互動	周陽山 著
教育叢談	上官業佑 著
不疑不懼	王洪鈞 著
戰後臺灣的教育與思想	黃俊傑 著
兩極化與分寸感 ——近代中國精英思潮的病態心理分析	劉笑敢 著
唐人書法與文化	王元軍 著

史地類

國史新論	錢穆 著
秦漢史	錢穆 著
秦漢史論稿	邢義田 著
宋史論集	陳學霖 著
中國人的故事	夏雨人 著
明朝酒文化	王春瑜 著
歷史圈外	朱桂 著
宋代科舉	賈志揚 著
當代佛門人物	陳慧劍編著
弘一大師傳	陳慧劍 著
杜魚庵學佛荒史	陳慧劍 著
蘇曼殊大師新傳	劉心皇 著
近代中國人物漫譚	王覺源 著
近代中國人物漫譚續集	王覺源 著
魯迅這個人	劉心皇 著
沈從文傳	凌宇 著
三十年代作家論	姜穆 著
三十年代作家論續集	姜穆 著
當代臺灣作家論	何欣 著
師友風義	鄭彥棻 著
見賢集	鄭彥棻 著

思齊集	鄭彥棻 著
懷聖集	鄭彥棻 著
周世輔回憶錄	周世輔 著
三生有幸	吳相湘 著
孤兒心影錄	張國柱 著
我這半生	毛振翔 著
我是依然苦鬥人	毛振翔 著
八十憶雙親、師友雜憶(合刊)	錢穆 著
烏啼鳳鳴有餘聲	陶百川 著

語文類

標點符號研究	楊遠 著
訓詁通論	吳孟復 著
入聲字箋論	陳慧劍 著
翻譯偶語	黃文範 著
翻譯新語	黃文範 著
中文排列方式析論	司琦 著
杜詩品評	楊慧傑 著
詩中的李白	楊慧傑 著
寒山子研究	陳慧劍 著
司空圖新論	王潤華 著
詩情與幽境——唐代文人的園林生活	侯迺慧 著
歐陽修詩本義研究	裴普賢 著
品詩吟詩	邱燮友 著
談詩錄	方祖燊 著
情趣詩話	楊光治 著
歌鼓湘靈——楚詩詞藝術欣賞	李元洛 著
中國文學鑑賞舉隅	黃慶萱、許家鶯 著
中國文學縱橫論	黃維樑 著
漢賦史論	簡宗梧 著
古典今論	唐翼明 著
亭林詩考索	潘重規 著
浮士德研究	李辰冬 譯
蘇忍尼辛選集	劉安雲 譯
文學欣賞的靈魂	劉述先 著

小說創作論	羅　盤　著
借鏡與類比	何冠驥　著
情愛與文學	周伯乃　著
鏡花水月	陳國球　著
文學因緣	鄭樹森　著
解構批評論集	廖炳惠　著
世界短篇文學名著欣賞	蕭傳文　著
細讀現代小說	張素貞　著
續讀現代小說	張素貞　著
現代詩學	蕭　蕭　著
詩美學	李元洛　著
詩人之燈——詩的欣賞與評論	羅　青　著
詩學析論	張春榮　著
修辭散步	張春榮　著
橫看成嶺側成峯	文曉村　著
大陸文藝新探	周玉山　著
大陸文藝論衡	周玉山　著
大陸當代文學掃描	葉穉英　著
走出傷痕——大陸新時期小說探論	張子樟　著
大陸新時期小說論	張　放　著
兒童文學	葉詠琍　著
兒童成長與文學	葉詠琍　著
累廬聲氣集	姜超嶽　著
林下生涯	姜超嶽　著
青　春	葉蟬貞　著
牧場的情思	張媛媛　著
萍踪憶語	賴景瑚　著
現實的探索	陳銘磻　編
一縷新綠	柴　扉　著
金排附	鍾延豪　著
放　鷹	吳錦發　著
黃巢殺人八百萬	宋澤萊　著
泥土的香味	彭瑞金　著
燈下燈	蕭　蕭　著
陽關千唱	陳　煌　著
種籽	向　陽　著

無緣廟	陳艷秋	著
鄉　事	林清玄	著
余忠雄的春天	鍾鐵民	著
吳煦斌小說集	吳煦斌	著
卡薩爾斯之琴	葉石濤	著
青囊夜燈	許振江	著
我永遠年輕	唐文標	著
思想起	陌上塵	著
心酸記	李　喬	著
孤獨園	林蒼鬱	著
離　訣	林蒼鬱	著
托塔少年	林文欽	編
北美情逅	卜貴美	著
日本歷史之旅	李希聖	著
孤寂中的廻響	洛　夫	著
火天使	趙衛民	著
無塵的鏡子	張　默	著
關心茶——中國哲學的心	吳　怡	著
放眼天下	陳新雄	著
生活健康	卜鍾元	著
文化的春天	王保雲	著
思光詩選	勞思光	著
靜思手札	黑　野	著
狡兔歲月	黃和英	著
老樹春深更著花	畢　璞	著
列寧格勒十日記	潘重規	著
文學與歷史——胡秋原選集第一卷	胡秋原	著
忘機隨筆——卷三・卷四	王覺源	著
晚學齋文集	黃錦鋐	著
古代文學探驪集	郭　丹	著
山水的約定	葉維廉	著
在天願作比翼鳥——歷代文人愛情詩詞曲三百首	李元洛	輯注
鳴酬叢談	李飛鵬	編纂
千葉紅芙蓉——歷代民間愛情詩詞曲三百首	李元洛	輯注
秩序的探索	周慶華	著
邁向一流大學	馬哲儒	著

美術類

音樂與我	趙　琴　著
爐邊閒話	李抱忱　著
琴臺碎語	黃友棣　著
音樂隨筆	趙　琴　著
樂林蓽露	黃友棣　著
樂谷鳴泉	黃友棣　著
樂韻飄香	黃友棣　著
弘一大師歌曲集	錢仁康　著
立體造型基本設計	張長傑　著
工藝材料	李鈞棫　著
裝飾工藝	張長傑　著
人體工學與安全	劉其偉　著
現代工藝概論	張長傑　著
藤竹工	張長傑　著
石膏工藝	李鈞棫　著
色彩基礎	何耀宗　著
當代藝術采風	王保雲　著
都市計劃概論	王紀鯤　著
建築設計方法	陳政雄　著
建築鋼屋架結構設計	王萬雄　著
古典與象徵的界限——象徵主義畫家莫侯及其詩人寓意畫	李明明　著

滄海美術叢書

五月與東方——中國美術現代化運動在戰後臺灣之發展(1945～1970)	蕭瓊瑞　著
中國繪畫思想史	高木森　著
藝術史學的基礎	曾　堉、葉劉天增　譯
唐畫詩中看	王伯敏　著
馬王堆傳奇	侯　良　著
藝術與拍賣	施叔青　著
推翻前人	施叔青　著